本书获得三明学院学术著作出版基金、三明市区域经济与绿色发展研究中心及福建省高等学校人文社会科学研究基地低碳经济研究中心的资助

重点生态区位商品林赎买机制与模式研究

张美艳　董建军　著

厦门大学出版社　国家一级出版社
XIAMEN UNIVERSITY PRESS　全国百佳图书出版单位

图书在版编目（CIP）数据

重点生态区位商品林赎买机制与模式研究 / 张美艳，董建军著. -- 厦门：厦门大学出版社，2025.5.
ISBN 978-7-5615-9784-2

Ⅰ. F326.2

中国国家版本馆 CIP 数据核字第 2025XW2474 号

责任编辑　李峰伟
美术编辑　蒋卓群
技术编辑　许克华

出版发行　厦门大学出版社
社　　址　厦门市软件园二期望海路 39 号
邮政编码　361008
总　　机　0592-2181111　0592-2181406（传真）
营销中心　0592-2184458　0592-2181365
网　　址　http://www.xmupress.com
邮　　箱　xmup@xmupress.com
印　　刷　厦门市竞成印刷有限公司

开本　720 mm×1 020 mm　1/16
印张　15.75
字数　300 千字
版次　2025 年 5 月第 1 版
印次　2025 年 5 月第 1 次印刷
定价　59.00 元

本书如有印装质量问题请直接寄承印厂调换

厦门大学出版社
微信二维码

厦门大学出版社
微博二维码

前 言

建设生态文明是中华民族永续发展的千年大计,必须践行"绿水青山就是金山银山"(简称"两山论")的理念,统筹山水林田湖草沙综合治理,实行最严格的生态保护制度。森林是建设生态文明的根基,而处于重点生态区位的林木对气候变化减缓、微气候调节、环境质量调节、生态水文调节、土壤保持、生物多样性维护等方面具有不可替代的作用,是森林保护的重中之重。福建省是南方重点林区之一,森林覆盖率达66.8%,森林蓄积7.29亿立方米,林业在福建经济社会绿色发展、生态文明建设中具有重要的地位与作用(闽林综〔2021〕27号)。而福建省林业发展离不开一系列改革尝试与创新。

福建省作为我国生态文明建设高地,更要发挥集体林权制度改革的"排头兵"作用,努力推进实施国家生态文明试验区建设进入新阶段。2016年8月,中共中央办公厅、国务院办公厅印发了《关于设立统一规范的国家生态文明试验区的意见》及《国家生态文明试验区(福建)实施方案》。为贯彻落实该方案,福建省先后组织实施了38项重点改革任务,其中的28项改革经验向全国推广,重点生态区位商品林赎买就属于此类向全国推广的改革经验。

2017年福建省人民政府办公厅印发《福建省重点生态区位商品林赎买等改革试点方案》,并在23个县(市区)推行。种好"试验田",结出"生态果",推进重点生态区位商品林赎买工作以来,福建省基于自身的生态优势,以"破解生态生计矛盾、创新经营管理模式、优化公益林布局"为出发点,以实现"机制活、产业优、百姓富、生态美"作为总目标,重点生态区位商品林赎买成为探索政府主导、企业和社会各界参与、市场化运作、可持续的生态产品价值实现路径,进而成为践行"两山论"的路径。因此,商品林赎买这项重点改革任务基本完成了自己的使命,取得了显著的生态文明建设成效,并形成了可复制、可推广的制度成果,为地方决策上升为国家战略奠定坚实的基础。

2023年9月,中共中央办公厅、国务院办公厅印发《深化集体林权制度改革方案》,提出实行公益林、商品林分类经营管理,明确分级保护、差异化利用措施,鼓励地方通过租赁、赎买、合作等方式妥善处置重要生态区位内的集体林,保障权利人权益,促进林权价值增值。2024年2月,中共福建省委、福建省人民政府印发《福建省建设全国深化集体林权制度改革先行区实施方案》,提出省级财政安排专项资金,支持开展重要生态区位非国有商品林赎买、租赁、入股、改造提升等改革。因此,福建省重点生态区位商品林赎买改革不仅是为了解决我国重点生态区位商品林规制中出现的林业经营者利益与生态效益矛盾而做出的实践创新,也是福建省集体林权制度改革的一项重大举措,还是建立"多元化、市场化生态补偿机制"的一项重要探索。

本书由张美艳、董建军共同编写,董建军编写第一章部分、第三章、第六章、第十章,剩余部分由张美艳编写。同时,张美艳负责具体的组织协调和书稿的完善与统稿工作。

本书是在张美艳主持的国家社会科学基金西部项目"重点生态区位商品林赎买机制与模式研究"成果的基础上进一步完善而成的,在此对全国哲学社会科学基金的支持表示衷心的感谢!

著 者
2025年3月

目　录

1 绪　论 ·· 1
  1.1 重点生态区位商品林规制的补偿与价值实现 ························· 1
    1.1.1 集体林权改革与重点生态区位商品林赎买应运而生 ··········· 1
    1.1.2 重点生态区位商品林赎买与践行"两山论" ······················ 5
  1.2 重点生态区位商品林赎买通过市场化补偿推进公益林建设 ······· 8
    1.2.1 重点生态区位商品林赎买的市场机制创新 ······················ 8
    1.2.2 重点生态区位商品林赎买推进公益林建设 ······················ 8
  1.3 重点生态区位商品林赎买机制与模式研究方法 ····················· 9
    1.3.1 文献整理与实地调研相结合的方法 ······························ 9
    1.3.2 规范分析与实证分析相结合的方法 ······························ 9
    1.3.3 总量分析与对比分析相结合的方法 ····························· 10
    1.3.4 一般分析与案例分析相结合的方法 ····························· 11
  1.4 重点生态区位商品林赎买机制与模式研究的逻辑与路线 ······· 11
    1.4.1 重点生态区位商品林赎买机制与模式研究的逻辑 ············ 11
    1.4.2 重点生态区位商品林赎买机制与模式研究的路线 ············ 17
  1.5 重点生态区位商品林赎买机制与模式的研究特色和创新 ······· 18
    1.5.1 研究思路与研究手段的特色 ····································· 18
    1.5.2 学术思想、观点与研究方法的创新 ····························· 19

2 重点生态区位商品林赎买的研究基础 ···································· 21
  2.1 重点生态区位商品林赎买相关概念界定 ···························· 21
    2.1.1 重点生态公益林区位条件 ·· 21
    2.1.2 重点生态区位商品林 ··· 22
    2.1.3 重点生态区位商品林赎买 ·· 22
  2.2 重点生态区位商品林赎买研究的理论基础 ························· 22
    2.2.1 制度变迁理论 ·· 22
    2.2.2 林农行为理论 ·· 24
    2.2.3 机制设计理论 ·· 24

2.3 重点生态区位商品林赎买研究综述 ... 25
2.3.1 森林生态购买与公益林保护研究 ... 25
2.3.2 商品林赎买方式与模式 ... 26
2.3.3 商品林赎买问题与对策研究 ... 27
2.3.4 商品林赎买行为与绩效研究 ... 28

3 研究区重点生态区位商品林赎买概况分析 ... 31
3.1 研究区重点生态区位商品林赎买进展现状 ... 31
3.1.1 将乐县重点生态区位商品林赎买的实践 ... 31
3.1.2 宁化县重点生态区位商品林赎买的实践 ... 32
3.1.3 沙县重点生态区位商品林赎买的实践 ... 33
3.1.4 建宁县重点生态区位商品林赎买的实践 ... 35
3.1.5 永安市重点生态区位商品林赎买的实践 ... 36
3.1.6 研究区重点生态区位商品林赎买实践小结 ... 38
3.2 重点生态区位商品林赎买特征 ... 39
3.2.1 重点生态区位商品林赎买政策下生态补偿特征 ... 39
3.2.2 重点生态区位商品林赎买的生态产品价值实现特征 ... 40
3.3 重点生态区位商品林赎买价格确定 ... 42
3.3.1 赎买定价的补偿实质 ... 43
3.3.2 重点生态区位商品林赎买价格的确定过程 ... 43
3.3.3 重点生态区位商品林赎买核定价或最高限价的确定 ... 44
3.4 重点生态区位商品林赎买中遇到的主要冲突 ... 51
3.4.1 按生态效益大小还是按政策便于实施来识别赎买对象的冲突 ... 51
3.4.2 实际赎买价格与林农期望价和可接受价的冲突 ... 53
3.4.3 林地产权制度与赎买工作推进的冲突 ... 56
3.4.4 森林保护与树木采伐利用对立起来的误区 ... 57
3.5 重点生态区位商品林赎买冲突缓解的经验借鉴 ... 58
3.5.1 构建赎买对象识别的竞争性投标机制 ... 58
3.5.2 构建赎买价格确定的竞争性投标机制 ... 59
3.5.3 明确林地林木属性,妥善解决产权矛盾 ... 60
3.5.4 适当放开重点生态区位林采伐权,实施采伐限额管理弹性机制 ... 60

4 "两山论"视角下重点生态区位商品林赎买问题分析 ... 62
4.1 "两山论"的经济学解读在重点生态区位商品林赎买政策中的应用 ... 62
4.2 影响"两山"稳态实现的重点生态区位商品林赎买问题分析 ... 64
4.2.1 赎买对象选择影响"绿水青山"稳态的实现 ... 64

  4.2.2 赎买价格影响林农"金山银山"稳态的实现 ………………… 66
  4.2.3 赎买林分管护与经营主体及模式选择影响"两山"兼备稳态的
    实现 ……………………………………………………………… 67

5 重点生态区位商品林赎买参与主体行为博弈分析 …………………… 69
 5.1 重点生态区位商品林赎买的利益相关者分析 …………………… 69
 5.2 重点生态区位商品林赎买参与主体行为博弈分析 ……………… 71
  5.2.1 林农与政府之间的博弈 ………………………………………… 71
  5.2.2 林农与赎买方之间的博弈 ……………………………………… 72
 5.3 重点生态区位商品林赎买中相关主体合作博弈分析 …………… 74
  5.3.1 合作博弈的原因分析 …………………………………………… 74
  5.3.2 政府转移合作博弈效用的方式 ………………………………… 75

6 重点生态区位商品林赎买的影响因素与作用机制 …………………… 77
 6.1 研究方法与数据来源 ………………………………………………… 77
  6.1.1 研究方法 ………………………………………………………… 77
  6.1.2 样本选取 ………………………………………………………… 78
  6.1.3 研究过程 ………………………………………………………… 79
 6.2 编码过程和范畴提炼 ………………………………………………… 80
  6.2.1 开放式编码和初始范畴 ………………………………………… 80
  6.2.2 主轴编码和主范畴 ……………………………………………… 82
  6.2.3 选择性编码和核心范畴 ………………………………………… 83
  6.2.4 理论饱和度检验 ………………………………………………… 84
 6.3 模型解释与结果分析 ………………………………………………… 84
  6.3.1 发生条件：商品林赎买的托动力 ……………………………… 85
  6.3.2 社会动员：商品林赎买的助动力 ……………………………… 87
  6.3.3 激励相容：商品林赎买的驱动力 ……………………………… 88
 6.4 本章小结 ……………………………………………………………… 90

7 重点生态区位商品林赎买需求分析 …………………………………… 92
 7.1 环境效益指数与赎买需求的确定 …………………………………… 92
  7.1.1 环境效益指数分析 ……………………………………………… 92
  7.1.2 与环境效益指数对应的最高限价 ……………………………… 93
 7.2 重点生态区位商品林赎买资金筹集与运行分析 ………………… 95
  7.2.1 重点生态区位商品林赎买资金筹集现状 ……………………… 95
  7.2.2 重点生态区位商品林赎买资金运行情况 ……………………… 96
  7.2.3 重点生态区位商品林赎买资金启示 …………………………… 97

8 重点生态区位商品林赎买供给分析 …… 99
8.1 接受意愿与赎买供给的确定 …… 99
8.1.1 商品林赎买林农接受意愿的希克斯补偿变差分析 …… 99
8.1.2 商品林赎买林农接受意愿差异性分析 …… 101
8.2 商品林赎买接受意愿的影响因素分析 …… 102
8.2.1 理论框架 …… 104
8.2.2 数据与方法 …… 107
8.2.3 结果与分析 …… 112
8.3 本章小结 …… 115

9 重点生态区位商品林赎买供求机制分析 …… 118
9.1 赎买目标 …… 118
9.2 基于EBI与WTA的赎买供求机制分析 …… 119
9.3 基于EBI与WTA的供需相互作用的机制优化赎买定价 …… 120
9.4 本章小结 …… 121
9.4.1 结论 …… 121
9.4.2 政策启示 …… 122

10 基于生态产品价值实现的商品林赎买机制与模式选择 …… 124
10.1 基于生态产品价值实现的商品林赎买机制与模式框架 …… 125
10.2 基于生态产品价值实现的商品林赎买机制设计 …… 126
10.2.1 赎买对象选择是商品林赎买机制实现生态产品价值的前提 … 127
10.2.2 赎买价格确定是商品林赎买机制实现生态产品价值的关键 … 130
10.2.3 赎买林分管护经营是商品林赎买机制实现生态产品价值的路径 …… 130
10.3 重点生态区位商品林赎买模式选择 …… 132
10.3.1 永安市天然商品林村级回购试点的背景 …… 134
10.3.2 永安市天然商品林村级回购试点的开展情况 …… 135
10.3.3 永安市天然商品林村级回购试点的思路与做法 …… 136
10.3.4 永安市天然商品林村级回购试点的成效 …… 137

11 研究结论与政策建议 …… 138
11.1 研究结论 …… 138
11.2 政策建议 …… 139
11.2.1 按生态效益原则构建赎买对象的识别机制 …… 140
11.2.2 提高林农参与赎买的获得感 …… 141

11.2.3　以生态与产业循环互动为标准选择管护与经营主体
　　　　　及模式 …………………………………………………… 141
　11.3　研究不足及展望 …………………………………………………… 143
参考文献 ………………………………………………………………………… 144
附　录 ………………………………………………………………………… 151
　附录1　将乐县重点生态区位森林资源保护PPP项目林分赎买工作
　　　　实施方案 ……………………………………………………… 151
　附录2　宁化县重点生态区位商品林赎买实施方案 ………………… 154
　附录3　沙县重点生态区位商品林赎买等改革实施方案 …………… 157
　附录4　建宁县重点区位商品林赎买实施方案(2018—2020) ……… 164
　附录5　永安市生态文明建设志愿者协会林木购买办法 …………… 170
　附录6　将乐县森林资源资产评估报告 ……………………………… 173
　附录7　宁化县森林资源调查报告 …………………………………… 183
　附录8　建宁县森林资源资产项目资产评估报告 …………………… 189
　附录9　永安市森林资源资产评估报告 ……………………………… 199
　附录10　四方合作协议 ………………………………………………… 208
　附录11　重点生态区位商品林赎买典型林农调研资料 ……………… 212
　附录12　重点区位商品林赎买林农访问调查 ………………………… 230

1 绪 论

1.1 重点生态区位商品林规制的补偿与价值实现

1.1.1 集体林权改革与重点生态区位商品林赎买应运而生

我国在 20 世纪 70—90 年代初可持续发展观逐渐占主导地位,森林生态价值受到重视。1978 年后开始了"分山到户",到 1984 年林业"三定"(稳定山权林权、划定自留山、确定林业生产责任制)基本完成,这激发了林农植树热情,但因森林产权的不确定性造成一定程度的乱砍滥伐。1986 年林业部把森林分为商品林和公益林进行分类经营。1994 年的《中国 21 世纪议程——中国 21 世纪人口、环境与发展白皮书》为我国未来森林生态建设提供了蓝图。在 1998 年特大洪水灾害的冲击下,林业建设进入生态优先阶段。伴随着"十五"期间天然林保护、退耕还林、京津风沙源治理等六大森林工程的进行,2001 年生态补偿进入了政策体系,成为公益林发展的重要举措。

福建省是南方重点林区之一,森林覆盖率达 66.8%,森林蓄积 7.29 亿立方米,林业在福建经济社会绿色发展、生态文明建设中具有重要的地位与作用,而福建省林业发展离不开一系列改革尝试与创新。中共中央、国务院在 1981 年 3 月颁布了要求稳定山权林权、落实林业生产责任制的《关于保护森林发展林业若干问题的决定》,福建省仅仅用了 3 个月的时间进行启动与部署,从 1981 年 6 月起全面开展林业"三定"工作,到 1984 年,该项工作基本完成。随着林业"三定"工作的基本完成,福建省 98%的山地和林木都明确了权属。其中,山权属集体所有的占 90%,林权属集体所有的占 81.5%。1998 年,福建省为了实现对森林资源的永续利用,开始把森林资源划分为商品林与生态公益林,实施森林资源分类经营改革,其中生态公益林禁伐,并按面积进行补偿。三明市在 2001 年首先完成了福建省生态公益林区划界定工作。

重点生态区位商品林赎买机制与模式研究

2003年,为了解决产权问题,福建全面推进集体林权制度改革,明晰了林地使用权、林木所有权、经营权和收益权,实现了"山定权、树定根、人定心"。随后而来的林业金融改革,把金融的活水引入林业,林农依法通过转包、租赁、转让、入股、合作等形式流转林权,参与林业适度规模经营,形成大户经营、合伙经营、合作经营、股份经营、企业经营、委托经营等多种林业经营模式,社会资本进入林业,促进了林业发展与林权制度改革。在上述集体林权制度改革背景下,林农经营林业积极性提高,原来的荒山变成绿山,人们期待着绿山变成金山银山。但由于现有的生态布局是2001年根据当时的社会经济、交通状况、生态需求来区划界定的,随着时间的推移,一大批原有的商品林成为重点生态区域林分。据统计,福建每个县都有多则几十万亩少则几万亩的商品林现处于重点生态区位,亟须调整为生态公益林(张桂荣,2015)。因此,从2010年开始,福建对位于交通主干线、城市周边一重山、水源地等重要生态区位的商品林实行限伐或禁伐政策。随着生态公益林区划界定工作的进行,2016年福建省有生态公益林286.2万公顷,占其林地面积的30.9%。随着生态公益林数量的逐步增加,灾害性破坏明显减少,对改善整体生态状况和加快国家生态文明建设发挥了重要作用。生态公益林保护机制的完善是应对气候变化的一条重要途径。

从重点生态区位商品林与生态公益林的两者比较可以看出,两者都处于重要生态区位,都采取严格保护与限制采伐政策,都使林权所有人的"处置权、收益权"受到一定影响。不同的是为了缓和林农要求采伐利用与生态保护的矛盾,生态公益林可享受中央和省级财政森林生态效益补偿,而重点生态区位商品林暂时未享受森林生态效益补偿,再加上与一般商品林经营收益的比较,使得采伐利用与保护补偿的问题日益显现,仅仅依靠行政上的规制来保护重点生态区位商品林的难度加大。尤其是这部分商品林经过林权改革已经明晰到户,且大部分已经经过流转,成为林业大户、公司等的私有林,属于私人财产。限伐政策给林业经营者带来重大经济损失,前期投入不能收回,某些经营者甚至债台高筑,部分林农陷入生计危机,政府与林业经营企业、林农间的矛盾日益突出并不断激化。面对这种情况,地方政府只能对重点生态区位商品林实行禁伐和严格限伐政策,即使按照生态公益林的补偿标准进行补偿,林地经营者和林木所有者只能获得标准低且单一的行政统一划拨的生态补偿资金,这与一般商品林经营的经济收益形成强烈反差,使得林农不愿意将重点生态区位商品林调入生态公益林,生态保护与林农经济收益的矛盾日益凸显(余荣卓和蔡敏,2017)。

随着2003年新一轮集体林权制度改革的深入推进,公益林也纳入了林改的范围,林改后林农拥有更多的林地经营权和处置权,因此林农是否把重点生态区位的商品林转为公益林的决策,应该归林农自己。政府继续采用行政命令将林农林地划为公益林的方式面临着越来越大的社会压力。2012年9月,《福建省人民政府关于进一步加快林业发展的若干意见》明确要求完善生态补偿机制,强化重点区位生态保护,征收森林资源占用补偿费。2012年12月,为推进福建省向"生态省"迈进的步伐,省政府出台的《福建省林业厅关于公布国家级生态公益林和省级生态公益林及重点生态区位商品林区划界定范围的通告》(闽林〔2012〕10号)指出,为采取严格保护与限制采伐政策,将福建省"两沿一环"(沿河沿路环县城)等重点生态区位的山林界定为3类:第一类为国家级生态公益林,全省共区划界定此类型面积为2228.68万亩[①](148.578万公顷);第二类为省级生态公益林,全省共区划界定此类型面积为2060.99万亩(137.400万公顷);第三类为重点生态区位商品林,全省共区划界定此类型面积为977.37万亩(65.158万公顷)。

对处于"三沿一环"(沿路、沿江、沿海、环城)等重点生态区位的商品林来说,其生态价值成为社会主要需求,因此实施严格采伐限制,但政府若继续采用行政命令将林农林地划为公益林的方式面临着越来越大的社会压力。我国正处于由"生态—经济"相斥向两者协调发展的转型阶段,林业的生态服务功能和物质供给功能要实现良性循环,离不开重新对森林经济功能及市场价格对森林资源增长激励作用的重视(杨超 等,2020)。那么对林农因无法采伐商品林变卖而损失的收益,需要完善赎买需求和供给的市场机制加以解决。为"充分发挥市场配置资源的决定性作用和更好发挥政府作用,不断深化制度改革和科技创新",有必要通过创新生态公益林的发展模式,通过引入市场手段建立生态公益林补偿的保护机制(杨小军 等,2016),因此需要创新公益林发展模式——自愿性生态购(赎)买应运而生。为解决这一社会矛盾,也为了进一步推进林权制度改革,探索"绿水青山就是金山银山"的途径,2013年福建省开启了重点区位商品林赎买改革,率先探索重点生态区位商品林赎买机制。福建省重点生态区位商品林赎买政策推进见表1-1。

表1-1 福建省重点生态区位商品林赎买政策推进

时间	政策文件	主要内容
2014年4月	《国务院关于支持福建省深入实施生态省战略加快生态文明先行示范区建设的若干意见》(国发〔2014〕12号)	国家层面赋予福建生态文明建设及配套改革的先行先试权利

[①] 1亩≈666.67 m²。

续表

时间	政策文件	主要内容
2014年12月	《福建省人民政府办公厅关于开展生态公益林布局优化调整工作的通知》（闽政办〔2014〕160号）	通过置换、赎买等方法将重点区位商品林调整为生态公益林
2015年6月	《福建省人民政府关于推进林业改革发展加快生态文明先行示范区建设九条措施的通知》（闽政〔2015〕27号）	探索收储、置换、赎买、租赁、入股等多种形式开展商品林赎买等改革
2015年7月	《福建省林业厅 福建省财政厅关于开展重点区位商品林赎买等改革试点工作的通知》（闽林综〔2015〕55号）	武夷山、永安、沙县、武平、东山、永泰、柘荣7个县（市）作为2016年省级试点，正式启动商品林赎买等改革试点工作
2016年8月	中共中央办公厅、国务院办公厅印发《国家生态文明试验区（福建）实施方案》	国家层面支持福建省将重点生态区位商品林通过赎买、置换等方式调整为生态公益林
2017年1月	《福建省人民政府办公厅关于印发福建省重点生态区位商品林赎买等改革试点方案的通知》（闽政办〔2017〕9号）	确定商品林赎买改革试点参考方案，并在省内全面推进这种创新的商品林的经营管理模式，提出2017年形成一批为全省乃至全国可复制可推广的成果和典型经验

"十三五"期间，福建省计划完成20万亩的重点生态区位商品林赎买改革试点面积，其中14.2万亩由省级商品林赎买试点负责实施，而人工商品林中的成过熟林是"十三五"期间的赎买重点。截至2016年底，福建已累计安排省级财政资金1.08亿元，完成6.7万亩赎买（赵鹏和方炜杭，2017）。截至2017年12月，已完成商品林赎买改革试点面积17.6万亩，占赎买总面积的1.8%。截至2018年底，福建省投入了3.44亿元的赎买资金，提前完成"十三五"期间计划赎买改革试点面积20万亩的目标，累计完成27.2万亩（谢乐婢和刘建波，2019）。截至2019年7月，福建省23个试点单位已完成赎买面积27.15万亩，占赎买总面积的2.8%，林农直接受益超过3.5亿元（张辉和潘园园，2019）。截至2020年底，福建省累计完成重点生态区位商品林赎买面积33.6万亩，占赎买总面积的3.4%。截至2022年底，福建省累计完成重点生态区位商品林赎买等改革任务48.9万亩，占赎买总面积的5%，省级财政累计投入补助资金3.89亿元。

2023年,福建省安排补助资金5000万元省级财政继续推进重点生态区位商品林赎买等改革工作(福建省林业局,2023)。

生态林业和草原局在《2018年工作要点》中明确提出"鼓励各地开展重点生态区位商品林赎买等改革"。《国家生态文明试验区(福建)实施方案》(2016年)贯彻落实了38项改革,商品林赎买就是其中重要的一项,不仅制定全省重点生态区位商品林赎买改革试点方案,而且在福建23个县(市、区)分3批进行试点,为进一步在全省乃至全国推行积累经验,使地方决策上升为国家战略。通过开展重点生态区位商品林赎买等改革试点,把现有重点生态区位商品林通过赎买等方式保护起来,有利于破解重点生态区位商品林采伐利用与生态保护的矛盾,维护林农合法权益,促进林区社会和谐稳定,实现"生态得保护,林农得实惠"的双赢目标(福建省生态文明建设领导小组办公室 等,2016)。具体说来,将商品林从原有的林权所有人手中赎买过来,交给新的营林主体进行管护与经营,新的营林主体可以将零散的森林资源进行有效整合,不仅在赎买林分的改造提升上实现管护的规模效益,从而提升赎买林分的生态服务价值,而且还可以进一步重点发展林下经济、森林康养、生态旅游等新兴产业,实现赎买林分规模经营效益,即通过赎买推动林业产业升级,在产业升级过程中也会为企业、林农和社会创造更多的发展就会。

1.1.2 重点生态区位商品林赎买与践行"两山论"

自2005年习近平同志提出"两山论"的生态经济思想以来,"两山论"的研究不断深化并应用于实践层面,在推进生态文明建设的同时,实现生态优势与经济优势的转化。2017年习近平总书记在党的十九大报告中指出坚持节约资源和保护环境的基本国策,必须树立和践行绿水青山就是金山银山的理念。2020年9月在第七十五届联合国大会上国家主席习近平宣布了中国的"双碳"目标,即力争2030年前二氧化碳排放达到峰值,努力争取2060年前实现碳中和目标。世界各国以全球协约的方式减排温室气体。2022年1月7日,生态环境部在京召开2022年全国生态环境保护工作会议,会议强调有序推动绿色低碳发展,加强生态保护的监管与控制,推动重要生态功能区生态保护补偿等重要决策。2023年9月发布的《深化集体林权制度改革方案》提出:不断完善生态产品价值实现机制和生态补偿制度,充分发挥森林多种功能,推动林业高质量发展和农民农村共同富裕;鼓励地方通过租赁、赎买、合作等方式妥善处置重要生态区位内的集体林,维护权利人的合法权益。

随着社会经济的发展和人民物质生活水平的提高,对森林资源的利用和林业经济的发展又有了更高的需求,对环境保护的要求也越来越高,同时在森林保护方面提出了更高的要求。因此,现阶段社会的主要矛盾转变为人民日益增长的对美好生活的需要和不平衡不充分的发展之间的矛盾。根据国家林业和草原局公布的第九次全国森林资源清查结果,全国森林覆盖率22.96%,远低于全球31%的平均水平,而福建森林覆盖率为66.80%,已连续40年位列全国第一。绿水青山是福建最宝贵的资源,当把"两山论"用于指导林业发展时,那么林业的"绿水青山"是否得到了货真价实的"金山银山"? 福建省作为首个国家生态文明试验区,率先开展重点生态区位商品林赎买项目改革试点,目的是实现"生态得保护,林农得实惠"的双赢目标,满足人们对优美生态环境的需要和美好生活的需要。鉴于此,重点生态区位商品林赎买成为探索政府主导、企业和社会各界参与、市场化运作、可持续的生态产品价值实现路径。通过生态产品价值实现来破解重点生态区位商品林采伐利用和生态保护的矛盾,进而践行"两山论"。

福建省2007年正式出台了公益林赎买的实施方案,2016年《国家生态文明试验区(福建)实施方案》确定进行7个试点县(市)的重点生态区位商品林赎买改革试点。赎买试点虽取得了一定的成效,但也出现了一系列迫切需要解决的问题:赎买资金不足、林农经济利益无法充分保障、林农参与赎买意愿不高、赎买价格难以确定等。而赎买双方关于赎买价格的确定是目前福建赎买实践中暴露出来的最大难点之一(林琰 等,2017),政府如何确定重点生态区位商品林赎买价格对森林生态产品价值实现至关重要,即补偿标准核算是生态产品价值实现的关键问题(周一虹和芦海燕,2020;刘江宜和牟德刚,2020)。对此可供借鉴的是,美国土地休耕保护计划使用竞争性投标机制成功破解了公共财政投入不足和补偿标准难以确定的难题(赵业和刘平养,2021)。美国土地休耕保护计划(Conservation Reserve Program,CRP)是美国联邦政府最大的私有土地休耕项目,在美国已实施多年,有理论、有实践,可运用到我国重点生态区位商品林赎买改革上,改"休耕"为"休伐",并用竞标的市场规则改善生态环境。美国土地休耕保护计划通过给予土地所有者租金补贴,从而鼓励土地所有者把生态脆弱型的土地进行休耕,休耕期限一般为10~15年(李娅,2018;毕淑娜,2018)。政府采用环境效益指数(environment benefits index,EBI)对土地环境价值进行评价,该指数能衡量出地块现有特征和地块未来潜在的环境收益,同时核算出取得该环境收益所需要花费成本的大小(邢祥娟 等,2008;王升堂和孙贤斌,2018)。美国农业部根据上述地块特征、环境收益、机会成本等情况确定EBI的大小,然后根据EBI的得分值分区域制定该地块的最高补贴金额,而农场主为参与土地休耕保护项目也需要根据地块状况、市场预期等情形提出自己所能接受的最低补偿标准,然后政府本着公开透明的原则,在审批时引入最高补贴金额与最低可接受补偿标准的市场竞标机制,选择成本效益最大化的地块进入土地休耕保护计划(王茂林,2020)。

因此,本书在借鉴美国土地休耕保护计划的基础上,提出建立重点生态区位商品林的 EBI,以构建赎买对象识别的竞争性投标机制,然后根据赎买对象确定赎买的最高限价,作为赎买的需求曲线;在评估林农参与赎买的机会成本,即林农最低接受意愿(willing to accept,WTA)的基础上建立赎买的供给曲线;通过赎买需求与供给的竞争性投标机制,为赎买价格的确定提供坚实的理论和实践基础。具体来说,基于福建省的实地调研,结合目前重点生态区位商品林赎买价格确定和林农对赎买价格难以认可的实际,借鉴美国土地休耕保护计划,利用 EBI 与林农 WTA 的供需竞争性投标机制确定赎买价格。在赎买需求分析中,用被赎买商品林的 EBI 来评估其生态价值和筛选赎买对象,EBI 越高,该商品林的生态价值越大,越该进入赎买项目,然后对入选的商品林规定一个最高限价,再根据年度赎买计划确定 EBI 的截止点和赎买规模;在赎买供给分析中,代表商品林转为公益林机会成本的林农最低 WTA 对其有决定性作用;在赎买供求市场中,通过政府最高限价、第三方评估价与林农最低 WTA 的竞价机制实现赎买价格的确定与赎买效率的提升,使有效市场和有为政府有机结合,需要引入双向竞卖法与最终开价仲裁法对现有赎买价格进行优化,使得林农认可补偿标准。可以用双向竞卖法优化政府赎买核定价,用最终开价仲裁法优化政府赎买最高限价。

本书正是在借鉴美国土地休耕保护计划(CRP)的基础上,提出建立重点区位商品林的环境效益指数(EBI),作为赎买的需求曲线,在评估林农赎买的机会成本,即林农最低接受意愿(WTA)的基础上建立赎买的供给曲线,通过赎买需求和供给机制的分析,为赎买规模、赎买对象和赎买价格的确定提供坚实的理论和实践基础。目前,关于美国土地休耕保护计划的政策背景、政策执行方式、政策影响、对中国"耕地休养"政策的启示以及林农休耕意愿(尹珂和肖铁,2015;饶静,2016;陈展图和杨庆媛,2017;杨庆媛 等,2017)等研究虽不断增加,但基本没有把土地休耕保护计划引入重点区位商品林的"休伐"这一赎买理论与实践研究之中,而这正是写本书的初衷。然而美国土地休耕保护计划只完成了重点区位商品林赎买的第一阶段,即从林农手里把重点区位商品林包括林地的使用权赎买过来,实现重点区位商品林与其他一般商品林的同权同利。但"休伐"的商品林和"休耕"的耕地有着本质的不同,当对赎买林分进行生态营造和生态管护时,在生态优先的前提下可以通过碳汇市场、林下经济等方式实现森林经营的持续性收入。因此,重点生态区位商品林赎买的第二阶段也需要需求和供给的市场机制,可以通过招标等方式将其流转给自愿参与重点生态区位商品林的生态营造和生态管护的主体。本书以重点生态区位商品林如何从具有承包经营权的林农等主体手中赎买出来,然后把赎买后的林分流转给新的营林主体,由其再如何进行管护与经营作为研究核心,在此基础上不仅要建立和完善市场化、多元化的生态补偿机制,还要使更多的市场资本、社会资本和金融资本进入林业,从而践行"两山论"的理念。

1.2 重点生态区位商品林赎买通过市场化补偿推进公益林建设

1.2.1 重点生态区位商品林赎买的市场机制创新

本书以福建省重点生态区位商品林赎买为研究对象,主要研究重点生态区位商品林赎买的需求曲线和供给曲线是如何确定的,以及其供求机制是如何决定赎买规模、赎买对象和赎买价格的等重要问题,目的是实现重点生态区位商品林生态购买的市场机制创新。本书的主要目的是利用重点生态区位商品林赎买的需求曲线和供给曲线来确定赎买规模、赎买对象和赎买价格水平,通过自愿赎买的市场机制发挥价格机制在资源配置中的决定性作用。在此研究过程中,运用研究方法和研究理论对重点生态区位商品林赎买意愿与行为进行学理与实证分析,较为系统地研究商品林赎买的影响因素与影响机理,以便更好地了解林农的诉求,为政府科学决策提供相关政策建议,促进商品林赎买健康有序规范进行,实现赎买的目标,使社会的整体效益最大化,即利用一切规则和制度,保证个人利益和社会整体利益相协调来实现其最大化。

1.2.2 重点生态区位商品林赎买推进公益林建设

本书的理论意义:在借鉴美国最大的环境保护项目——土地休耕保护计划的基础上提出建立环境效益指数,作为赎买的需求曲线,在评估林农赎买的机会成本,即林农接受意愿的基础上建立赎买的供给曲线,从而确定合理的赎买规模,进而为政府找到本阶段环境效益指数的截止点,从而确定哪些林农能够进入赎买项目中,接着比较各个赎买对象环境效益指数的大小,按照投标的方式确定赎买的价格水平。按照此方法在生态环境最脆弱、林地最需要休养生息的地区推行"休伐"而进行的赎买供求机制研究,为公益林保护和建设的管理制度改革以及国家生态文明试验区建设提供决策参考。

本书的现实意义:由于生态区位重要性或生态环境脆弱性,公益林建设和发展极为重要,然而现行的生态补偿机制不完善,生态公益林在供给效率和生态成果稳定性上都存在问题,因此需要构建合理的重点生态区位商品林赎买的供求机制,解决赎买中的关键问题——赎买规模、赎买对象、赎买价格等问题,在此基础上构建基于生态产品价值实现的商品林赎买机制与模式,进而为提高福建省乃至全国公益林建设成效提供决策参考依据。

1.3 重点生态区位商品林赎买机制与模式研究方法

1.3.1 文献整理与实地调研相结合的方法

福建省重点生态区位商品林赎买机制与模式的构建,是建立在国内有关生态购买、赎买和"土地休耕保护计划"研究的文献梳理基础上的。在对相关文献进行综述的基础上,通过对福建省商品林赎买改革试点的林业局、国有林场、管护企业、林业个私大户、村集体委员会与普通村民采用半结构访谈与问卷调查的方式,了解商品林赎买的林农参与意愿、行为及影响因素,了解各试点商品林赎买的具体发展状况,为模型的定量分析奠定数据基础,并在实践中了解商品林赎买制度创新的真实做法,了解商品林赎买推进过程中遇到的问题和林农的真实想法,为商品林赎买机制和模式的设计提供现实依据。尤其是利用2022年8月至2023年8月在美国奥本大学访学期间,对美国最大最成功的土地休耕保护计划(CRP)继续进行深入调查并参加有关学术活动,学习相关的理论和实践,完成了重点生态区位商品林赎买的环境效益指数的确定、重点生态区位商品林赎买机会成本分析以及赎买机制的构建等方面的研究。正是在开阔国际视野的基础上,通过立足于国内商品林赎买的实践,不断地把该项目推向深层次的研究并提供更多的借鉴意义。

1.3.2 规范分析与实证分析相结合的方法

规范分析不仅体现在文献和经典理论的分析上,而且把机制设计理论这一经济学的规范分析与 Probit 选择模型结合起来进行林农商品林赎买参与意愿（即林农的接受意愿）的实证计量分析，因而定性分析和实证分析都是本书重要的研究方法。同时，在定量分析方面，描述性统计方法是一种不可或缺的分析方法，本书在进行关于林农商品林赎买意愿的各种影响因素的分析时都采用了这种方法。尤其是利用扎根理论方法对福建省商品林赎买的实际访谈文本材料进行质化研究，即直接从实际观察入手，带着重点生态区位商品林赎买的影响因素这一中心研究问题，对原始访谈资料提供的研究现象与情境进行系统、详尽的描述和反思，对经验进行归纳概括，然后从经验事实中抽象出能反映事物现象本质核心的概念和思想，最后通过建构这些概念之间的联系最终上升到系统的理论，从而挖掘出重点生态区位商品林赎买的影响因素及作用机制，以便为今后的实践提供一种更为有效的思维范式。基于经验材料建立自下而上扎根理论的这种质性研究很好地体现了规范分析与实证分析相结合。

1.3.3 总量分析与对比分析相结合的方法

无论是林业政策演变，还是林业改革实践，都是动态发展的过程，与我国集体林权制度改革密切相关，必须在动态变化的比较中考察，并据此思路，对福建省重点生态区位商品林赎买的整体发展状况进行了总量分析，又通过调研获取了将乐县、宁化县、沙县、建宁县、永安市等试点的数据进行对比分析，然后又对林业个私大户、普通林农的不同户主特征、家庭特征、禀赋特征以及家庭经济状况等进行了比较，来揭示不同类型林农做出不同决策背后的机理。同时，为说明林农商品林赎买参与意愿的影响因素，考察愿意参与赎买林农和不愿意参与赎买林农在经济激励因素、政府治理因素、地块及资源条件、户主及家庭特征的差异，来推断哪些因素对林农参与意愿产生显著的影响。此外，在重点生态区位商品林赎买方式与模式选择时也进行了对比，比如根据特定区位的土地都被用于它最适合的用途及是否处于核心区来决定是赎买还是改造提升方式更容易实现社会福利最大化，这两种方式可结合成"赎买＋改造提升"模式，与此形成鲜明对照的是另外一种适宜于天然商品林赎买的"基金站＋村委会"模式——天然商品林村级回购，以解决不同地区根据重点生态区位商品林具体差别情况选择更为适用模式，探索多样化赎买模式实现森林生态产品价值。

1.3.4 一般分析与案例分析相结合的方法

由于重点生态区位商品林赎买同现行的林地生态补偿制度一样,都是政府对森林提供生态服务而给予林农的经济补偿,两者在经济属性上具有相似性,因此在进行商品林赎买研究时,可以学习与借鉴极大丰富并且较为完备的林地生态补偿的相关理论和实证研究成果。但商品林赎买又有很多地方完全不同于生态补偿,与生态补偿相比,赎买具有补偿对象识别机制,通过竞争机制和准入机制进行赎买优先排序,使需要赎买的山场进入赎买范围,使林业经营主体得到可接受的补偿金额,提高补偿金的使用效率。赎买能在补偿时机、强度、方式等方面进行优化,以保证补偿效果。比如,在生态补偿制度下,林地经营者和林木所有者只能获得标准低且单一的行政统一划拨的生态补偿资金,而重点生态区位商品林赎买价格的确定则是由政府的核定价或最高限价与第三方森林资源资产评估公司的评估价决定的,当评估价低于最高限价时按评估价确定赎买价格,当评估价高于最高限价时按最高限价确定赎买价格。因此,根据拟赎买林农森林资源调查报告或林木评估报告(见附录6、附录7、附录8和附录9),每个参与赎买的林农获取的赎买总价款都是有差异的,那么每个评估报告都可以作为赎买价格确定的案例进行分析。本书在第三章对将乐县、沙县、宁化县、建宁县、永安市的林农赎买价格的确定上进行了相关案例分析。

1.4 重点生态区位商品林赎买机制与模式研究的逻辑与路线

1.4.1 重点生态区位商品林赎买机制与模式研究的逻辑

1.4.1.1 赎买行为研究

首先,对赎买行为所涉及的利益相关者进行界定,然后根据各利益主体在赎买过程中的角色,分析了林农与政府之间及林农与赎买方之间的博弈行为。从林农与政府之间的博弈得出:一个好的政策选择是政府选择限伐的市场化补偿策略,即重点生态区位商品林赎买,而林农选择可持续森林管理策略,此时整个社会福利实现了最大化。从林农与赎买方之间的博弈得出:要推进赎买的进度,选择合适的赎买主体和解决对林地依赖程度大的林农顾虑同样重要。选择赎买之前经营林地获得利润高的组织作为合适的赎买方,增加赎买方通过赎买获得的收益,提高林农参与赎买所获得的利益,增加就业机会,降低赎买成本等。林农、政府与赎买方三者组成联盟的总福利主要是通过规范、合理、有序地进行重点生态区位商品林赎买,实现政府主导、企业和社会各界参与、市场化运作、可持续的生态产品价值。

其次,采用半结构化深度访谈一手资料,对重点生态区位商品林的赎买行为进行发掘,运用扎根理论对重点生态区位商品林赎买的影响要素及机理展开分析,构建出商品林赎买影响要素的"发生条件—社会动员—激励相容"模型(图 1-1)。发生条件包含资源禀赋与政策限制,是开展重点生态区位商品林赎买的前提和条件,两者是重点生态区位商品林赎买的托动力。激励相容是重点生态区位商品林赎买政策实施最为关键的核心要素,包含经济激励与政府治理两个方面,充分体现着政府与林农两大行动集团的诉求和互动。其中,经济激励主要是通过利益机制实现重点生态区位商品林赎买,政府治理则通过信息机制、公平效率机制、惩罚机制等实现重点生态区位商品林赎买,两者是重点生态区位商品林赎买的内在驱动力。发生条件到激励相容的有效衔接需要依托社会动员的有效发挥,具体表现在环境责任意识与赎买效益认知这两方面,两者对重点生态区位商品林赎买这一环保实践的实施提供思想基础和认知条件,是重点生态区位商品林赎买的助动力。总之,资源禀赋与政策限制是商品林赎买的发生条件,环境责任意识与赎买效益认知体现着商品林赎买的社会动员力量,经济激励与政府治理实现了商品林赎买的激励相容。发生条件、社会动员、激励相容三者相辅相成、相互促进,在托动力、助动力和驱动力的合力作用下,推动了重点生态区位商品林赎买的产生与发展。

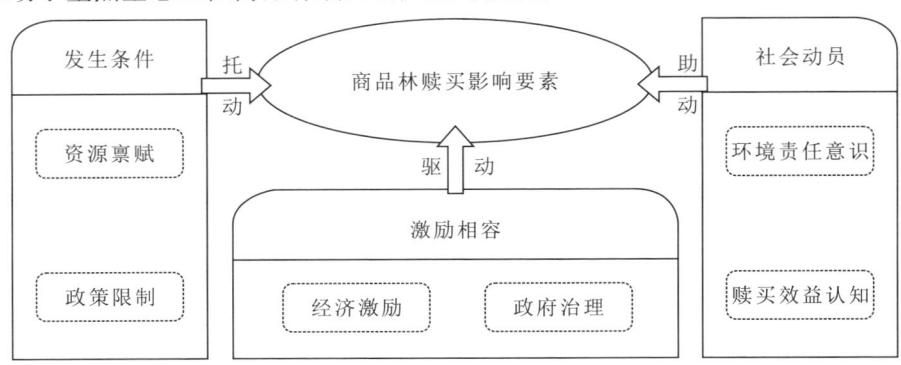

图 1-1 重点生态区位商品林赎买影响要素的"发生条件—社会动员—激励相容"模型

1.4.1.2 赎买规模、赎买对象和赎买价格的确定

第一,从政府角度分析重点生态区位商品林赎买的需求。要理解重点生态区位商品林赎买的需求,EBI 及其对应的最高限价是赎买需求涉及的两个关键内容。首先,借鉴美国 CRP,政府建立 EBI,而林农的 EBI 得分是赎买的需求曲线,随着赎买面积的增加,EBI 得分下降,因此赎买的需求曲线向下方倾斜,这是因为该指数的确定主要与商品林的位置(环境敏感性)、保护实践和成本补贴有关。其次,除了 EBI,赎买的政府最高限价是赎买需求涉及的另一个关键内容。需求方如何遴选出供给方以及如何确定一个最高限价呢? 在资金受限的情况下,需求方要找到最需要被赎买的商品林,可引入 EBI,根据该指数对拟赎买的商品林进行排序,以确定赎买对象是谁。在 EBI 遴选完赎买对象后,还需确定重点生态区位商品林赎买的最高限价。最高限价分为林木的最高限价和林地使用费的最高限价,两者基于县(市、区)林业部门的市场调查和森林资源资产评估来确定。而不管是根据 EBI 确定赎买对象还是确定政府的最高限价,都离不开政府赎买资金的筹集。因此,需要对福建省重点生态区位商品林赎买资金筹集与运行进行解析。

第二,从林农角度分析重点生态区位商品林赎买的供给。一般说来,具有较高 EBI 分值的商品林会有一个较低的机会成本,因此伴随着赎买需求曲线的下降,向上倾斜的机会成本曲线代表着赎买的供给曲线。林农参与商品林赎买的机会成本,可以通过对林农 WTA 的调查来确定,即商品林赎买的供给曲线是建立在对林农最低 WTA 了解基础上的。根据希克斯个人效用函数,为使林农在参与赎买项目前后保持效用水平无差异时所需要的最低货币补偿,就是林农 WTA 的最小值。当商品林限伐后,林农的最低 WTA 高于林农的成本损失时,林农才愿意参与赎买。因此,要激励林农参与赎买,必须满足林农的最低 WTA。通过对林农进行调查和访谈,了解林农 WTA 及其影响因素,并通过 Probit 模型对影响林农 WTA 的因素进行计量分析。

第三,利用 EBI 与 WTA 的赎买供求机制的分析,确定了赎买规模、赎买对象、赎买价格,这成为"多元化、市场化生态补偿机制"的一项重要探索,为全国其他地区重点生态区位商品林生态补偿提供有益启示。从重点生态区位商品林赎买的目标入手,通过对林农商品林 EBI 得分和政府设定 EBI 的截止点进行比较,来确定商品林赎买规模和赎买对象,提交申请的林农经审核批准后,可与政府签订赎买合同,并按批准的面积和双方同意的赎买价格进行赎买,最终赎

买价格水平的决定是通过竞标来实现的,即通过林农商品林的 EBI 得分对应的政府最高限价与林农 WTA 的竞标来确定赎买的价格水平。

EBI 与 WTA 的赎买供求机制的分析具体如图 1-2 所示,纵坐标代表林农环境效益指数得分和接受意愿水平,横坐标代表的是重点区位商品林的赎买面积。图中的两条曲线分别是赎买的需求曲线和供给曲线,其中 EBI 得分是赎买的需求曲线,一旦政府确定了 EBI 得分的截止点,比如图中的 b 代表的水平,则赎买规模 Q 就确定了。对于每一个 EBI 得分,都有一个相应的林农机会成本,通过比较林农的 EBI 得分与林农最低 WTA,即通过赎买的供给和需求的竞标确定赎买的价格水平。

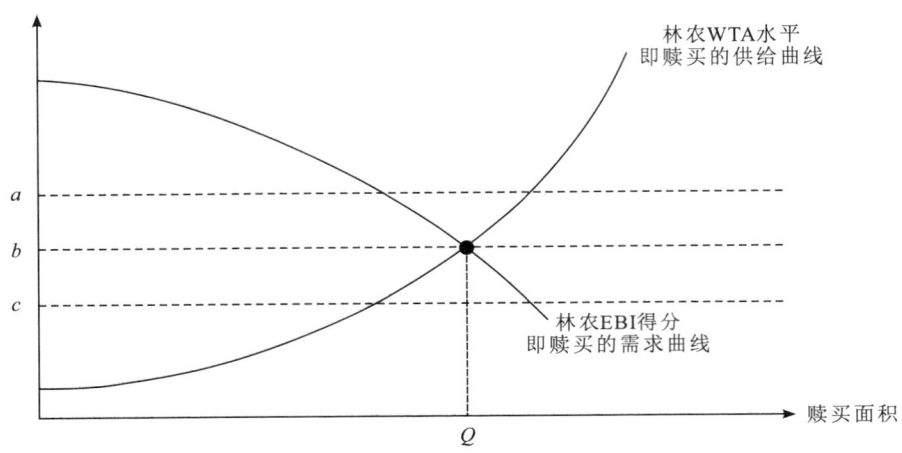

图 1-2　重点生态区位商品林赎买的供求曲线

1.4.1.3　赎买机制、模式选择与政策建议

重点生态区位商品林赎买是一项长期而又复杂的系统工程。要确保赎买工作有序持续地开展,需要在完善市场化赎买机制的基础上选择适宜的模式。目前正在探索多样化的赎买模式,比如"赎买＋改造提升"模式、"赎买＋合作经营"模式、"赎买＋生态补偿"模式和"基金站＋村委会"模式。赎买模式能否实现赎买目的的关键在于能否充分发挥政府主体的主导作用、市场主体的推动作用和社会主体的全程参与作用(傅一敏 等,2017)。福建省率先开展重点生态区位商品林赎买改革试点,就是探索通过生态产品价值实现来破解重点生态区位商品林采伐利用与生态保护的矛盾。针对目前商品林赎买实践既有成效又受到挑战的实际,利用森林多功能用途的经济学分析框架,从实物产品价值和生

态系统服务价值两者运动逻辑出发,分析了影响赎买机制有效性的赎买对象选择、赎买价格确定、赎买林分管护经营3个具体行动情境问题。

如图1-3所示,从以下3方面构建商品林赎买机制框架:首先,赎买对象选择,这有助于生态产品价值识别或发现,是商品林赎买生态产品价值实现的前提;其次,确定赎买价格是生态产品价值的凝聚或锁定,是商品林赎买生态产品价值实现的关键;最后,赎买林分管护经营决定着生态产品价值创造(或交易)与价值实现(或分配),是商品林赎买生态产品价值实现的路径。

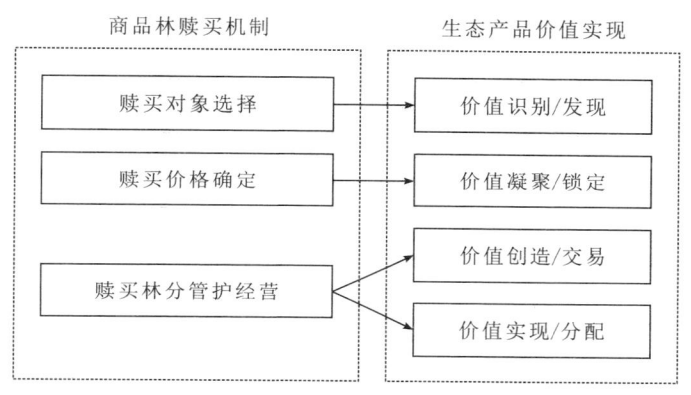

图1-3　生态产品价值实现的重点生态区位商品林赎买机制

如图1-4所示,选择什么样的赎买模式,取决于能否实现重点生态区位商品林的生态产品价值,即赎买模式的选择由生态产品价值实现路径决定。根据重点生态区位不同的区域生态系统特征,以生态产品识别为基础,可确认的生态产品类型可分为物质产品、调节产品和文化产品,这3种产品类型分别对应着市场主导、政府主导和政府+市场这3条价值实现路径,不同的价值实现路径对应着不同的价值体现,满足着不同的社会需求,需要由多样化的赎买模式来适应商品林赎买中政府和市场角色所呈现的不同组合方式,才能真正实现生态产品价值。总之,以生态产品价值实现路径选择确定重点生态区位商品林赎买模式,这需要根据实际对现有的赎买方式进行组合、改进与创新。

当政府筹集到的资金有限,或者政府给予参与赎买林农的现金直接补偿不足以弥补林农的损失时,可供选择的赎买模式如下:①结合区位适用性及生态核心区性质,可选择"赎买+改造提升"模式。对于政府而言,改造提升的补助(通常是造林成本的60%～70%)远低于赎买价格,但依然可以破解采伐利用和

重点生态区位商品林赎买机制与模式研究

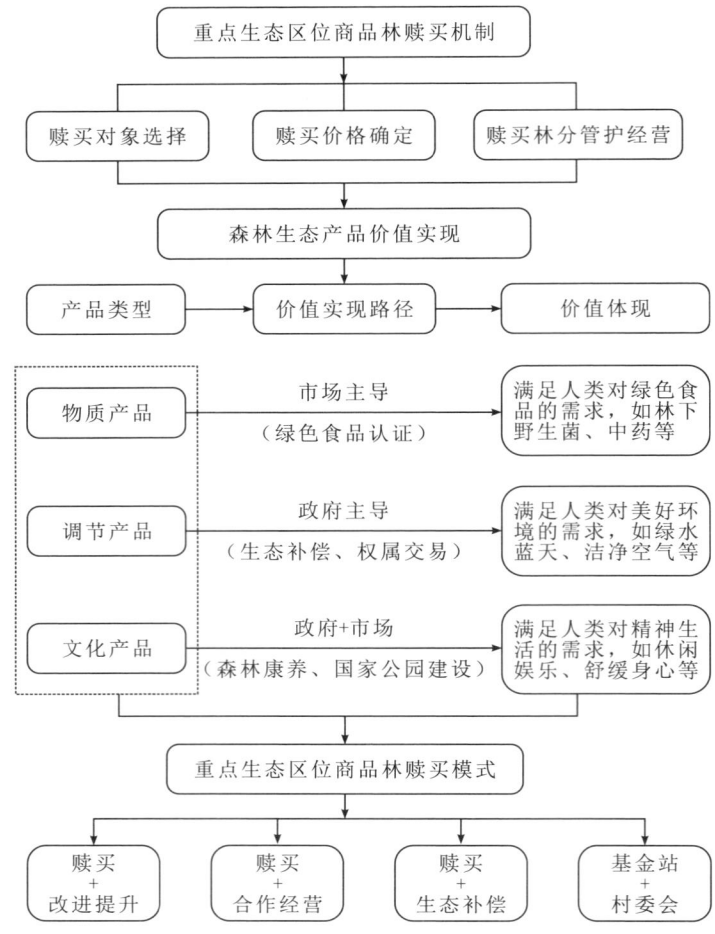

图 1-4 基于生态产品价值实现的重点生态区位商品林赎买机制与模式选择

生态保护的矛盾；对于林农而言，在林木权属与林地经营权不改变的前提下，不仅择伐会获得收入，同时又可享受造林成本补助。②对面积较大、林木产权明晰的重点生态区位商品林实施森林认证、碳汇交易、保护权利交易、环境服务支付等试点措施，将收益作为林权所有人的生态补偿，以减小公共财政压力，促进可持续发展和森林生态服务产品市场化，形成"赎买＋生态补偿"模式。③对集中成片，地理位置优越，便于开发森林康养、生态旅游等项目的重点生态区位商品林，可通过赎买推动林业产业升级，在三大产业融合过程中也会为林农创造更多的就业与发展就会，而这一产业的顺利发展需"政府＋市场"共同协作，形成"赎买＋合作经营"模式。④借鉴永安市赎买经验,开展生态公益林及天然林补偿收益权质押贷款回购天然林试点工作,形成"基金站＋村委会"模式。在具体做法上,村集体用生态公益林的补偿收益权向永安信用社质押贷款,贷款利息由林业部门向上争取资金给予全额贴息。回购价格、贷款期限、金额、回购林地面积由村民代表大会表决通过。用"补贴金＋抵押贷款"完成林木赎买,不仅解决资金问题,而且林地、林权最终归属集体,集体可以自己管护,解决了林业产权与林业经营不统一问题。

重点生态区位商品林赎买政策的目标是要实现"金山银山"与"绿水青山"兼备的稳态,而稳态意味着对"绿水青山"的合理利用达到经济价值和生态价值最大化。为践行"两山论",结合商品林赎买机制提出以下政策建议：一是赎买对象选择影响"绿水青山"稳态的实现,建议按生态效益原则构建赎买对象的识别机制；二是赎买价格影响林农"金山银山"稳态的实现,建议切实提高林农参与赎买的获得感；三是赎买林分管护与经营主体及模式选择影响"两山"兼备稳态的实现,建议以生态与产业循环互动为标准选择管护与经营主体及模式,即政府通过赎买改革从林农手中把林木所有权和经营权赎买过来,交给能够实现生态保护与产业发展循环互动的新的营林主体进行管护和经营,从而实现森林管理的"越采越多"和森林保护的"越采越好",使得林业效益最大化,从而实现"绿水青山"与"金山银山"兼备的稳态。

1.4.2 重点生态区位商品林赎买机制与模式研究的路线

本研究以福建省重点生态区位商品林改革试点作为研究区域,以制度变迁理论、林农行为理论和机制设计理论作为研究基础,并借鉴国内外相关文献形成研究综述,结合赎买进展概况、赎买特征、赎买价格确定、主要冲突与经验借鉴的分析,指出赎买推进过程中遇到的现实问题,然后从赎买的社会福利与赎买影响要素及其作用机理两方面对赎买行为进行分析,进而分别从赎买需求、赎买供给以及需求与供给相互作用的机制3方面说明如何对赎买中关于"赎买规模、赎买对象、赎买价格"等核心内容的创新,变福利救济体制为市场体制、变过程管理为结果管理、变国家强制为林农自愿,实现生态保护的目标和增收脱贫的目标。为此基于生态产品价值实现的角度进行了商品林赎买机制设计和赎买模式选择,并最终提出践行"两山论"的重点生态区位商品林赎买政策建议。研究思路具体如图1-5所示。

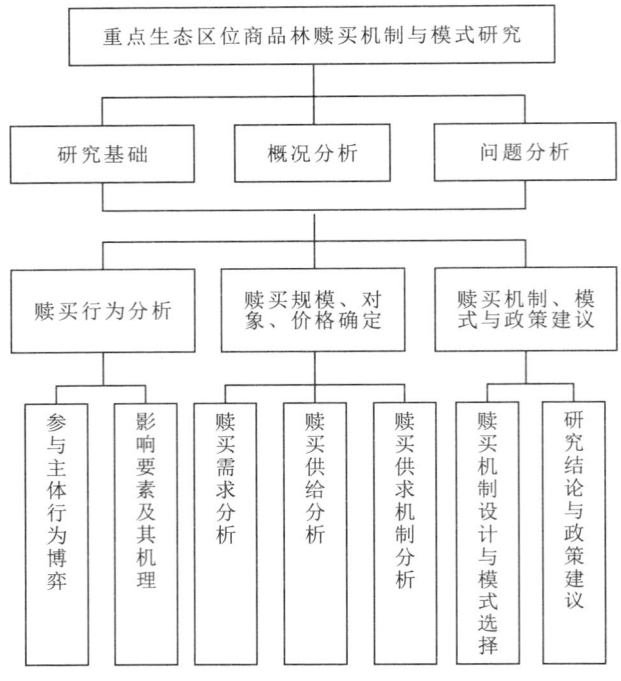

图 1-5　重点生态区位商品林赎买机制与模式的研究思路

1.5　重点生态区位商品林赎买机制与模式的研究特色和创新

1.5.1　研究思路与研究手段的特色

首先,在研究思路上,本研究从理论框架分析着手,以利益相关者为中心将重点生态区位商品林赎买涉及的各种组织、单位和个人视为一个有机整体,并将这一整体置于其所处的政治、经济、社会、文化等环境之中,共同构成商品林赎买系统,从商品林赎买机制与模式方面提出了研究的一个新视角。

其次,在研究手段上,对福建的重点生态区位商品林赎买进行半结构访谈和问卷调查,通过半结构访谈提纲对个私大户的赎买行为进行分析,通过调查问卷对普通林农的赎买意愿等内容进行了解,并设计了村干部调查表,收集大量的第一手调查数据,以这些调查数据和商品林赎买典型案例为基础,提高数据资料的可信度,保证研究结果的准确性。

1.5.2 学术思想、观点与研究方法的创新

第一,学术思想的创新。重点生态区位商品林赎买的供求机制正是对赎买中关于"赎买规模、赎买对象、赎买价格"等核心内容进行的创新,变福利救济体制为市场体制、变过程管理为结果管理、变国家强制为林农自愿,通过深化农村集体产权制度改革来健全生态补偿机制。首先是政府运用市场机制把重点生态区位商品林包括林地的使用权赎买到自己手中,这是在借鉴美国"土地休耕保护计划"的基础上通过重点生态区位商品林赎买的环境收益指数(需求)和其机会成本(供给)共同决定"赎买规模、赎买对象、赎买价格"来完成的。其次是政府通过招标等市场机制把赎买林分的管护、营造和经营的权利流转给新型主体。该新型主体的选择以能实现生态安全与产业发展良性循环互动为标准,通过赎买林分的"怎么管""管得好"实现其树越砍越多、山越绿越富。在核心的重点生态区位内需要实施严格的限伐政策,而在非核心的重点生态区位内要管放结合,通过对赎买林分管护与经营,在其保有量达到一定程度下,开发林下经济、生态旅游、森林康养等深层次产业,延伸林业产业链条,实现三大产业融合发展,实现"金山银山"与"绿水青山"兼备的稳态,达到经济价值和生态价值最大化。

第二,学术观点的创新。①通过建立环境效益指数(EBI)确定了重点生态区位商品林赎买的需求曲线,当政府确定了环境效益指数得分的截止点,则赎买规模就确定了;②通过比较林农的环境效益指数得分和政府设定环境效益指数的截止点,确定商品林的赎买对象,有效建立了赎买对象的识别机制;③基于林农接受意愿(WTA)的调查确定了重点生态区位商品林的供给曲线,这决定了林农的叫价水平;④通过林农的环境收益指数得分与其接受意愿竞标的供求机制来确定赎买的价格水平;⑤通过市场招标等方式将赎买林分流转给新型主体进行营造、管护和经营,以实现赎买林分的生态产品价值。总之,赎买规模确定、赎买对象确定、赎买价格确定和赎买林分价值实现都体现了重点生态区位商品林赎买已经成为政府主导、企业和社会各界参与、市场化运作、可持续的生态产品价值实现路径。

第三,研究方法的创新。在经济学和管理学的研究中引入生态学和数据库等信息技术,进行多学科综合研究,综合运用文献分析法、实证分析法和综合分析法对重点生态区位商品林赎买的机制与模式进行多层面和多视角的分析。①利用博弈论方法分析了赎买行为给政府、林农、赎买方等利益相关者所带来的社会福利;②利用森林多功能用途的经济学分析框架,对商品林赎买对象进

行解读,结合区位适用性找出解决对策;③利用"两山论"的经济学解读视角来说明重点生态区位商品林这种生态资源的最优配置与资源的有效转化;④利用重点生态区位商品林赎买的供求机制确定了赎买规模、赎买对象与赎买价格;⑤利用扎根理论对重点生态区位商品林赎买的影响要素及其机理展开分析,构建出商品林赎买影响要素的"发生条件—社会动员—激励相容"模型;⑥利用二元 Probit 逻辑回归模型对影响商品林赎买意愿的因素进行建模分析;⑦构成环境效益指数(EBI)中的区位因子需要借助数据库信息来确定生态区位重要性或脆弱性,而该指数中所涉及的生态效益因子可以借鉴武夷山生态系统服务价值核算指标体系与评估方法中所计算的森林生态系统的服务价值,这需要借助生态学方法。

2 重点生态区位商品林赎买的研究基础

2.1 重点生态区位商品林赎买相关概念界定

2.1.1 重点生态公益林区位条件

《福建省重点生态区位商品林赎买等改革试点方案》对重点生态公益林区位条件进行了清晰界定,包括国家级9种区位和省级14种区位。其中,江河源头、一级支流源头、江河两岸与支流两岸、森林和野生动物类的国家级自然保护区的林地、世界自然遗产名录的林地、库容6亿立方米以上的水库周围2公里以内从林缘起至第一重山脊的林地、沿海防护林基干林带、红树林和台湾海峡西岸第一重山脊临海山体的林地属于国家级重点生态公益林区位。而省级的重点生态公益林区位包括江河、支流源头;汀江、九龙江、晋江、敖江、龙江、木兰溪、交溪干流及其河长在100公里以上的一级支流、闽江流域一级支流大樟溪、尤溪、古田溪及河长100公里以上的二级支流,河岸或干堤以外1公里以内从林溪起至第一重山脊的林地;森林和野生动物类型省级自然保护区的林地;国务院批准的自然与人文遗产地和具有特殊保护意义地区的森林、林木和林地;库容1亿立方米以上、6亿立方米以下的大型水库周围1公里以内从林缘起至第一重山脊的林地;除基干林带外的沿海防护林;重要湿地;国防军事禁区内林地;省政府批准划定的饮用水水源保护区的林地;省级以上森林公园的林地;国铁、国道、高速公路两旁100米以内从林缘起至第一重山脊的林地;现有生态公益林中的天然阔叶林、天然针阔混交林和天然针叶林;环城市周边一重山;县级人民政府批准划定的自然保护小区(点)的林地。

2.1.2 重点生态区位商品林

重点生态区位商品林的界定有两个层面：首先是符合上述重点生态公益林区位条件的森林和林地；其次是这类森林和林地暂未界定为生态公益林从而无法享受中央和省级财政森林生态补偿。重点生态区位内的林木不仅能提供木材及其他多种林产品，还能提供水土保持、生物多样性保护等多种生态服务价值，因此对经济社会的可持续发展起着重要的作用。当采伐森林的机会成本高于木材收益时，采伐将被抑制。因生态保护需要，对重点生态区位商品林实行限伐禁伐政策，使得林农的"处置权、收益权"受到一定影响，重点生态区位商品林采伐利用和生态保护矛盾凸显。

2.1.3 重点生态区位商品林赎买

在对重点生态区位商品林进行调查评估的前提下，与林权所有人通过公开竞价或充分协商一致后进行赎买。村集体所有的重点生态区位内的商品林须通过村民代表大会同意。赎买按双方约定的价格一次性将林木所有权、经营权和林地使用权收归国有，林地所有权仍归村集体所有（福建省人民政府办公厅，2017）。重点生态区位商品林赎买有广义和狭义之分，广义指的是重点生态区位商品林赎买的改革模式，包括赎买、改造提升、租赁、置换和其他方式。而本书的"赎买"指的是狭义的赎买，是指赎买后被赎买对象解除与村集体的林地承包关系，赎买方与村集体重新签订林地承包合同，被赎买对象不再享有与被赎买地块相关的一切权利，林地由赎买方委托县级国有林场、其他国有森林经营单位或专业营林公司统一经营管理（洪燕真和戴永务，2019）。

2.2 重点生态区位商品林赎买研究的理论基础

2.2.1 制度变迁理论

在一种已有的制度结构安排下，当外部环境发生变化，而主体无法从中获取潜在利润时，需要通过制度创新来使外部利润内部化，如图2-1所示。通常来说，这种利润一般存在于以下4个方面：一是利用制度的改善使交易费用下降所带来的利润;二是通过一些新的制度安排获得内化经济外部性所带来的利润;三是通过适当的制度安排使风险降低所带来的利润;四是通过制度创新产生规模经济收益。本书提到的重点生态区位商品林赎买基本属于上述的第二个范畴与第四个范畴。

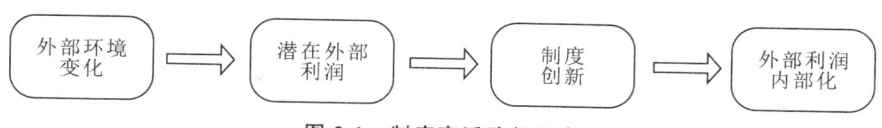

图 2-1 制度变迁路径示意

　　诺斯的制度变迁理论成为推进重点生态区位商品林赎买项目顺利实施的理论基础。一旦外部环境发生变化,而主体无法从现有的制度结构安排下获得潜在利润时,为实现外部利润内部化,需要进行制度变迁。正是我国社会经济快速转型发展使得江河源头、水库周边第一重山脊、自然保护区以及森林公园等范围内的林地被赋予了更多的生态服务价值,严格限伐的政策使得重点生态区位商品林的处置权与收益权受到影响,从而不再是林权所有人可以独立决策的"私人物品",而是转变为一种混合了公共物品性质的"混合物品",导致重点生态区位商品林存在显著的正外部性,奖励其正外部性的补偿机制应当以外部性内部化为导向(赵业和刘平养,2021)。推动制度变迁的力量有第一行动集团与第二行动集团两种,"自上而下"的制度变迁过程一般分为以下几个步骤:第一是政府为第一行动集团,是制度的主要供给者,在制度变迁中起着重要作用的是国家利益和意识形态,其中最为重要的制度安排是界定产权;第二是政府设计制度变迁的主要方案,并根据制度变迁的原则对其进行评估和选择,在此体现为各级政府制订赎买改革实施方案;第三是形成推动制度变迁的第二行动集团,起次要作用的该集团就是广大林农群体;第四是在两大集团的共同努力下,最终实现产权制度变迁。政府和林农群体在森林资源利用方面,近期目标并不完全一致,可能会导致利益的相互损害,需要进行重点区位商品林赎买改革,通过有效约束与激励,最终形成林业经营者在追求私人利益的同时恰好能够实现其生态功能这一良性循环。重点生态区位商品林赎买是人们单纯追求经济效益向追求经济效益和生态效益共同实现转变的产物(赵业和刘平养,2021),在追求森林经济价值的过程中实现森林的生态价值。我国正处于由"生态—经济"相斥向两者协调发展的转型阶段,林业的生态服务功能和物质供给功能要实现良性循环,实现越采越多、越采越好,离不开重新对森林经济功能及市场价格对森林资源增长激励作用的重视(杨超 等,2020)。

2.2.2 林农行为理论

以舒尔茨为代表的"理性小农学派"认为农民的行为完全是理性的,是时刻算计个人收益的经济人,这些传统的农民都是企业家,农民使用各种农业生产要素时,明显不平衡的投资收益率很少发生。他们从事的一切活动都是为了获得最大利润,包括改造传统农业所需要的现代技术投入,只要成本在农民可接受的范围内,那么农民会选择这种技术,以追求利润最大化。波普金在舒尔茨的研究基础上,提出小农在追求利润的过程中,做出理性的抉择,选择之前会进行科学的权衡和分析,所以认为他们非常具备理性,对传统农业的改造关键在于激励农民追求最大化的利润。

舒尔茨的理性农民追求利润最大化的观点因假设条件过于理想,并不完全适用,而恰亚·诺夫的小农思想认为只追求家庭效用最大化而不追求利润的观点不符合现实情况。西蒙认为,在现实生活中人只具备有限理性,这是因为由于信息的不对称和不确定性,完全理性很难实现,但作为经济人的农民仍会追求利润最大化的过程,并非寻求上文提到的最优解,只是寻求一个在限制条件下能被经济人所能接受的满意的解。由此可以看出,西蒙的观点更符合农民作为社会人、复杂人的实际,林农做出的决策除了考虑利益因素,还会受个人长远发展、社会效应、对土地的留恋等的影响。

2.2.3 机制设计理论

以机制设计理论获得2007年诺贝尔经济学奖Leonid Hurwicz认为,机制设计理论是在自由选择、自愿交换、信息不对称与决策分散化的条件下,如何设计一套激励相容的经济机制(规则或制度)来实现资源的有效配置,进而达到既定社会目标的理论。那么如何才能设计出这样的一套机制呢?首先,机制设计者要确定社会目标是什么,然后根据这一既定的社会目标,制定具体的规则和制度,保证个人利益和社会整体利益相协调,使个人在比较利益驱动下的行为,也能实现预期的社会整体目标。一般而言,一个好的经济机制的设计需要满足以下3个条件:第一是资源的有效配置。衡量资源是否得到有效的配置通常采用帕累托改进作为标准,即在实际的社会经济环境下,当某种经济体制或制度安排使得至少一个人的境况变得更好,而没有任何一个人的状况变差的前提下。第二是信息的有效利用。不管什么类型的经济机制设计与执行,都离不开信息的有效传递。只有信息的有效传递,才能实现该机制所要实现的预期的社会目标。因此,一个好的机制设计会考虑使信息传递成本尽量减少的情况下保障该机制的运行。第三是激励相容。在信息不对称的情况下,设计者对参与者的一个基本的假定是只有得到个人利益,才会显示自己真实的信息,所以设计的机制要能够给予每个参与者一个有效的激励,在满足其个人利益最大化的同时,实现机制设计者既定的社会目标,兼顾个人理性和集体理性。总之,机制的设计就是在信息成本最小和激励相容的情况下实现帕累托改进。

2.3 重点生态区位商品林赎买研究综述

2.3.1 森林生态购买与公益林保护研究

森林除了提供木材和其他林产品,还具有巨大的生态效益,因此在森林经营中要同时考虑这两个不同的效益。20世纪40年代,德国开始出现"森林多功能效益论",20世纪70年代北美提出"森林系统管理"和"林业分工论"等经营理念。之后美国、德国、日本、哥斯达黎加、巴西也开展了大量的森林生态效益补偿实践项目,各国补偿制度各具特色,比如退耕计划、森林生态效益商品化、转移支付、生态税、水源税等,补偿主体多元化,如政府、市场、公民、国际组织等,补偿对象几乎是所有林地,补偿水平主要是成本法,补偿资金来源多样化。Adhikari和Boag(2013)等总结这类项目的成功主要与林农特征、土地使用权安排、激励机制、扶贫成果、生态平衡的挑战、公平等有关。Rodriguez等(2011)设计了固定基础补偿加上可变补偿方式实现保护与扶贫的双重目标。

生态赎买有别于传统行政命令的方式,它是以市场为基础的方法,与生态环境服务付费(payment for ecological/environmental services,PES)接近,两者都以生态环境的服务功能为基础,用市场手段替代行政管制手段,政府按市场价格对生态环境服务付费或购买生态环境服务。Wunder(2005)认为PES包括:一个自愿的交易行为;购买对象"生态环境服务"应得到很好的界定;其购买者和提供者至少都有一个;只有供给者保证生态环境服务供给时才付费。为保护私有林地的生态环境,2003—2007年芬兰通过林农与政府签订一定期限的合同,从而启动了以市场手段为基础的自愿性项目——"自然价值交易"(trading in nature value,TNV)。关于补偿价格的确定,Raunikar和Buougioruo(2006)认为参与生态项目的林农有着比利润最大化更大的动机,不要求损失全额补偿,可用林农最低接受意愿来确定补偿价格。Mitani和Lindhjem(2015)从地块/资源条件、户主特征、市场驱动因素和政策认知 4 个方面对影响林农参与生态赎买项目的因素进行了讨论分析。Bateman(1996)等、Kline 等(2000)、Boon 等(2010)都对林农的接受意愿进行了研究。

2001 年延军平在我国首次提出生态购买概念，即生态环境服务购买。生态购买是国家作为购买主体，每年就林草所有者提供的生态服务支付相应货币，实现环境保护和消除贫困(延军平 等,2001)。张勇(2005)指出生态购买工程由国家生态购买管理委员会辖下的生态购买工程公司负责实施，由经费保证系统、实践系统、监督系统和生态生产者系统组成，建议为每个林农建立生态账户。邱威(2008)认为公益林购买机制是政府通过创建生态银行、生态产品市场和生态购买组织机构，按生态产品的质量分级定价，提出了二阶段生态购买法：购买前先收回土地使用权，然后以招标等方式将其承包给自愿参与生态购买的人，实际购买时分为生态营造阶段和生态管护阶段，不同阶段因成本投入不同而价格不同。董群方(2011)通过实证分析得出陕西省子洲县公益林生态服务价值中的水土保持价值为 1091.38 元/亩。程鹏(2012)提出通过优化政府常规措施和引入市场机制创新激励可以大大提高农民生态保护的积极性。詹国明等(2013)分析了三明市的生态区位，生态公益林经营现状、存在问题以及生态林质量效益的评价，得出生态公益林的可持续经营不仅需要完善法规制度、拓宽补偿资金渠道、科学制定生态效益评价体系、放宽区位内人工林经营利用，还提出了实施国家赎买或租赁政策。曾贤刚等(2014)认为生态购买是生态产品市场化供给方式之一，为使其有效运行，政府应明晰生态产权、降低交易费用、构建合理利益关系、建立并监督生态产品市场交易体系等。吴守蓉和冀光楠(2014)提出国家赎买公益林并直接提供生态服务、确立公益林森林碳汇产权、公益林生态效益补偿制度多元化、善治管理以及发展林下经济的公益林管理模式，并从动态视角提出公益林管理短期、中期和长期规划中自愿性、混合性和强制性不同政策工具种类和管理模式的配置，以实现生态和经济效益的双赢。徐双明(2015)从市场决定的价格形成机制、长效的利益协调机制、多元的资金筹集机制、严格的评价和监督机制、长效的法制保障机制方面来完善生态环境服务的购买机制。蒋毓琪(2018)实证分析了浑河流域上游林农的受偿意愿水平及影响因素，并分析了下游城市居民以基础水价提升作为浑河流域生态补偿方式的支付意愿及其影响因素，最后根据两者的测算结果确定补偿标准。

2.3.2 商品林赎买方式与模式

随着赎买实践的推进，越来越多的学者在内涵、作用、程序、模式、资金来源、政策缘由等方面对具体赎买方式与模式进行探索与讨论。张桂荣（2015）在分析福建省生态公益林经营现状的基础上，着重分析了其生态补偿标准中存在的问题，提出开展小范围试点、制定详细的赎买试点程序与步骤，并对赎买后生态公益林的管理进行规范，使生态公益林向更加优质、高效的方向发展。林琰等（2017）对赎买内涵、作用、程序与流程、资金来源进行综述，并比较东山县、政和县、武夷山市及永安市各赎买方法与工作实施情况进行逐一分析并分析不同赎买模式的优越性和局限性。林慧琦等（2018）通过分析福建省重点生态区位商品林赎买投融资的永安模式、顺昌模式、沙县模式和柘荣模式，总结出重点生态区位商品林赎买投融资经验是需要政府财政支持、金融信贷扶持、融资渠道多元化与融资结构合理化、资金管理高效化、收储方式多样化。洪燕真和戴永务（2019）分析了商品林赎买实践中出现的赎买、改造提升、租赁、置换、合作经营等多种改革模式。康鸿冰等（2019）通过典型案例研究对赎买、租赁、置换、改造提升等多种赎买模式进行归纳总结和优劣势分析，结合不同赎买模式实施条件，得出政府、林业主管部门和林农3个不同利益主体选择赎买模式的建议：政府应选择保护林权权利人合法权益，促进林区社会和谐稳定的赎买模式；林业主管部门应选择有利于林分结构调整、优化生态公益林布局、提高林业社会地位的赎买模式；林农应基于收益最大化目标，结合家庭劳动力、林业依赖等情况选择赎买模式。范志豪（2022）通过典型案例比较不同商品林赎买方式和定价的特征与适用范围，指出赎买方式包括所有权赎买、经营权赎买、租赁、改造提升、置换等多种赎买方式，对于前3种方式的选择标准是生态区位重要性、生活与生态保护矛盾突出性和政府的财政能力，生态区位越重要、矛盾越突出、财政能力越强越适合所有权赎买，否则更适合租赁，市场价格法适用于这3种方式；改造提升和置换方式适用于林种单一、生态功能相对薄弱的重点生态区位，财政需提供资金，重置成本法适用于改造提升方式。江龙等（2024）分析了贵州省自然保护地重点生态区位商品林赎买的方式创新——整组赎买，不仅将单户赎买带来的矛盾纠纷消化于村民组内部，从而有效推动赎买工作的进程，而且还可以不断优化整组赎买。

2.3.3 商品林赎买问题与对策研究

涂年旺（2015）针对永安市赎买资金需求量大、落实赎买林地难度大、赎买后管理工作量大、重点区位林价值评估需优化等问题，从成立机构，广泛筹集资金；科学规划，积极开展林木赎买；专业管护，逐步提升林分质量；打造平台，强化生态宣传教育等方面提出了对策建议。林琰等（2017）发现赎买实际中存在赎买资金来源渠道较窄、赎买资金不足、林农利益无法得到切实维护、林地赎买价格制定机制不完善、林主出售意愿不高、赎买后商品林管护难等问题,提出了赎买资金筹集的多元化、设法提高林主出售意愿、科学确定赎买价格、切实维护林农利益、加强赎买后林分管护等建议。李慧琴(2018)分析了三明赎买及改造提升工作中面临的问题与挑战,阐述了如何解决"怎么买""钱从哪里来""买后怎么管"的问题。

严旭沣(2019)认为福建商品林赎买存在相关法律依据和政策框架不完善、改革资金难以为继、林农利益难以得到维护、利益相关者对政策理解执行不到位、赎买后经营管护效果不理想,鉴于此,提出加快搭建完善重点生态区位商品林政府赎买政策体系、建立多元化的筹资制度、推进多形式的改革试点、创新经营管理模式和完善生态效益补偿和激励机制。洪燕真和戴永务(2019)分析福建重点生态区位商品林赎买改革存在赎买缺乏法律依据和实施标准、重点区位成过熟林人工商品林赎买任务紧迫、资金缺口成为改革实施最大瓶颈、赎买后经营管护难度较大,提出尽快完善商品林赎买政策框架、加快推进商品林赎买改革、构建多元化森林生态赎买基金筹集渠道、完善赎买后收益形成机制和森林管护长效机制。张江海和胡熠等(2019)从福建省重点生态区位商品林赎买工作机制与初步成效入手,找到其中存在的问题,如交易价格不够合理、程序不够规范等,基于此从合理确定交易价格、规范交易程序、完善后续管护机制、多渠道筹集交易资金等方面构建福建省重点生态区位商品林赎买长效机制。龚中华(2024)分析了福建省平和县花山溪流域赎买工作中存在的补偿标准与市场价值不对等,利润差距大;工程生产周期长,林农积极性不高;后期管护难度大,收益机制不健全;资金投入缺口较大,实施难度增加等主要问题,并提出提高补偿标准、拓宽增收渠道、健全管护措施、创新赎买模式等建议。

2.3.4 商品林赎买行为与绩效研究

在紧密结合赎买工作的具体进展及从公共政策的视角对赎买的研究不断拓展与深化,关于赎买行为与效果的案例研究不断增多。傅一敏等(2017)以福建省永安市重点生态区位商品林赎买制度创新试验为例,在分析该制度创新背景与条件的基础上,阐述改革的制度安排与实施成效,得出了赎买"政策试验"的成功之处在于发挥了政府的主导作用、市场的推动作用和社会的全程参与作用。刘金龙等(2018)以福建Y市重点区位商品林赎买为例,采用将多源流模型与政策执行过程模型融合起来的扩展多源流分析框架对地方林业政策进行解析:政治源流在林业政策之窗开启中占绝对主导作用,其次是问题源流,而政策源流则可能在政策之窗开启后才逐渐形成;政策执行机构的特征、组织间沟通、改革的社会、经济与政治条件是决定政策能否有效执行的关键因素。郑晶和林慧琦(2018)基于永安、顺昌两个赎买试点县(市)139户林农调查数据,揭示林农对重点生态区位商品林赎买政策的认知情况,并运用多元有序Logistic模型找出的关键影响因素有年龄、受教育年限、林农类型(是否为纯非林农)、家庭拥有重点生态区位商品林的面积、林地资源经营类型为用材林、林地资源经营类型为毛竹林、林地经营方式、参与合作组织情况、周边林农讨论林业政策的频繁性、村干部对林业政策宣传的态度以及地区。

王季潇等(2019)认为福建省的赎买改革是基于"科斯范式"的准市场化补偿,通过发挥政府主导作用、引入市场主体发展生态产业、创新模式及采用惠民措施推进赎买实践顺利开展,构建市场化多元化生态补偿机制,提出政府与市场有效融合、完善并创新产权制度安排和因地制宜多样化开展多种赎买模式来推进商品林赎买补偿的市场化与多元化。高孟菲等(2019)利用演化博弈理论与动态演化博弈模型,分析了赎买中各利益主体在有限理性条件下的利益驱动、决策行为和依据以及主体间交互作用下的演化稳定策略,找到林农和地方政府演化博弈均衡的因素,发现地方政府的行为决策直接影响生态补偿项目的可持续性,林农的积极性与响应度直接影响生态补偿项目的实施效果。赵业和刘平养(2021)从外部性内部化的视角探讨了重点生态区位商品林的经济属性与赎买政策的不利影响,提出通过借鉴国际经验来消除这些不利影响,指出应当依据生态服务功能对商品林分层分类并实行差异化的规制和补偿,构建关键利益相关主体的谈判协商平台,强制性补偿和竞争性补偿相结合,发挥有限的公共财政投入的最大效力,以产生正确的社会激励。

蔡晶晶和谭江涛(2020)基于福建省沙县、顺昌、武平及武夷山的数据,利用社会-生态系统视角分析林农政策参与意愿的影响因素,得出赎买政策的公平性、林农的生态保护意识程度、人均林地面积、林地距城镇中心的距离等对参与意愿的显著影响,提出动态调整赎买价格、明晰产权和信息公开、引入激励性政策工具、促进林业经济合作组织成立等,形成多元化治理的政策网络,促进村民环保行动常态化。蔡晶晶和杨文学(2020)利用熵值法分析商品林赎买政策生态及经济绩效,并建构Logit模型分析政策绩效差异的影响因素,基于此政府应提高林业纠纷解决效率,以加强及时回应性,同时依据林权细分的情况,引导民间资本投入。蔡晶晶和李德国(2020)采用混合研究方法从公共治理角度验证了政策网络对林业政策绩效的影响效果,即政府通过行政控制和社会动员,经由信息机制、利益分配机制和产权机制,撬动了社会参与和经济绩效。吴庆春等(2023)基于反事实的计量分析方法,认为商品林赎买对林农生计产生了林权流转效应、激励效应和劳动力转移效应,这3个积极效应分别促进财产性收入增加、转移性收入增加和工资性收入增加,探索完善商品林生态保护激励机制来提高林农赎买积极性,重塑林农集体经济组织来明确集体林权收益分配规则,探索"互联网+"跨界融合手段来增强林农可持续生计能力。

3 研究区重点生态区位商品林赎买概况分析

借鉴2019年7月武夷山市、将乐县和顺昌县的重点生态区位商品林赎买的实地调研经验,2020年7月选择将乐县、宁化县、沙县、建宁县和永安市5个改革试点进行面对面访谈和数据采集。第一,与各县、市林业局相关负责人和赎买实施主体进行焦点小组座谈,内容涉及集体林权制度改革、赎买实施方案与流程、林木资源调查与林木价格确定、被赎买林农森林资源调查报告或林木评估报告、赎买工作汇报、赎买推进中主要问题或困难、赎买典型案例、赎买林分管护与经营模式等。第二,选取典型林农和村集体代表进行半结构式重点访谈。选取林农的标准是:对赎买政策了解深入,参与商品林赎买中赎买面积较大或参与了不同类型赎买方式的林农。林农访谈内容涉及家庭人口与收入、林地资源、林地经营收支、林业经营意愿、林下经济情况、赎买认知意愿、赎买评价、赎买影响、赎买行为等。村集体代表访谈主要涉及集体所属商品林赎买进展状况。每个试点访谈典型林农和村集体代表达30人次以上,涉及赎买面积达1896.33 hm^2(28445亩)。调查样本数具有代表性。

3.1 研究区重点生态区位商品林赎买进展现状

3.1.1 将乐县重点生态区位商品林赎买的实践

将乐县地处闽江上游金溪段,是全国南方重点林业县,是全国集体林区三明市林权制度改革试点县,是福建省森林生态重要保障。全县土地总面积336万亩,林业用地面积293万亩,活立木蓄积量2188万立方米,森林覆盖率80.47%,全县共有生态公益林面积75.77万亩,重点生态区位商品林面积11.52万亩。根据《将乐县重点生态区位森林资源保护PPP项目林分赎买工作实施方案》(见附录1),2017年该县实施重点生态区位森林资源保护PPP项目来推进赎买,其建设总规模8万亩,总投资42864万元;项目期25年,其中建设期 8 年,即 2017—2024 年;运营期 17 年,即 2025—2041 年。项目建设范围为金溪沿岸一重山、水源地、高速公路、铁路两侧、森林公园、风景名胜区等重点生态区位禁止或限制自主经营的森林资源,其中赎买重点区位人工林约 3.5 万亩、天然林约 4.5 万亩。

2017 年 7 月向社会公开招标,2017 年 10 月完成招标工作,确定将乐县群峰园林绿化有限公司为社会资本方,按照项目建设要求,设立项目公司——将乐县金山林场有限公司,承担赎买和改造工作。将乐县金山林场有限公司自筹资本金 1.3 亿元,向国家开发银行申请项目融资 4 亿元,基准利率下浮 9.3%,期限 25 年(其中建设期 8 年,运营期 17 年)。2018 年 6 月省林业厅将项目纳入省财重点生态区位商品林赎买补助范畴,给予补助 675 万元。同年 9 月中央、省级财政以奖代补给予 668 万元。

将乐县重点生态区位森林资源保护 PPP 项目是财政部第四批政府和社会资本合作示范项目,是将乐县生态文明建设的重点工作,为在项目建设中发挥示范、引导作用,前期主要向林业企业——福建金森赎买森林资源,2018 年 9 月起重点实施金溪沿河 5 个乡镇重点生态区位森林资源赎买。截至 2020 年 7 月完成直接赎买面积 6 万亩,其中从金森赎买 5 万亩,从林农及村集体赎买 1 万亩。重点生态区位内的商品林赎买后,将乐县金山林场有限公司对赎买林分通过针改阔、改组培等方式,精准提升森林质量,即将人工林逐步改造成以珍贵树种和乡土树种为主的复层阔叶混交林,将天然林通过补植套种鹅掌楸、楠木、枫香、香樟等阔叶树和封山育林的方式逐步培育成复层针阔混交林或复层阔叶林。

3.1.2 宁化县重点生态区位商品林赎买的实践

宁化是全国南方 56 个重点林区县之一。宁化县国土总面积 24.07 万公顷,林地面积 18.59 万公顷,森林覆盖率 75.06%,森林蓄积量 1463 万立方米。宁化县重点生态区位商品林总面积 37.75 万亩。按照《宁化县重点生态区位商品林赎买实施方案》(见附录 2),赎买工作始于 2018 年,由县属国有林场——宁化县国有生态林场有限公司负责实施直接赎买。

2018 年完成赎买任务 0.38 万亩。2019 年赎买任务为 5400 亩,省级财政拨付资金 540 万元,要求拟赎买的连片面积原则上不小于 500 亩。2019 年实际赎买面积 5421 亩,其中,联锦林场赎买面积 1943 亩,平均亩单价 1694.09 元,两个个私大户赎买面积分别为 1256 亩和 222 亩,平均亩单价分别为 1567.32 元和 1624.72 元。赎买价格按照人工林以业主评估单价加上调查单价除 2 再下浮10%；天然林赎买价格为剩余经营年限乘以22元/亩；未成林造林地价格为剩余经营年限乘以6元/亩。赎买价格总计887.0301万元,平均亩单价1636.28元,赎买缺口资金347.0301万元由县财政统筹安排。为化解宁化县金融不良风险,会议同意县属国有林场在支付赎买资金时,先将被赎买方应支付给相关贷款银行逾期及后续到期贷款本息资金划转至相关贷款银行用于还贷付息,再支付被赎买林地所在村集体林地使用费及护林员工资等资金后,剩余资金支付给被赎买方。2020年赎买任务是5000亩。

对于赎买的最后阶段——赎买林分的管护与经营的主要措施有如下3个方面:①落实管护责任。县林业局将重点生态区位内的商品林从原林权所有人赎买过来后,要及时将林木所有权和林地使用权收归国有,交由县属国有林场实行集中统一管护。县属国有林场加强管理,科学制订职工绩效考核方案,既明确职工管护职责,又充分调动职工管护积极性,确保国有资产保值增值,有效发挥赎买商品林的社会、经济与生态效益。②建立生态公益林储备库。商品林赎买后,县林业局及时建立生态公益林储备库,并按相关政策规定,将重点生态区位商品林及时调整为生态公益林,以维持生态公益林总面积不变。③科学经营管理。县属国有林场根据赎买后重点生态区位内商品林的林分状况,制定因地制宜的管护经营措施。通过抚育间伐、择伐、林下补植乡土阔叶树等营林措施将针叶纯林逐步改培成针阔混交林或以阔叶树为优势树种的林分,改善和提升林分的生态功能与景观功能。对适宜发展林下种植的,应精准施策,科学发展林下经济,增加林场收益。

3.1.3 沙县重点生态区位商品林赎买的实践

沙县地处闽江支流沙溪下游,是全国南方重点林区县,是首批国家生态县。全县土地总面积269.85万亩,林地面积225.3万亩,森林覆盖率76.3%,活立木蓄积量超过1000万立方米,生态公益林面积达41.3万亩,沙县重点生态区位商品林总面积17.4万亩。2015年沙县被列为福建省重点生态区位商品林赎买改革试验区,由沙县森林资源收储管理有限公司根据《沙县重点生态区位商品林赎买等改革实施方案》(见附录3)负责实施。全县天然商品林中属于个私(新型林业合作组织、联户经营及个人所有等)合法拥有的面积达3万多亩,目前这部分天然林分已逐步进入了成熟主伐年龄,因此赎买对象、范围为全县2014年前合法转让的个人持有成过熟天然商品林,其中过熟林龄较长优先。赎买来源主要有3个渠道:一是省里支持赎买的扶持资金;二是山水田湖草项目补助金;三是林地征占用补偿金。天然商品林赎买后,尽可能调整为生态公益林,由沙县生态林场统一管理。

针对不同区位林分,采取3种方式开展赎买工作。一是直接赎买。全县个人持有的天然商品林林分平均每亩蓄积量为 11.83 m^3,根据测算,蓄积每立方米单价 180 元。赎买林分面积以过户不动产权证面积为准。计算该林分参照价格:过户面积×2100 元/亩。当申请赎买林分评估值高于该林分参照价格时,按参照价格赎买,当申请赎买林分评估值低于参照价格时,按评估值赎买。二是租赁赎买。按 1000 元/亩补偿林权所有人,在租赁期间林地林木所有权不变。三是改造提升。采取"我补贴,你来改"的办法,林权所有人按照林业部门要求进行采伐,收益归林权所有人;更新按照 50%的树种比例种植阔叶树,验收达标后给予 1000 元/亩的补助。具体说来,在改造提升方式下,林木权属不改变,林地经营权也不改变,采伐前,先申请,当第一代林被采伐后,营造标准针阔比例为 5∶5,林农和资源站签订营林合同,第一年 100%验收合格后,第二年发 800 元/亩的补贴,第三年再发 200 元/亩的营林补贴。通过比较可以看出,1000 元/亩的改造提升的指导价远低于 2100 元/亩杉木、马尾松、阔叶树的赎买指导价,即 1000 元就可以破解采伐和生态保护的矛盾,不仅一代林砍伐会获得收入,同时国家会补助造林成本的 60%～70%,实际造林成本(包括抚育)1500～1600 元/亩,而 50%的针叶树,在 30 年后又可以择伐,同时可以补种楠木等珍贵树种。比如,沙县墩头村廖姓林农有 81 亩杉木林被划入重点生态区位商品林,与沙县森林资源收储有限公司签订改造提升协议后,择伐 81 亩,净收入近 20 万元,又可享受每亩 1000 元的补助。因此,对于"两沿一环"成为景观或防止水土流失的林木,林农有改造提升需求。

2017 年至 2020 年 7 月 20 日,沙县共完成改造提升面积 6420 亩,天然商品林赎买面积 6252 亩,即赎买面积共为 12672 亩,共投入金额 1800 万元。项目资金构成情况:天然林赎买资金 338 万元,投入林分改造提升 642 万元,其中中央、省级重点生态保护修复治理专项资金 436 万元,剩余部分局里自筹。2020 年重点生态区位商品林赎买计划数是 1500 亩,天然林赎买计划数是 2000 亩。2016 年开始改造提升,2016—2018 年共改造提升 5600 亩,截至 2020 年 7 月正在实施 3100 亩,见表 3-1。

表 3-1 沙县 2016—2020 年的改造提升面积

年份/年	2016	2017	2018	2019	2020
改造提升面积/亩	3235	1474	891	2788	3100

注:统计的截止日期为 2020 年 7 月 20 日。

3.1.4 建宁县重点生态区位商品林赎买的实践

建宁县是闽江的发源地，是南方48个重点林区县之一，全县土地面积257.6万亩，林业用地面积205.4万亩，占土地总面积的79.7%，森林覆盖率78%，林木总蓄积量1100.3万立方米。全县重点生态区位林85.1万亩，其中生态公益林48.9万亩、区位内商品林36.2万亩（其中乔木林分27.8万亩，茶果竹林地8.4万亩）。目前全县重点生态区位内约有27.8万亩地类为乔木林分的商品林尚未纳入生态公益林管理。

建宁县闽江上游重点生态区位商品林赎买改革项目（2018—2020年）计划赎买重点生态区位商品林1.76万亩，总投资4700万元，其中2018年计划完成赎买面积0.76万亩，计划投资1500万元；2019—2020年拟计划赎买1万亩，计划投资3200万元。该项目赎买的生态区位为县级饮用水保护区、森林公园规划区，环县城一重山，城关至大元县道两侧一重山，G528国道、S221省道、高速公路和铁路两侧一重山，宁溪、濉溪两岸一重山。

为了完成该项目制定了《建宁县重点区位商品林赎买实施方案（2018—2020）》（见附录4），对以下4项工作进行了明确：一是确定了建宁县赎买改革方式为县属国有林业企业负责直接赎买，由林权所有人申报登记后，经森林资源资产评估机构评估，按照评估价格公开竞标下浮率或直接下浮10%确定最终赎买价格，经政府研究后由县属国有林业企业与林木所有者签订赎买合同，赎买后林木所有权、经营权和林地使用权变更到负责赎买的国有林业企业；二是提出了赎买排序"五个优先顺序"的原则，即重点生态区位优先顺序、林权优先顺序、树种优先顺序、龄组优先顺序、经营期优先顺序；三是规范工作程序，对赎买工作流程，按照"赎买计划公告→业主申请→条件审核→资产评估→竞标（赎买成交价）→合同签订→资金支付→林权变更"的相关程序进行了明确和规范；四是完善赎买后山林管护机制，由负责赎买的国有企业将赎买后的重点生态区位商品林，参照生态公益林管护体系，落实管护责任主体，实行专业管护。即重点生态区位商品林赎买后，林木所有权、林木与林地使用权和经营权归负责赎买的县属国有林业企业所有和经营管理。

实践中，建宁县闽江上游重点生态区位商品林赎买改革项目（2018—2020年）由建宁县闽江源国有林场有限公司和建宁县林业建设投资公司按管护方便的原则负责实施。至2020年6月，项目累计筹措各类赎买资金4357万元，其中中央重点生态保护修复治理专项资金820万元，省级各类配套资金3537万元。累计完成赎买面积1.36万亩，占赎买计划总数的77.3%，完成投资

3188.6万元。其中2018—2019年完成赎买面积1.21万亩,完成投资2639.5万元;2020年完成赎买面积0.15万亩,完成投资549.1万元。截至2020年7月底,拟赎买的0.4万亩的外业已经完成,正在开展评估工作。若赎买资金有缺口,则需要商品林赎买主体——建宁县闽江源国有林场有限公司和建宁县林业建设投资公司自筹资金。

通过该赎买改革项目,将林权赎买到县属国有林业企业手中,聘请专业护林员进行专业管护,实施封山育林和林分改造提升,并逐步调整为生态公益林,建宁县生态公益林规模、结构、布局更加合理,森林生态功能更加凸显。通过直接赎买方式,不仅保障林农前期投资得以变现回收,有效解决了生态保护与林农合法权益保障之间的矛盾,而且提高了林农经营山林的积极性。个私大户所有的重点生态区位林因受限伐等政策影响,林农经营投入积极性不高,存在失管等现象。通过赎买改革项目,林农知道今后国家赎买价格与林木培育质量好坏有关,林农育林护林的积极性不断提高。如大元村叶姓个私大户林场的重点生态区位林被直接赎买,不仅偿还了银行贷款,而且将盈余部分用于剩余的山林抚育等投入。同时,村集体有了稳定的林地使用费收入和参与经营性收益。如大元村重点生态区位林赎买面积4396亩,每亩林地使用费由赎买4.3元/年,提高至10元/亩,村集体年增收2.51万元。

3.1.5 永安市重点生态区位商品林赎买的实践

永安市是我国南方48个重点林区县(市)之一和全国唯一的林业改革与发展示范区。永安市总面积439.68万亩,现有林地面积378.23万亩,森林面积364.22万亩,森林覆盖率82.76%,林木蓄积量2583万立方米。2011年永安划定重点生态区位商品林21万亩,实行限伐政策。林农要求采伐利用与保护补偿的问题日益显现。如何权衡"利"与"绿":不砍,林农利益受损;砍了,生态效益受损。2013年永安市委托华东设计院编制《森林永安重点生态区位林赎买工程建设规划》,计划用10年时间赎买重点生态区位商品林13.4万亩,其他减少砍伐和保护森林形式保护7.6万亩,两者保护面积总计为21万亩,即计划每年赎买1万亩,其他保护模式1万亩,争取用10年时间减少砍伐20万亩,建立政府主导、社会广泛参与的重点生态区位商品林赎买机制。2013年以来,永安市委、市政府把重点生态区位商品林赎买工作列为市委、市政府的重点工作和为民办实事项目之一,成立了永安市生态文明建设指导委员会和永安市"森林永安"工程指挥部,统筹协调商品林赎买工作,并指导永安市生态文明建设志愿者协会开展工作。永安市是最早开始赎买实践的县级市,2018年被写入中央一号文件"鼓励地方在重点生态区位推行商品林赎买制度",在福建省乃至全国生态文明建设中先行一步。永安市通过赎买建立市场化多元化生态补偿机制为福建省乃至全国提供可复制可推广的经验和模式。

2013年底,永安市生态文明建设志愿者协会成立,该社会化、非营利性的协会成为重点生态区位商品林赎买的主体,具体实施对永安市重点生态区位商品林的赎买。会员由机关、企事业单位和个人等社会各方面组成,制定出台《永安市生态文明建设志愿者协会会员激励机制》,通过宣传报道、表彰先进、享受永安市内旅游优惠政策、森林生态产品免费或优惠,鼓励企事业单位、海内外社会团体和各界社会人士入会。

在赎买资金筹集上,确立以地方财政为主、受益者合理负担、省级财政给予适当补助和社会参与的赎买资金筹措机制,设立生态文明建设森林永安专项资金,已累计筹集资金近1.19亿元,同时向国家开发银行申请贷款资金1亿元,首批国家开发银行贷款2000万元已于2016年3月到位。

截至2020年8月,永安市完成重点生态区位商品林赎买面积4.4万亩,实施森林质量提升0.74万亩。具体见表3-2。

表3-2 永安市2014—2020年的赎买面积与资金

年份/年	2014	2015	2016	2017	2018	2019	2020
面积/亩	10038	10273	10147	10049	3462	138	66
资金/万元	6657	1869	2498	6198	978.4	33.4	23.6

注:统计的截止日期为2020年8月6日。

永安市成立金盾森林资源管护有限公司负责赎买林分的管护,下设森林资源巡防大队和森林消防大队,现有队员185人。针对已完成赎买的重点生态区位商品林,按季度统一拨交给森林资源巡防大队管护,每一片赎买林自拨交即日起3年内由巡防大队无偿进行管护,3年后按照永安市当年生态公益林管护费标准收费(4.35元/亩),形成森林资源规模化、专业化、市场化的管护。同时,实施森林资源远程视频监控,在森林火灾多发、高发、易发区域关键部位和主要路口布设视频监控探头。

对赎买后的重点生态区位商品林,与福建省林业科学研究院合作探索生态经营模式,实施近自然改造措施,截至2020年8月已完成重点生态区位商品林林分质量提升7400亩,建立示范基地1800亩。

3.1.6　研究区重点生态区位商品林赎买实践小结

截至 2020 年 8 月 6 日，5 个试点赎买完成比例为 4.97%。2013 年，永安市委、市政府委托华东设计院编制《森林永安重点生态区位林赎买工程建设规划》，成立森林永安工作组，通过政府主导、社会参与的方式，率先探索重点生态区位商品林赎买机制。截至 2020 年 8 月，永安市累计筹集资金 1.19 亿元，实施森林质量提升 493.33 hm²。2015 年沙县被列为福建省赎买改革试验区，针对不同区位林分，采取直接赎买、改造提升等方式进行赎买；2016 年实施改造提升，采取"我补贴，你来改"的办法，林权所有人按林业部门要求进行采伐，收益归林权所有人，更新按 50% 树种比例种植阔叶树，验收达标后给予 1.50 万元/公顷的补助。2017 年至 2020 年 7 月沙县共投入金额 1800 万元，其中天然商品林赎买面积 416.80 hm²，改造提升面积 428 hm²。2017 年将乐县实施重点生态区位森林资源保护 PPP 项目推进赎买。将乐县由县政府负责制定赎买政策和确定赎买价格，并由县林业局成立项目服务小组，负责审核、把关、监管和移交等工作；国家开发银行提供长期贷款，负责资金支持和项目监管。将乐县群峰园林绿化有限公司为社会资本方，设立将乐县金山林场有限公司，承担赎买和改造工作。金山林场有限公司自筹资本金 1.3 亿元，向国家开发银行申请项目融资 4 亿元，基准利率下浮 9.3%，期限 25 年。建设期 8 年，即 2017—2024 年，主要进行林分修复、采伐更新和改造等，该期无须还本付息；运营期 17 年，即 2025—2041 年，主要进行林木抚育、发展林下经济和打造森林康养基地等，该期需要还本付息。将乐县金山林场有限公司从福建金森林业股份有限公司赎买 3333.33 hm²，从林农及村集体赎买 666.67 hm²。2018 年宁化县和建宁县开始实施赎买项目。宁化县 2018 年完成赎买 253.33 hm²。2019 年宁化县国有生态林场有限公司实际赎买 361.4 hm²，赎买总额 887.0301 万元，省级财政拨付 540 万元，资金缺口 347.0301 万元由县财政统筹安排。2018 年至 2020 年 6 月，建宁县筹措各类赎买资金 4357 万元，其中中央重点生态保护修复治理专项资金 820 万元，省级各类配套资金 3537 万元，赎买总额 3188.6 万元。具体情况见表 3-3。

表 3-3　研究区重点生态区位商品林赎买情况

地区	重点生态区位商品林面积/hm²	累计完成赎买面积/hm²	赎买主体	时间
永安市	14000.00	2933.33	永安市生态文明建设志愿者协会	2013—2020 年

续表

地区	重点生态区位商品林面积/hm²	累计完成赎买面积/hm²	赎买主体	时间
沙县	11600.00	844.80	沙县森林资源收储管理有限公司	2015—2020 年
将乐县	7680.00	4000.00	将乐县金山林场有限公司	2017—2020 年
宁化县	25166.67	614.73	宁化县国有生态林场有限公司	2018—2020 年
建宁县	24133.33	906.67	建宁县闽江源国有林场有限公司 建宁县林业建设投资公司	2018—2020 年

3.2 重点生态区位商品林赎买特征

3.2.1 重点生态区位商品林赎买政策下生态补偿特征

传统生态公益林生态补偿的特征有以下几个方面：从补偿经费的来源和支付方式上看，生态公益林的生态补偿经费分为省统筹和下拨县级财政两部分，其中以下拨县级财政为主，且该补偿经费的支付是一年一付；从补偿标准来看，2010—2012 年每年每亩 12 元，其中省统筹每亩 0.25 元，下拨县级财政每亩 11.75 元；2013 年以来的生态补偿是每年每亩 17 元，其中省统筹每亩 0.25 元，下拨县级财政每亩 16.75 元，2019 年的生态补偿是每年每亩 22 元；从补偿资金分配上来看，2019 年福建的补偿标准为每年每亩 22 元，其中的分配一般是林权所有人占 65%，为每亩 14.30 元，村级监管费 15%，为每亩 3.30 元，直接管护费 20%，为每亩 4.40 元；从对补偿标的是否差别对待来看，2019 年不管是马尾松疏林还是阔叶林都是一样的补偿标准，未按其不同林分现状、质量、发挥生态功能大小来进行分级补偿。

重点生态区位商品林赎买政策下生态补偿的特征有以下几个方面：

从赎买资金筹集来源看，主要有 4 个渠道：第一个渠道是财政拨款，最主要的就是生态公益林补偿金，其中县级政府自筹资金是其最主要来源，还包括部分育林金、部分森林植被恢复费、部分森林资源补偿费等（邱晓鸿，2015），也有向国家和省争取重点生态区位商品林赎买试点的配套资金支持。第二个渠道是社会资金，主要的方式有社会捐助、征收生态补偿费、森林碳汇交易项目补偿、公开发行生态基金彩票等（余荣卓和蔡敏，2017）。第三个渠道是赎买后森林经营的持续性收入，即通过对赎买的重点区位林进行抚育性和林分改造性经营，增加收益，盘活存量资产，引入商业资本投入机制（涂年旺，2015）。第四个渠道是金融融资，鼓励银行等金融机构开发重点生态保护区位商品林购买贷款产品，通过抵押购买的商品林，筹集购买资金。推行林权按揭贷款、林权流转支贷宝、林业互联网金融 P2P 等林业金融新品种，做到不同树种、树龄与相应金融产品对应全覆盖。

从补偿的支付方式上看，直接赎买模式下是一次性补偿，这对赎买双方都是"利好"的选择。对于政府来说，一方面可以通过赎买取得林地的合法使用权，并对林木进行集中规划管护，实现规模管理，以实现生态效益最大化（吴守蓉和冀光楠，2014；林琰 等，2017）；另一方面在发挥公益林生态效益的前提下，可以通过发展林下经济项目，增加其经济收益。对于林农来说，一次性补偿可以为其提供外出就业或创业基金，拓宽其就业选择范围，摆脱依附山林的窘境（俞静漪，2009），把林农从管护山林等的劳动中解放出来，以获得更高的收入水平。

从补偿什么和补偿多少上来看，赎买方式改变了过去一刀切的补偿方式，避免损害林农经济利益现象的发生。首先是在不同的区域内分配赎买资金，充分考虑不同区域生态功能因素和支出成本差异，按照区域森林覆盖率、有林地面积、生态林面积、重点生态功能区面积等要素进行分配；其次是和林农确定赎买价格时，赎买价格由林木所有权赎买价格和林地经营的租金两个部分构成，其中，把林木所有权赎买价格按分树种分龄组计价标准进行测算，林地经营权应根据相关文件规定，结合地区经济发展状况，确定林地租用金额（余荣卓和蔡敏，2017），当然，林地经营权也可以入股以发展林下经济项目。

3.2.2　重点生态区位商品林赎买的生态产品价值实现特征

2013 年永安市在福建省率先探索重点生态区位商品林赎买机制，2016 年制订福建省重点生态区位商品林赎买等改革试点方案，各改革试点根据实际情况纷纷出台适合本地的重点生态区位商品林赎买实施方案，在赎买启动阶段即成立领导组织机构，积极筹措资金，建立健全监督、考核、评估机制，并开展广泛而持续的宣传动员工作。在赎买过程中，以"破解生态生计矛盾、创新经营管理模式、优化公益林布局"为出发点，实现"机制活、产业优、百姓富、生态美"的总目标。首先,以县、市或区为单位认真调查和规划各地重点生态区位林地的分布情况并绘制各地重点生态区位森林资源分布图或林地示意图,摸清本底情况。在资源调查的基础上,确定符合赎买条件的山场,制订年度赎买计划,对外发布公告。其次,林权所有人申报,由赎买主体收集材料并进行审核,符合条件入围,若入围山场超过赎买计划,则需要竞价或招投标入围。对于入围的山场,进行森林资源资产评估,业主对评估报告无异议后可签署赎买合同,公示后进行山林拨交、林权变更和资金支付。最后,赎买后赎买主体进行森林质量提升与保护,在生态优先的情况下发展林下经济,最终把赎买的重点生态区位商品林调整为生态公益林。

探索形成以赎买为基础,改造提升、合作经营、租赁、置换为补充的多样化的赎买改革模式,将赎买后的商品林最终划为生态公益林而保护起来,实现"生态得保护,林农得实惠"的双赢目标。通过赎买以明确林木权属(包括林木所有权和经营权)是森林生态保护的基础和前提,为森林生态补偿由传统的行政命令向市场化、多元化转变创造条件;赎买重点生态区位商品林,也是集体林权制度改革的推进措施,为林地的适度规模化经营创造条件,进而推进林业产业的现代化,促进农民增收。为此,重点生态区位商品林赎买成为中央政府选择福建开展生态产品价值实现机制试点,成为探索政府主导、企业和社会各界参与、市场化运作、可持续的生态产品价值实现路径之一。

福建省"十三五"期间制定了完成重点生态区位商品林赎买等改革试点面积 20 万亩的目标,从 2016 年开始到 2018 年确定省级试点一共 23 个。在政府主导、项目推动、林业企业及林农参与的协同运行机制下,截至 2019 年 7 月已完成赎买 26.3 万亩,占福建省重点生态区位商品林总面积的 2.7%,林农直接受益超过 3.5 亿元。因此,可以从生态产品价值实现的角度来分析重点生态区位商品林赎买,通过生态产品价值实现来破解保护与发展的矛盾。生态产品价值理解可以分为 3 个层面:第一个层面是优先生态保护,第二个层面是需要予以补偿的非市场价值(生态价值),第三个层面是可供交易的市场价值(经济价值)(李宏伟 等,2020)。对重点区位商品林赎买来说,也是从 3 个层次来实现生态产品价值的。第一个层次是优先生态保护,商品林限伐甚至禁伐以及赎买林分的修养与管护;第二个层次是可供交易的市场价值,赎买林木本身以及赎买林分的林下经济;第三个层次是重点生态区位商品林最终成为生态公益林或其储备,可以领取国家的生态补偿。同时,按照生态产品的生态价值(非市场价值)进行赎买排序,确定赎买规模和赎买对象;按照生态产品的赎买林木的经济价值(市场价值)来确定赎买价格;按照生态产品的生态价值(非市场价值)确定重点生态区位商品林改为生态公益林后生态补偿的多少;按照生态产品赎买后的林下经济价值(市场价值)确定生态产业化程度,为生态产品可持续的供给能力提供保证。

作为生态产品价值实现方式,重点生态区位商品林赎买具有以下特点:

第一,赎买能充分发挥激励机制和市场机制的作用。与生态补偿相比,赎买具有补偿对象识别机制,通过竞争机制和准入机制进行赎买优先排序,使最急需赎买的山场进入赎买范围,得到可以接受的补偿金额,提高补偿金的使用效率,产生了明显的生态效益。因此,赎买机制更健全,能在补偿时机、强度、方式等方面进行优化,保证补偿效果。

第二,两阶段赎买法是重点生态区位商品林直接赎买的实现方式。在赎买交易阶段,先行赎买林木的所有权和经营权,根据林木资产评估价值,由赎买主体首先与拥有林权所有人达成协议;其次,由于林地属于集体所有,赎买主体还需赎买林地的使用权,因此赎买合同的第三方为所在地的村民委员会。赎买完成后林权所有人得到林木赎买资金,赎买主体得到林木的不动产权证和林地使用权,村集体得到林地使用费。

第三,围绕赎买后"怎么管""管得好",创新重点生态区位商品林经营管理模式。不管采取哪种赎买方式,赎买后都要对林分进行改造和提升,唯有如此才能实现更高的生态效益和经济效益。在赎买两阶段实施后,对重点生态区位商品林赎买林分经营管理也分为初、中、远期阶段。初期为加强赎买林分的后续管护。不同的赎买方式有不同的管护主体,通过落实管护主体责任,实现森林生态价值优先。中期为精准提升森林质量。通过择伐等方式补种特定阔叶林或特种乡土珍稀用材林,在提升森林质量基础上增加林业效益。远期为通过多元化发展实现三产融合。在生态优先的前提下,突破原有木材生产及加工产业的传统模式,着重发展林下经济、国家公园、森林康养等新兴产业,实现三产融合发展。

3.3 重点生态区位商品林赎买价格确定

至2017年,从福建赎买实践中暴露出来的最大难点是赎买双方关于赎买价格的确定。从赎买的需求方来说,由于生态公益林在前期生态效益属于公共物品和后期投资回报不稳定,使得赎买资金不足,政府以压低赎买价格的竞标方式实现高效赎买。从赎买的供给方来说,由于禁伐等政策的出台,林农丧失林木和林地的处置权和收益权,为节约管护的机会成本和盘活资产,林农也会被迫压低价格来争取政府的优先赎买,但对于林农来说,一次性赎买的不仅是林木的所有权,还有林地的经营权,甚至是林农的养老工具,因此林农希望通过谈判协商的定价机制来获得高价。因而在目前的赎买模式下,两者的诉求难以同时兼顾,赎买价格制定的难度大。为此,本节从赎买价格确定的补偿实质探讨出发,结合各试点赎买实施方案,阐述了赎买价格的确定过程,重点分析了将乐县政府赎买核定价的确定、建宁县与顺昌县赎买最高限价的确定。要最终确定实际的赎买价格,还需要把政府确定的核定价或最高限价与第三方评估价进行比较,因此本节最后分析了评估价的确定。

3.3.1 赎买定价的补偿实质

要深入了解赎买的定价问题,就需要弄清政府为什么要给林农补偿、补偿什么和补偿多少。2003年国家启动新一轮集体林权改革,使公益林也纳入林改范围。林改后,公益林与商品林一样都纳入林农经营与管护范围,但与商品林同权不同利。生态补偿成为公益林发展的重要举措。随着时间的推移和林木的成材,公益林与商品林通过采伐得到经济收益形成强烈反差,导致林农不愿将重点生态区位商品林调入公益林,尤其是在对处于重点生态区位内的商品林实施限伐,但相应的补偿机制未落实的情况下。首先是为什么要补偿呢?当林农被限伐时,意味着林农经营林地的权利被拿走了,造成经济利益减少,那么当该林农仅提供生态服务时,政府应该支付这笔钱来弥补林农经营林地权利被剥夺的损失。由环境政策限制引起的机会成本或经济损失实际上是社会对提供生态服务的补偿或购买。因此,谁应当支付生态服务费用以及如何刺激林农供给生态服务,产权安排是其关键(沈月琴和张耀启,2011)。其次是要补偿给林农什么呢?地方政府为了让处于重点生态区位林农的商品林提供更多的生态效益,从而对林农的林地与商品林利用做各种限制,那么因此造成的机会成本就要由政府来补偿,即因提供生态产品(服务)而造成林农经济收益减少的部分,才是林农可以要求补偿的依据。最后是要给林农补偿多少呢?通过研究一块生态公益林作为商品林会给林农带来净收益,这个净收益就是维持这块生态公益林的机会成本,这个机会成本可以作为补偿量的一个重要依据。如果政府愿意出不低于这一机会成本的补偿量来换取林农把商品林转化为生态公益林的权利,林农肯定愿意。

3.3.2 重点生态区位商品林赎买价格的确定过程

重点生态区位商品林赎买价格的确定过程具体如下:
第一,各县(市、区)成立重点生态区位商品林赎买领导小组,并下设县(市、区)林业局赎买工作小组,其中领导、工作小组职责之一就是负责木材销售价格的调查和木材生产成本的确定,据此领导小组确定赎买的核定价或最高限价。

第二,对于拟赎买的山场,在征得卖方同意的情况下,由买方委托第三方森林资源资产评估公司进行评估。根据评估对象所对应森林资源资产的不同特性,选择不同的评估方法。通常幼龄林采用重置成本法,中龄林、近熟林采用收获现值法,成熟林、过成熟林采用市场价倒算法。森林资源资产的评估方法及其解释见表3-4。

表3-4 森林资源资产的评估方法及其解释

评估对象	评估方法	评估方法的具体解释
幼龄林	重置成本法	按现在的技术标准和工价、物价水平,重新营造一片与被评估资产相类似的林分所需的资金成本和资金的投资收益作为林木资产的评估值
中龄林、近熟林	收获现值法	利用收获表预测被评估森林资源资产在主伐时纯收益的折现值,扣除评估后到主伐期间所支出的营林生产成本折现值的差额作为被评估森林资源资产的评估值
成熟林、过成熟林	市场价倒算法	将该林分主伐时的木材总销售收入,扣除木材生产经营成本、税费及木材生产段的合理利润后的剩余值作为林木资产的评估值

第三,把政府确定的核定价或最高限价与第三方评估价进行比较,确定最终的实际赎买价格。当政府核定价和评估价基本一致时,政府核定价即为实际赎买价格;当评估价低于最高限价时按评估价确定赎买价格,当评估价高于最高限价时按最高限价确定赎买价格。

第四,当申请被赎买面积超过年度赎买面积计划时,采取竞价入围的方式,即林权所有人在最高限价的基础上自主申报交易价格的下浮率,按下浮率排出赎买顺序,下浮率高的山场被优先赎买,直到当年的赎买计划完成为止。通过调研发现,地方政府赎买定价的方式一般为政府核定价。

3.3.3 重点生态区位商品林赎买核定价或最高限价的确定

3.3.3.1 将乐县政府核定价的确定

如表3-5所示,将乐县重点生态区位人工成熟林赎买的核定价格测算的方法是用本年度的木材平均销价扣除经营成本、财务费用及税收,得出出材量收购价,根据收购价确定赎买单价。比如,杉木规格材的赎买单价为 620 元/立方米,非规格材的赎买单价为 490 元/立方米。一般说来,所有赎买价格一年一定。

表 3-5 将乐县重点区位人工成熟林赎买核定价格测算

单位:元/立方米

项目	杉木 规格材	杉木 非规格材	马尾松 规格材	马尾松 非规格材	阔叶树 规格材	阔叶树 非规格材
一、木材平均销价	1150.00	1000.00	700.00	600.00	650.00	550.00
二、经营成本合计	382.50	382.50	382.50	382.50	383.33	383.33
1. 木材生产成本	330.00	330.00	330.00	330.00	330.00	330.00
2. 楞场费用	20.00	20.00	20.00	20.00	20.00	20.00
3. 伐区规划设计费	12.50	12.50	12.50	12.50	13.33	13.33
4. 木材检验费	20.00	20.00	20.00	20.00	20.00	20.00
三、平均毛利	767.50	617.50	317.50	217.50	266.67	166.67
四、财务费用	92.45	73.20	34.69	21.85	28.15	15.31
五、税收	58.70	56.32	51.56	49.98	50.86	49.27
六、出材量收购价	616.35	487.98	231.25	145.67	187.66	102.09
七、赎买单价	620.00	490.00	230.00	150.00	190.00	100.00

数据来源:将乐县林业局提供。

3.3.3.2 建宁县最高限价的确定

林龄 11 年(含 11 年)以上的林分根据市场调查确定各树种林木单位蓄积量的最高限价,在年度赎买面积计划内时,某树种林木成交价=某树种赎买最高限价×(1-下浮率);对林龄 10 年(含 10 年)以下的林分和未成林造林地根据造林方式、树种、林分质量确定各类型林分的单位面积最高交易限价,在年度赎买面积计划内时,交易成交价=林分面积×林分类型最高限价×(1-下浮率)。当申请被赎买面积超过年度赎买面积计划时,采取竞价入围的方式,即林权所有人在最高限价的基础上自主申报交易价格的下浮率,按下浮率排出赎买顺序,下浮率高的山场优先购买,直到当年的赎买计划完成为止。赎买后的林地使用权,由赎买者按面积向林地所有权单位购买一个承包期(50年),林地使用租金按10元/(亩·年)计算,支付方式为每年交纳,或者由赎买方与林地所有权单位按赎买后林地经营效益的7∶3比例分成。

如表3-6所示,对于林龄10年以内杉木人工林,建宁县首先通过成本法确定基准价,然后根据基准价来确定各类型杉木的最高限价。杉木林基准价是按照成本法的评估办法测算的,其中林地成本(不含林地使用费)500元/亩,当年杉木造林劳务、苗木成本560元/亩,第一年两次抚育180元/亩,第二年两次抚育160元/亩,第一年至第三年管护成本30元/(亩·年),第四年以后管护成本10元/(亩·年),林权所有人投资收益率设定为6%,各林龄的林木价值按投资成本的复利计算。

表3-6 建宁县杉木人工林(林龄10年以内)赎买最高限价

单位:元/亩

林龄		1	2	3	4	5	6	7	8	9	10	备注
杉木林基准价(E)		1350	1630	1930	2050	2190	2330	2480	2640	2800	2990	
Ⅰ~Ⅱ类地	保存率 $R \geqslant 85\%$	1350	1630	1930	2050	2190	2330	2480	2640	2800	2990	$K_1=1, K_2=1$
	保存率 $75\% \leqslant R < 85\%$	1220	1470	1740	1850	1970	2100	2230	2380	2520	2690	$K_1=0.9, K_2=1$
	保存率 $65\% \leqslant R < 75\%$	1080	1300	1540	1640	1750	1860	1980	2110	2240	2390	$K_1=0.8, K_2=1$
	保存率 $55\% \leqslant R < 65\%$	950	1140	1350	1440	1530	1630	1740	1850	1960	2090	$K_1=0.7, K_2=1$
Ⅲ~Ⅳ类地	保存率 $R \geqslant 85\%$	1150	1390	1640	1740	1860	1980	2110	2240	2380	2540	$K_1=1, K_2=1$
	保存率 $75\% \leqslant R < 85\%$	1030	1250	1480	1570	1680	1780	1900	2020	2140	2290	$K_1=0.9, K_2=1$
	保存率 $65\% \leqslant R < 75\%$	920	1110	1310	1390	1490	1580	1690	1800	1900	2030	$K_1=0.8, K_2=1$
	保存率 $55\% \leqslant R < 65\%$	800	970	1150	1220	1300	1390	1480	1570	1670	1780	$K_1=0.7, K_2=1$

数据来源:建宁县林业局提供。

各类型杉木的参考价 $E_i = E \times K$，其中 K 为林分质量综合指数，主要考虑林分保存率、立地质量等级对林分今后生长和林分价值的影响，因此 $K = K_1 \times K_2$，K_1 为保存率调整系数，杉木设计造林密度参照建宁种植情况为 220 株/亩，当保存率 $R \geqslant 85\%$ 时，$K_1 = 1$，当保存率 $R < 85\%$ 时，$K_1 =$ 实际保存率/造林合格率（85%）；K_2 为立地质量等级系数，其中Ⅰ～Ⅱ类地设定为 1，Ⅲ～Ⅳ类地设定为 0.85。假设某小班为林龄 5 年的杉木人工造林地，现保存率为 90%，立地质量为Ⅲ级，则该小班杉木林价值 = 2190×1×0.85≈1860 元/亩。

总之，对于林龄 11 年以上的树种，建宁县政府相关部门根据市场调查提出各树种交易指导价进行讨论确认，以该交易指导价作为林木赎买的最高限价（表 3-7）。比如，经营期 11 年以上的杉木价格可以按照出材量 500 元/立方米的标准作为上限。

表 3-7 建宁县中龄、近、成、过熟林（林龄 11 年以上）各树种立木蓄积量最高限价

单位：元/立方米

树种	单价
杉木	500
松木	400
阔叶树	350

数据来源：建宁县林业局提供。

3.3.3.3 顺昌县最高限价的确定

顺昌县政府相关部门根据市场调查提出各树种交易指导价并进行讨论确认，以该交易指导价作为林木赎买的最高限价，根据山场条件、林木生长状况可上浮 5%～10%（含林地使用租金），而林地使用租金原则上 30 年经营期最高限价 1800 元/亩。比如，经营期 10 年以上的阔叶林价格可以按照以下两种标准任选一种：一是按出材量 300 元/立方米；二是按每亩 1500 元为上限。杉木人工林赎买最高限价见表 3-8。

表 3-8 顺昌县杉木人工林赎买指导价

龄组	年龄	价格（上限） Ⅰ、Ⅱ类地	价格（上限） Ⅲ类地	备注
幼龄林	1～3 年	3500 元/亩	2700 元/亩	
	4～6 年	4000 元/亩	3200 元/亩	
	7～10 年	5000 元/亩	4200 元/亩	可选择 11～15 年出材量进行购买

续表

龄组	年龄	价格（上限）		备注
		Ⅰ、Ⅱ类地	Ⅲ类地	
中龄林	11～15 年	800 元/立方米（出材量）		可选择 7～10 年同等立地条件标准购买
	16～20 年	850 元/立方米（出材量）		
近、成、过熟林	21 年以上	900 元/立方米（出材量）		原木比例不低于 25%

注：所有赎买价格一年一定，赎买价格含本经营期的林地使用租金。
资料来源：根据调研资料整理。

顺昌县按照树种制定赎买最高限价，采用公开招投标或集合竞价等方式确定赎买成交价格（包含赎买林木本经营期林地使用租金），按报价低于交易指导价（最高限价）的折扣率确定优先赎买顺序，直到完成年度赎买计划为止，报价高于政府最高限价的不予购买，剩余赎买计划作废。当所有入围山场报价的总金额低于当年资金安排额度，则不需要竞标，按不高于最高限价原则赎买。

3.3.3.4 评估价的确定

除了政府核定价或最高限价，赎买价格的确定还需要由第三方森林资源资产评估公司根据评估的结果来确定。评估过程如下：①接受委托。明确评估业务基本事项，接受委托，签订评估业务约定书，初步选定评估基准日（资产现场核实起始日），并制订工作计划。②资产清查。评估人员从评估基准日开始进行本次资产现场清查核实工作。在指导产权持有者填表和准备应向评估机构提供的资料的基础上进行现场实地核查。③资料收集。评估人员进行评估资料收集，并对收集的评估资料进行分析、归纳和整理，形成评定估算的依据。④评定估算。评估人员针对森林特征，选择适用的评估方法，选取相应的公式和参数进行分析、计算和判断，形成初步评估结论，确认资产评估工作中没有发生重复或遗漏评估，并根据汇总分析情况，对评估结果进行调整、修改和完善，撰写并形成评估报告草稿。⑤提交报告阶段。根据公司管理办法规定，经公司审核人员复核、修改后形成评估报告正式稿并提交委托方。调研中收集到的森林资源评估报告或调查报告如附录 6、附录 7、附录 8 与附录 9 所示。各地方具体评估结果举例如下。

将乐县该林农本次评估于 2020 年 4 月 29 日进驻现场，于 6 月 30 日出具正式资产评估报告。通过对林木销售净收益预算可知（表 3-9），做工即采伐工资是按照出材量每立方米 330 元计算的，在规格材成本中所占的比例高达 62.92%。委托森林资产评估机构进行赎买价格评估后，按照评估价协同相关部门进行定价作为交易参考价。杉木规格材正常年份 620 元/立方米,非规格材 490 元/立方米。可见,此次评估价与政府核定价基本一致,那么政府核定价就是赎买价格。

表 3-9 将乐县某林农杉木销售净利润

单位:元/立方米

材种	销售价	成本							净利润
		设计费	做工	检尺费	楞场看护费	税费(4%)	销售管理费用(3.5%)	利润(5%)	
规格材	1150	12.8	330	20	18	46	40.3	57.5	625.5
非规格材	1000	12.8	330	20	18	40	35.0	50.0	494.2

注:销售管理费用(含不可预见费用),百分比按销售价计算。

沙县是由领导小组办公室、实施单位和林权所有人共同委托有资质的森林资产评估机构进行林木资产评估的。根据 2020 年 2 月 27 日实际调查的林农杉木蓄积净收益(表 3-10),做工即采伐工资是按照出材量每立方米 250 元计算的,在规格材成本中所占的比例高达 75.76%。

表 3-10 沙县某林农杉木蓄积净收益

单位:元/立方米

种植	销售价	成本					净利润
		设计费	做工	检尺费	利润	其他费用	
杉木	1000	15	250	20	25	20	670

注:销售管理费用(含不可预见费用),百分比按销售价计算。

宁化县通过委托双方认可的森林资产评估机构进行赎买价格评估,形成评估报告。同时由宁化县属国有林场重点区位商品林赎买办公室,对拟受让森林资源林权证载明的林地类型、坐落位置、四至界限、面积、林种、树种、树龄、蓄积量等进行实地踏勘调查,出具调查报告。县属国有林场根据评估报告和调查报告,提出赎买价格初步意见,报送重点生态区位商品林赎买领导小组审定。根据 2019 年 10 月实际调查的林农杉木蓄积的净收益(表 3-11),做工即采伐工资是按照出材量每立方米 220 元计算的,在规格材成本中所占的比例高达 54.70%。宁化县人工幼龄林林木价值见表 3-12。2019 年赎买林地价值为杉木Ⅰ级按 20 元/(亩·年),杉木Ⅱ级按 16 元/(亩·年),马尾松Ⅰ级按 8 元/(亩·年),马尾松Ⅱ级按 6 元/(亩·年)。

表 3-11 宁化县某林农杉木销售净利润

单位:元/立方米

材种	销售价	成本 设计费	做工	检尺费	短途运费	不可预见费用(0.5%)	销售管理费用(3%)	利润(5%)	净利润	出材率/%	净收益
规格材	1170	12.8	220	20	50	5.9	35.1	58.5	767.7	22	168.9
非规格材	940	12.8	220	20	50	4.7	28.2	47	557.3	53	295.4

表 3-12 宁化县人工幼龄林林木价值

单位:元/亩

林龄	1	2	3	4	5	6	7	8	9	10
Ⅰ类杉木	1060	1260	1460	2071	2289	2529	2793	3083	3403	3754
Ⅱ类杉木	760	960	1160	1530	1663	1807	1962	2130	2311	2507

永安市按森林资源资产评估的技术规定,以永安林业股份有限公司在资产评估基准日的木材销售指导价以及税费、生产工资、运费、检验费、设计费、不可预见费等为评估标准,计算出售林木资产价值。以评估报告的评估价作为林木购买的交易价。根据 2019 年 10 月实际调查的林农杉木蓄积的净收益(表 3-13),做工即采伐工资是按照出材量每立方米 217 元计算的,在规格材成本中所占的比例高达 55.15%。林地使用费参照生态公益林管护资金使用办法,按现行标准每年每亩 13.4 元支付。

简而言之,目前赎买价格的确定如下:对于拟赎买的商品林,在征得林农同意的情况下,把政府确定的最高限价与第三方森林资源资产评估公司的评估价进行比较,当评估价低于最高限价时按评估价确定赎买价格,当评估价高于最高限价时按最高限价确定赎买价格。通过调研了解到林农普遍对赎买价格不满意,走访的林农认为按政府确定的赎买价格所得收益远远低于作为商品林砍伐所得收益,甚至也低于造林成本,因此需要通过供需相互作用的机制对赎买价格进行优化。

表 3-13 永安市某林农杉木每立方米蓄积净收益

单位:元/立方米

| 材种 | 销售价 | 成本 ||||||| 净利润 | 出材率/% | 净收益 |
		设计费	做工	检尺费	短途运费	不可预见费用(1.5%)	税费	销售管理费用(4%)	利润			
规格材	1090	10	217	20	70	16.4	16.5	43.6	32.6	696.5	20	139.3
非规格材	1010	10	217	20	70	15.2	12.9	40.4	32.6	591.9	46	272.3

注:利润按做工(直接采伐成本)的15%计算,其他百分比按销售价计算,人工杉木中龄林的出材率按到成熟时的预期出材率计算;杉木出材率66%(其中规格材20%,非规格材46%)。

3.4 重点生态区位商品林赎买中遇到的主要冲突

3.4.1 按生态效益大小还是按政策便于实施来识别赎买对象的冲突

要把绿水青山转化为金山银山,首先要找出哪些绿水青山需要优先保护,从而确定赎买谁的山场。根据各试点的赎买方案,建宁县赎买的优先顺序有"五优先"——重点生态区位、树种、龄组、权属、经营期(表3-14);顺昌县赎买的优先顺序有"六优先"——重点生态区位、起源、树种、龄组、权属、经营期(表3-15)。通常,是在确定赎买优先顺序的基础上进行赋值对赎买对象进行综合排序。比如,建宁县的重点生态区位优先顺序赋值如下:坑井县级饮用水源保护区、森林公园规划区(系数1.3),环县城规划区一重山(系数1.2),城关至大元县道两侧一重山(系数1.1),G528国道、S221省道、高速公路、铁路一重山和宁溪、溪两岸一重山等重点区位(系数1)。在权属优先顺序上,个私、合作经营等非集体权属林木(系数1.1),集体所属林木(系数1)。在树种优先顺序上,针叶树纯林(系数1.2)、针阔混交林(系数1.1)、阔叶树纯林(系数1)。在龄组优先顺序上,成熟林(系数1.2)、近熟林(系数1.1)、中龄林(系数1.05)、幼龄林(系数1)。在经营期优先顺序上,剩余经营期需满5年(含5年)以上,每增加1年系数增加

0.02。如某小班为县级饮用水源保护区内个私所有的中龄针叶林,剩余经营期限为12年,则该小班综合得分为1.3+1.1+1.2+1.05+1.14=5.79,那么总得分为100×优先顺序系数相加得分,即总得分为579,根据总得分确定赎买对象的顺序。

表3-14 建宁县重点生态区位赎买入围山场排序

赎买优先顺序	分类及其对应系数			
重点生态区位	饮用水源保护区、森林公园 1.3	Ⅰ类一重山 1.2	Ⅱ类一重山 1.1	其他重点区位 1
树种	针叶树纯林 1.2	针阔混交林 1.1		阔叶树纯林 1
龄组	成熟林 1.2	近熟林 1.1	中龄林 1.05	幼龄林 1
权属	个私、合作经营等非集体权属林木 1.1		集体所属林木 1	
经营期	林木剩余经营期需满5年,且每增1年系数加0.02			

注:计算公式:总得分=100×优先顺序系数相加得分。
资料来源:根据调研资料整理。

表3-15 顺昌县重点生态区位赎买入围山场排序

赎买优先顺序	分类及其对应系数			
重点生态区位	Ⅰ类水库四周 1.3	Ⅱ类水库四周 1.2	一重山 1.1	其他重点区位 1
起源	人工林 1.2		天然林 1	
树种	针叶树纯林 1.2	针阔混交林 1.1		阔叶林 1
龄组	成熟林 1.2	近熟林 1.1	中龄林 1.05	幼龄林 1
权属	个私、合作经营等非集体权属林木 1.1		集体所属林木 1	
经营期	林木剩余经营期需满5年,且每增1年系数加0.02			
报名顺序	按报名时间先后顺序加0.01系数			

注:计算公式:总得分=100×优先顺序系数相加得分。
资料来源:根据调研资料整理。

在实际的赎买中,由于筹集到的赎买资金有限,为了节约赎买交易成本,以及便于赎买后对赎买林分进行管护与经营,对赎买规模进行了规定。其中,永安市、沙县区、建宁县、宁化县规定拟赎买最小连片单片面积原则上不少于30亩、50亩、100亩、500亩。赎买规模的规定利于地方政府完成每年的赎买任务,因此赎买对象的选择多为个私大户与林业企业等主体。因此,在实际的赎买中对赎买规模的要求更为重要。只要处于重点生态区位,商品林面积达到一定规模,且规模越大,谁先申请,赎买可能性越大,这是因为这种按"属区"和"属规模"原则确定赎买对象的做法简单易行、容易操作,对政策的迅速展开起到了积极作用。

上述赎买顺序考虑因素较为全面,且是按照生态保护采伐利用矛盾突出程度进行优先赎买,这虽具有一定的合理性,即矛盾越急迫,越需要优先赎买,但根据此原则计算出来的综合系数的分值,并不是直接按照特定生态区位商品林的生态效益进行赋值排序的,也就是说赎买是应该先考虑"急迫性"还是"重要性"优先,而且要考虑两种不同考虑所产生的长远影响。若只考虑"急迫性",那么各地赎买任务完成后,表面上看,虽赎买的林子都在重点区位,但从生态效益上看,最应该优先被赎买的林子反而没有被赎买,不能实现生态效益最大化。更为严重的是,若各地赎买任务完成后,而生态效益保护并未实现最大化。对于重点生态区位商品林所有者——林农等主体而言,其持续投入、经营的行为对整个社会具有正外部性,赎买的先后顺序不仅要保护其经营权所有者利益,更要奖励其正外部性,不应该出现"劣币驱逐良币"的现象,实现林业的可持续发展。

3.4.2 实际赎买价格与林农期望价和可接受价的冲突

各地赎买价格确定的基本流程和方法是一致的,由赎买主体委托森林资产评估机构进行林木资源价值评估,按林分、林龄的不同,采取不同的评估方法。幼龄林采用重置成本法,中龄林、近熟林采用收获现值法,成熟林、过成熟林采用市场价倒算法。政府在评估价的基础上核定赎买价格或制定最高限价。

一是由于销售成本核算不同,林农和政府对林木核定价偏差较大。下面进行比较分析:将乐县A林农对赎买工作不满主要源于核定的赎买价格偏低。规格材市场价是1200元/立方米,扣除最高的采伐成本260元/立方米,户主的期望价是940元/立方米,这与政府核定的赎买价格590元/立方米相差350元/立方米;相应地,非规格材市场价是1000元/立方米,期望价是740元/立方米,两者相差280元/立方米。对于规格材,从期望收回成本角度出发,该林农可接受价为700元/立方米。虽然政府核定价与林农期望价和可接受价偏差较大,但该林农还是参与赎买,原因是:①重点区位商品林对采伐的限制越来越严,即使允许采伐,在执行时会遇到诸多限制,比如砍伐指标限制等,会使采伐成本增加;②当时购入山场有贷款,在还本付息压力下需要通过赎买来变现;③该林农也明白生态建设的重要性,也愿意为家乡的生态做贡献,但认为保护生态的成本不该完全由林农个人来承担。

政府根据净利润制定赎买核定价,根据林农的森林资源资产评估报告中关于木材销售净收益价格计算,见表3-16。

表3-16 将乐县杉木销售净收益

单位:元/立方米

材种	销售价	成本							利润	净利润
		设计费	直接成本	检尺费	楞场看护费	税费	销售管理费		
规格材	1150	12.8	330.0	20.0	18.0	46.0	40.3	57.5	625.4
非规格材	1000	12.8	330.0	20.0	18.0	40.0	35.0	50.0	494.2

在将乐县PPP项目重点生态区位人工成熟林赎买的核定价格中,杉木规格材的赎买单价为620元/立方米,非规格材赎买单价为490元/立方米,这与评估报告上的净利润也基本一一对应。受疫情影响,2020年的赎买单价各降低了30元/立方米。

综上所述,政府和林农对林木销售价是趋同的,差异主要体现在销售成本的核算上。规格材的销售成本为524.5元/立方米,非规格材的销售成本为505.8元/立方米,与林农自己的采伐成本260元/立方米分别相差264.5元/立方米和245.8元/立方米。差别的原因主要有两方面:①林农自己销售杉木时就不会有销售管理费和利润近百元的支出;②林农自己砍伐时也会减少直接成本、看护等费用,尤其是作为直接成本330元的采伐工资降低幅度会较大,可达百元以上。

二是林农对政府最高限价政策接受度较低。当评估价低于最高限价时按评估价确定赎买价格,当评估价高于最高限价时按最高限价确定赎买价格。较多林农对赎买林木的期望价远高于政府的最高限价。下面对两户林农的赎买成交价格进行分析:

赎买沙县A林农以松木为主林地350亩,赎买时林龄45年以上,赎买价格是最高限价,为2100元/亩。而该林农2009年从村集体公开招标购入价款是60多万元,每年需向村集体支付20元/亩的租金。赎买后一直没有采伐,2010年后划入天然林后禁伐。2020年赎买的总价款为735000元,难以弥补购买成本、租金以及银行贷款利息。即使按最高限价进行赎买,林农经营十几年没有获益反而亏损,这种负面影响导致其退出林业经营。

赎买建宁县 B 林农 4396 亩,主要树种是杉木,还有马尾松、阔叶树。这片山场不仅面积大且集中成片,地处闽江源头区位,位于闽江源省级自然保护区和泰宁的大金湖之间的金溪河沿岸,被赎买后直接与县闽江源国有林场有限公司的山场联结成片,便于开发森林旅游小屋等生态旅游等项目。该商品林评估价为 12406000 元,在最高限价基础上确定了 10% 的下浮率,得到的赎买总收入为 11165400 元,赎买单价约为 2540 元/亩。该林农认为闽江源国有林场的赎买价格并不高,按照这种方式政府定价有点低,个人的经济利益保证不了,不能为了生态保护只注重社会效益。原因有二:一是建宁的荒山拍卖可以达到 2900~3500 元/亩;二是每亩投入的成本也基本在 2500~2600 元。该林农 2005 年转行林业,与人合作经营林场,林场约 11396 亩,2008 年冰灾,亏了 500 万~600 万元,2008 年重新补植,花费 200 多万元。该林农还有 7000 亩,其中 2000 亩位于重点生态区位,5000 亩是商品林,近 5 年营林积极性降低,不愿意经营林地,打算退出林业,计划 2000 亩卖给国有林场,剩余 5000 亩卖给其他个私大户,自己的林子应该很好卖,因为都是整片的。该林农认为如果不参与赎买,那么择伐每次仅能 50 亩,以前可以大面积采伐 300~400 亩,生态保护是大方向政策,若违反择伐政策多伐则要坐牢;若伐 50 亩,过桥过路费用还是那么多,成本摊入过多,没办法只能被迫卖掉。

调研了解到,各县(市、区)为集中连片便于经营管理的角度出发,宁化和建宁拟赎买的连片面积(可联户)原则上不小于 500 亩和 100 亩,因而首选的赎买对象为个私大户。他们属于新型林业经营主体,已通过转让等流转方式进行不同程度规模经营,由于当时从村集体或其他林农那里买入时,从银行贷款,在经过十几年甚至更长时间的生产经营,即将获得回报的档口,以追求经济效益为导向的商品林由于社会经济活动的快速扩张而被划为重点生态区位的商品林,社会要求其提供生态服务功能,从而对其实行严格的采伐限制,使亟待获取经营产出的个私大户陷入还贷危机,在这种压力下,只能接受亏本的赎买价格。

调查中发现林农对赎买价格不满意问题较为严重。走访的林农中,尤其是个私大户普遍认为按政府确定的赎买价格所得收益远远低于作为商品林砍伐所得收益,甚至也低于造林成本。对于商品林所有者——林农等主体而言,其持续投入、经营的行为对整个社会具有正外部性,并且拥有林权证这一明晰的私有产权的前提下,不光未能保护其所有者利益,更谈不上奖励其正外部性,实际情形是外部性越大反而被惩罚(赵业和刘平养,2021)。因为现有的赎买实践使原来持续投入和管护的林农受损严重,而那些投入较小甚至没有投入的林农反而影响较小,错误的社会激励会导致社会资本和人才退出林业,尤其是个私大户在赎买政策下纷纷退出林业经营,影响林业可持续发展,甚至在林农不参与的情形下,收储后重点生态区位林因缺乏长效管理可能再次陷入"集体林悲剧"。

3.4.3 林地产权制度与赎买工作推进的冲突

2003年后实施的集体林权改革最重要的贡献是通过确权、颁证、抵押贷款等方式,增强广大林业经营主体长期稳定经营的信心和预期,吸引社会资本不断进入林业要素市场,实现林业资源优化配置和促进林业可持续发展。重点生态区位商品林划定及采伐限制具有强制性,即使有林权证也不能保证林农的处置权和收益权,短期内虽强化了林业的生态服务功能,但长期会动摇林农等林业经营主体对集体林权改革长期稳定的预期和信心,打击林业经营主体长期投入的积极性,抵消林改成效,使集体林权改革推进难度增大,难以吸引资本、人才、先进科技等流入林业要素市场,且仅依靠国有农场等赎买主体也不能完全解决环境保护问题。当赎买合同期满后,被赎买的重点生态区位商品林会转为生态公益林或其储备,最终管护的主体还是村集体和广大林农。同时我国林业发展与世界先进水平相比仍有很大差距,需不断吸引资本、人才、技术,着力提升生产、经营、管理水平,仅依靠国有林场的力量难以实现可持续发展。

林权证是林农申请赎买必须提交的材料之一,也是赎买主体重点审核材料,由县(市区)级林业局颁发。林权证上会标明林地所有权属于村民委员会,即林地的所有权属于村集体(除自留山外),林地使用期内林地使用权、森林或林木所有权、森林或林木使用权都属于林权证的所有者。对于直接赎买来说,赎买不仅是林木所有权和使用权,还有林权证上林地使用期内林地使用权。赎买林木的价款在山林拨交和林权变更后支付给林农本人或业主,而林地使用费在林权变更后则由赎买主体交给当地的村民委员会,作为村财收入。

赎买工作推进难度大与林地产权制度有关。集体所属重点生态区位商品林出让以及赎买延长期限(含个私经营业主经营的林地)事项,须经本集体组织三分之二以上村民代表签字同意,并经村两委集体研究决定后,报所在地乡(镇)人民政府批准。按照此法定程序要求,集体所属商品林赎买和赎买期限延长都需经相关行政村的村民代表大会研究并表决通过。但赎买过程中因村级各类矛盾一时难以解决,部分村的村民代表会议无法表决通过,导致赎买进度受阻。

建宁县要延长赎买期限是因为2008年发生了严重的冰雹灾害,部分林木重新补种抚育,到2020年还多是中幼龄林。鉴于此,由赎买者按面积向林地所有权单位购买一个承包期(50年)的林地使用权,而这需要村民代表大会三分之二的代表同意,但村民与集体之间、村民与村民之间有纠葛,导致承包期限延长的接受程度在2019年并不高,所以签订的赎买合同还是30年。由于赎买的林分需要修复、改造、提升、管护和经营,要更长的时间,那么承包即将到期后的林地使用权、林地使用费等后续问题还需再商定。只有把因林地产权相关的各项纠纷解决好,赎买合同才能延长至50年,才能更好地实现赎买林分的生态效益与经济效益相结合。

3.4.4 森林保护与树木采伐利用对立起来的误区

因生态保护需要而对重点生态区位商品林实行限伐政策是必要的,但把森林保护和采伐利用完全对立起来,也会走入"单纯保护"的误区。森林生态学家、北京林业大学教授罗菊春认为,"长时间禁止采伐,会导致林木密度越来越大,透光度大大降低。光照的减少使很多林下喜光植物无法生长,一些食草动物因食物匮乏而无法生活,从而导致林下生物多样性降低,病虫害加剧,土壤退化,森林火灾发生率上升,林下树苗难以正常生长,森林无法更新",且树木达到成熟龄后,生长的质和量都会逐渐降低,各种生态效益也日趋削弱,这时应伐去老林,培育新林,从而实现森林的可持续利用(张双虎,2020)。正如沈国舫(1998)所说:"森林保护和经营利用并非对立的事情,合理的经营利用不会影响生态保护……把经营活动控制在可恢复的弹性限度内,确保生存和可持续发展。"

不管是对重点生态区位商品林还是对生态公益林来说,面临的一个突出问题是为了片面追求森林覆盖率而将砍伐限制得过死。沙县村某村民委员会主任反映:该村集体有生态公益林1300多亩,重点生态区位商品林1700多亩,只能择伐,一次能伐40亩,且择伐时,村民小组需要到林权交易中心获得审批,但目前砍伐证很难获得,手续太多,需要层层审批,需花费太多的时间和精力办理砍伐证,甚至还办理不下来。由于林种主要是杉木,其林龄已32年,超过了26年的成熟期。由于年限太长且太密,一些都烂掉了,但砍伐证还是很难批下来,甚至批下来的指标赶不上杉木腐烂的数量。为什么不能提高择伐指标呢?不要让成材的林子白白烂掉,不要求皆伐,但一定要有更多的采伐证。只有采伐一定数量的杉木才能补种阔叶树,形成复合林,才能更好地实现生态效益。

建宁"大造林"政策导致生态公益林中出现了个私人工造林,那么这部分特定林分能否参与赎买?2011年,福建省人民政府出台"大造林"政策:由于生态公益林质量较差,鼓励林农改进林分质量,若林分质量改善就调出生态公益林。

现在不但调不出来，连砍伐都不能，林农很不满意，目前这部分林子的面积达3000~4000亩，涉及林农广，是森林保护和采伐利用冲突的集中表现。因为当时就是把树种起来，消灭荒山，现在林农希望赎买政策也能把生态公益林中的个私人工造林包括进来，以便林农能收回成本。可见，从事林业经营，由于投资回收期长，受政策风险影响大。

3.5 重点生态区位商品林赎买冲突缓解的经验借鉴

3.5.1 构建赎买对象识别的竞争性投标机制

政府作为重点生态区位商品林赎买的需求方，考虑的是赎买所获得的生态效益的大小。要规范统一各地赎买优先排序，可借鉴美国休耕保护计划（CRP）中的环境效益指数（EBI），根据重点生态区位商品林的生态服务价值来确定赎买的生态环境效益指数。借鉴美国休耕保护计划项目的经验，一个林农要参与赎买项目，需提交一个标书给县（市区）赎买项目的政府执行部门，由该部门估算标书中拟赎买商品林的 EBI，且提出如何增加 EBI 分数的建议。一旦赎买项目公开登记期结束，所有提交的标书会按 EBI 的大小排序。根据年度政府赎买计划和项目所筹集到的资金，确定本年度本区域 EBI 的截止点，把林农商品林 EBI 得分与该截止点比较，高于该截止点的林农进入赎买项目，低于则被拒绝，从而确定赎买对象。这是卖方之间的竞价机制，实现有限财政投入下最优保护水平和生态效益最大化，提高资金的赎买效率。

重点生态区位商品林的生态 EBI 是由其生态服务价值确定的。该 EBI 设计由 3 个因素决定，前两个因素与环境有关，而第三个因素与成本有关。一是区位因素，区位最重要或最脆弱最先被赎买。对于区位因素，林农要拿环境敏感性最大的地块去申请，基于所提供地块的位置来决定林农能否获得一个高的 EBI 分数。二是生态效益因素，生态效益最大最先被赎买。生态效益因素可以借鉴武夷山生态系统服务价值核算指标体系与评估方法中所涉及的森林生态系统的服务价值，包括气候变化减缓、微气候调节、环境质量调节、生态水文调节、土壤保持、生物多样性等方面。三是成本因素，在区位因素和生态效益因素同等的前提下林农报价较低优先赎买。目前各地都绘制了重点生态区位林地示意图或重点区位森林资源分布图等，形象鲜明地标识出不同生态区位森林资源的分布状况。在此基础上，首先按照生态区位的优先顺序依次确定不同区位的EBI,然后在同一区位级别按照EBI的环境效益因子进行排序,最后再考虑成本因素,竞价入围。根据赎买任务来确定本年度重点生态区位排序到哪个层级,建立"重点生态区位商品林赎买"信息管理平台。短期也可在林业局网站加入赎买板块,既能降低交易成本,又能保证林权交易的公信力。

3.5.2 构建赎买价格确定的竞争性投标机制

林农提交的标书中除咨询相关部门估算EBI外,若是核心区的直接赎买,则提出自己的最低可接受意愿(WTA)的价格水平,然后和政府最高限价(WTP)进行竞价,赎买价格在[WTA,WTP]之间都是可接受的,也即买方与卖方之间进行竞价,既可双向竞卖也可引入第三方进行评估,按评估价进行仲裁,谁越接近仲裁价,就按照谁的价格确定赎买价格。而现状是根据有限的公共财政投入单方面设定赎买的核定价或最高限价,地方政府并未构建市场机制进行有效引导和规制,从而不能保证林农的话语权和应得利益,只有在自愿参与和自主报价的前提下,建立利益相关主体的沟通和协商机制,才能保证集体林权改革的成果,才能保证林农利益,实现林业的可持续发展。

同时,若采取改造提升方式进行非核心区的赎买,要放宽非"三线林"[①]之外的其他重点生态区位内人工过熟林的限伐,鼓励林农按政府相关要求进行生产和经营,调动林农生产经营的积极性。林权主体应提交自己的改造提升方案(包括采伐额度、补种阔叶树的树种及比例)和相应的补贴标准要求,而不仅是政府规定采伐限额,林农补种50%阔叶树种,验收合格后补贴1500元/亩。要解决商品林经济利益和生态价值的矛盾,按照经典的保护和发展的均衡问题思路,有效的解决方案是保护和发展相关的不同利益主体充分参与到政策制定过程,需要其深度参与和有效协商,不能一刀切。充分参考和吸纳林农的意见,政策鼓励林权主体编制森林经营方案,然后对这部分林地的更新造林、抚育间伐、林分改良等生产行为给予引导性补贴,凡按政府规制进行保护性生产的所有者都可获得相关作业成本的50%的补贴,年限长达10～15年,双方通过协商方案的过程达成生态保护和经济收益的双重目标。

---

① 福建省的"三线林"特指铁路两侧各100 m,公路干线(高速公路、国道)两侧各50 m,大江大河("六江二溪"干流)两岸各150 m,以及大江大河主要支流("六江二溪"的一级支流)两岸各50 m范围以内的林地。

3.5.3 明确林地林木属性，妥善解决产权矛盾

为深化推进集体林权改革，提高林农等经营主体进行林业经营的积极性，可以从以下方面完善赎买政策：首先，构建生态效益市场化机制。对面积较大、林木产权清晰的重点生态区位商品林实施森林认证、碳汇交易等试点措施，将收益作为林权所有人的生态补偿，以减小公共财政压力，促进可持续发展森林管理和生态效益市场化。同时让正外部性获得奖励，形成良好的示范激励而提高林农等主体的积极性。三明林业汇票所传递出来的绿色信号就是一个很好的示范激励。其次，根据重点生态区位商品林生态服务功能划分为核心区和非核心区，在公共财力有限的前提下分层分类赎买，在核心区实施直接赎买，在非核心区实施改造提升，既能提高赎买效率，又能提高林农等主体按政府相关要求进行生产和经营，调动林农生产经营的积极性。最后，部分个私大户与村集体代表对赎买持观望态度，时刻关注被国有林场赎买的商品林是否砍伐、何时砍伐、砍伐多少、收入多少。为此可采取按股收益分成的合作模式，根据不同的林地质量等级，分别规定一个轮伐期保底收益，逐年进行支付，待主伐时总收益按股分红，并且可以将林农拥有的股份以林票的方式让林权所有人持有，当其急于变现时可通过流转林票的方式套现。

赎买进行的前提条件就是理顺林地林木的产权关系。各县（市区）对其乡镇（街道）、行政村林业自然资源进行摸底确权，明确所有权主体、划清所有权界限，为解决林地纠纷奠定基础。对林地承包及经营存有争议的区域，明晰户籍，开展林地资源详查，做到面积准确、界线清楚，核定、更换林权证。

为解决赎买林分需要修复、改造、提升、管护和经营的时间超过林地使用期的难题，可以借鉴将乐县关于林地使用期的规定。将乐县颁发的林权证上关于林地使用期这一栏填写的是"一代林"，并未标明具体的年月日，终止日期这一栏也是空白。"一代林"代表着林子不砍就是林权所有人和林权使用人的，一旦砍了就归集体。这就给赎买单位与村集体关于林地的使用期限提供了一个弹性机制。同时在进行赎买山林拨交和林权变更时，赎买主体拿到的不动产证上关于使用期限的规定也可填写"一代林"。

3.5.4 适当放开重点生态区位林采伐权，实施采伐限额管理弹性机制

为了减缓赎买资金压力，对于未赎买的重点生态区位林来说，若林木林龄达到甚至超过砍伐年限，则可以放宽砍伐限额，砍伐完后要求补植一定比例的

阔叶树。林分提升的成本由政府和林农共同分担,两者分摊的比例应该与砍伐的限额挂钩,其成本应该是基于政府期望的成本而不是实际发生的成本,当林农改造提升的成本超出期望成本比例时,需要林农自己负责筹集资金。对于通过改造提升方式赎买的生态低效林,简化采伐证的手续,放宽采伐限额。科学合理的采伐方式、采伐时间、采伐次数,有助于维持森林的更新、维护森林生物多样性和提高森林质量。

不管是直接赎买的方式还是改造提升的方式,都需要对林分进行修复和提升,把纯林变为混交林,不仅有助于提高生态效益,还能提高经济效益。区别在于:改造提升是林农自己择伐,政府给予造林与抚育补贴1000元/亩,而直接赎买则是由赎买主体来择伐和林分提升,改造提升的择伐收入由林农获得,林木的权属属于林户,而直接赎买的林子属于赎买主体。因此,赎买的方式虽有差异,但都需对赎买后的林分进行择伐从而优化林分结构。那么当赎买资金缺乏时,在确保不伤害生态环境的前提下放开经营,可采用科学的采伐方式,包括小面积皆伐和择伐作业,实施采伐限额管理弹性机制,来缓解生态保护与林农利益的矛盾。

此外,当地方性特定政策和国家的环境保护政策产生冲突时,正如福建省的"大造林"政策和国家生态公益林保护政策及重点生态区位商品林禁伐限伐冲突时,可考虑通过一定的市场机制来保证林农处置权和收益权的稳定性,巩固和推进集体林权改革的成果。可以借鉴的具体做法如下:一是推进生态公益林赎买试点。2020年7月1日实施的《森林法》第十六、十七条规定生态公益林可以流转。2018年将乐县开始生态公益林赎买,有条件的地区可推进生态公益林赎买试点。当资金有限时,可考虑优先赎买生态公益林中的个私造林。二是开展生态公益林及天然林补偿收益权质押贷款天然林回购试点。2019年以来永安市开展生态公益林及天然林补偿收益权质押贷款回购天然林试点工作,用村生态公益林的补偿收益权向永安信用社质押贷款,贷款利息由林业部门向上争取资金给予全额贴息。回购价格,贷款期限、金额,回购林地面积由村民代表大会表决通过。用"补贴金＋抵押贷款"完成林木赎买,解决资金问题。林地、林权最终归属集体,解决了林业产权与林业经营问题。

因此,要把重点区位商品林赎买改革试点向市场化、多元化方向推进,使市场机制在资源配置过程中起决定性作用,充分发挥激励机制和市场机制的作用解决林农利益无法保证、有限财政资金生态效益最大化及集体林权改革深化等问题。

4 "两山论"视角下重点生态区位商品林赎买问题分析

"两山论"是习近平总书记关于生态文明建设最著名的科学论断之一。党的十九大将"必须树立和践行绿水青山就是金山银山的理念"直接写进了报告。绿水青山是福建最宝贵的资源,福建作为"生态产品价值实现的先行区"率先开展重点生态区位商品林赎买改革试点,以实现"生态得保护,林农得实惠"的双赢目标。截至 2019 年 7 月,福建省 23 个试点已完成赎买 1.81 万公顷,占其总面积的 2.78%,林农直接受益超过 3.50 亿元(张辉和潘园园,2019)。随着赎买实践的推进,重点生态区位商品林赎买研究聚焦于以下 5 个方面:赎买"政策试验"的成功之处与政策的形成和执行过程解析(傅一敏 等,2017;刘金龙 等,2018),林农对赎买政策的认知及参与意愿分析(郑晶和林慧琦,2018;蔡晶晶和谭江涛,2020),赎买模式分析与比较(林琰 等,2017;林慧琦 等,2018;康鸿冰 等,2019),赎买政策实施效果比较与实践进路(蔡晶晶和杨文学,2020;蔡晶晶 等,2021;王季潇 等,2019),以及赎买问题与对策(林琰 等,2017;王季潇 等,2019;张江海和胡熠,2019;洪燕真和戴永务,2019;高孟菲 等,2019)。尽管有学者利用拉姆齐模型的框架,构造生态经济生产函数和效用函数,按照效用最大化原则得出了"金山银山"与"绿水青山"兼备的稳态均衡点,并用"金山银山"与"绿水青山"的动态演进方程进行相位图分析,阐释"两山论"的经济学内涵(柯水发 等,2018)。迄今为止仍少有学者从"两山论"的经济学视角来解读赎买问题。当把"两山论"经济学解读应用于重点生态区位商品林赎买政策的分析之中时,可以更好地指导赎买实践,以解决赎买实践中遇到的问题和挑战,使重点生态区位商品林赎买成为探索政府主导、企业和社会各界参与、市场化运作、可持续的生态产品价值实现路径。

4.1 "两山论"的经济学解读在重点生态区位商品林赎买政策中的应用

"两山论"经济学解读相位如图 4-1 所示,X 轴与 Y 轴分别代表单位有效劳动力进行生产时可使用的"绿水青山"(k)和单位有效劳动力投入可用于消费的"金山银山"(c)。半圆形曲线与中间竖线的交点决定了稳态均衡点(k^*,c^*),还将图4-1分割成4块区域。当初始位置(k_t,c_t)处在不同区域时,其动态演化路径也不同,为更好地结合赎买政策进行分析,k_t代表劳均可使用的重点生态区位商品林资源存量,c_t代表劳均可用于消费的"金山银山"。若(k_t,c_t)位于1号区域或3号区域,则可能会出现3种结果:①沿着稳态路径1或2进入稳态;②沿着非稳态路径1或3进入"绿水青山无效利用"模式;③沿着非稳态路径4或6进入"绿水青山枯竭"模式。若(k_t,c_t)位于2号区域,则只会沿着非稳态路径2进入"绿水青山无效利用"模式。若(k_t,c_t)位于4号区域,则只会沿着非稳态路径5进入"绿水青山枯竭"模式。

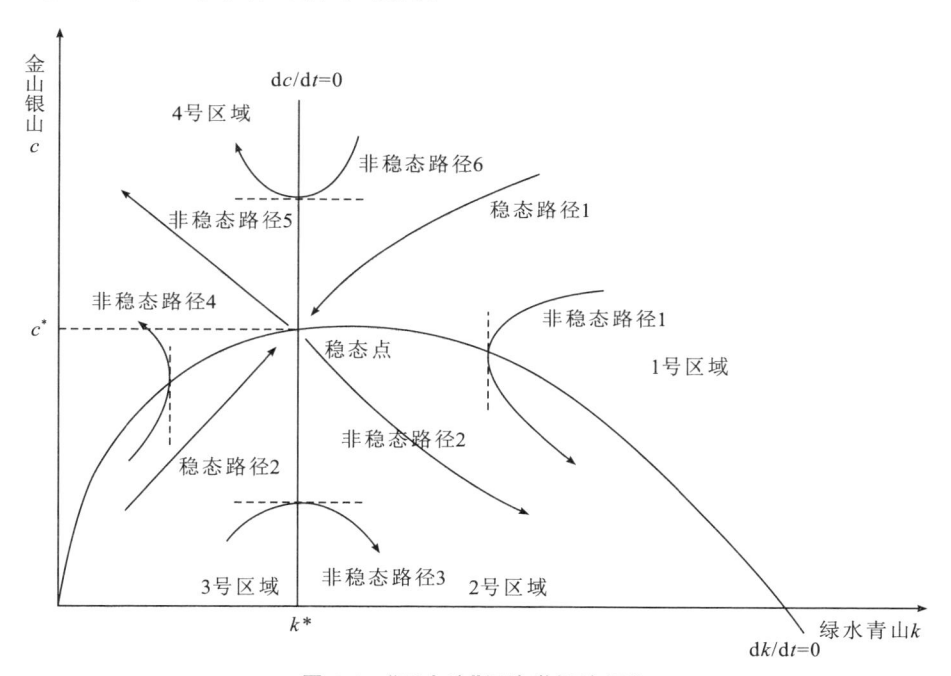

图4-1 "两山论"经济学解读相位

用"两山论"的经济学内涵来解读重点生态区位商品林赎买政策,可用来说明重点生态区位商品林这种生态资源的最优配置与有效转化。通过生产函数可以把"绿水青山"转化为产出进而形成满足消费的"金山银山",因此重点生态区位商品林赎买成为"两山"之间转化的途径。要完成转化,短期内需要实施严格的限伐政策;长期要管放结合,通过对赎买林分管护与经营,在其保有量达到一定程度下,开发林下经济、生态旅游、生态康养等深层次生态服务,通过资源优化配置,使得生态服务价值化与市场化,以实现生态与产业的循环互动,从而沿着稳态路径实现"两山"兼备的稳态均衡,实现资源最优配置。

重点生态区位商品林赎买政策的目标是要实现"金山银山"与"绿水青山"兼备的稳态,而稳态意味着通过对"绿水青山"的合理利用达到经济价值和生态价值最大化。要实现稳态,必须沿着稳态路径且要避开非稳态路径才能到达。作为"绿水青山"重要组成部分的重点生态区位商品林,短期内若政府不严格限伐,可能会因为林农追求高 c_t 而使 k_t 大幅下降,导致重点生态区位商品林沿着非稳态路径进入"绿水青山枯竭"模式。为避免进入"绿水青山枯竭"模式,政府实施严格限伐管制,则林农 c_t 无法实现,需要对林农进行补偿,若仅提供补偿标准单一且低的生态补偿,这种激励无法提高林农管护积极性,会使 k_t 很难增加,同样无法实现稳态。为此,地方政府出台了重点生态区位商品林赎买政策。通常是政府从林农手中把林木所有权和经营权赎买过来交由国有林场等市场化主体进行管护和经营,增加 k_t,从而使 (k_t,c_t) 组合通过稳态路径2到达稳态点,实现林业可持续发展。

赎买后在长期的管护与经营过程中,当赎买林分的不确定性冲击导致 k_t 超过稳态,会沿着非稳态路径1或2或3进入"绿水青山无效利用"模式,未能将"绿水青山"转为"金山银山"。要摆脱该模式,关键是增加 c_t,这时需适当放开限伐,利用市场机制将生态资源存量释放,实现"越采越多、越采越好",即实现经济价值和生态价值最大化。同理,外部冲击也有可能促使 k_t 低于稳态,此时则需要重启严格限伐政策并采取有效措施增加 k_t,使重点生态区位商品林 (k_t,c_t) 组合重新恢复到稳态点。从长期看,为实现"两山"的稳态,要做到赎买林分的放管结合。若政府不限伐,则可能会使"绿水青山"枯竭;若政府一直严格限伐,则可能会无效利用"绿水青山"。

4.2 影响"两山"稳态实现的重点生态区位商品林赎买问题分析

4.2.1 赎买对象选择影响"绿水青山"稳态的实现

要增加"绿水青山"生态资源量,首先要找出哪些"绿水青山"需要优先保护,从而确定赎买谁的山场。若对赎买对象的筛选和识别机制不完善,就难以实现保护生态效益最大化,影响财政资金保护生态的成本效率。对于赎买,政府的目标是生态效益,赎买主体的目标是完成赎买任务,林农的目标是经济效益,三者并不完全一致,从而产生利益冲突,因而赎买对象的选择直接关系到能否实现生态效益最大化,也即赎买对象的选择影响 k_1 的增加。

赎买对象选择存在两个情况:第一,在筛选拟赎买对象时,虽坚持重点优先原则,如沙县和宁化实施"四优先"原则——重点生态区位、权属、树种、起源,永安考虑重点生态区位、龄组、树种等原则,但在实际赎买中,只要处于重点生态区位,先申请先被赎买,最重要或最脆弱区位的商品林可能没有被优先赎买。这种按"属区"原则确定赎买对象的做法简单易行、容易操作,对政策的迅速展开起到了积极作用。第二,在确定赎买优先顺序的基础上进行赋值,通过公式100×优先顺序系数相加得分,计算得到赎买对象总得分,对赎买对象进行综合排序。例如,建宁县按照年度赎买计划1:5的比例,将符合赎买条件的山场按重点生态区位、树种、龄组等综合系数值排序,形成符合赎买条件的山场一览表(表4-1)。筛选因素较为全面且具有合理性,使最急需赎买的山场进入赎买范围,但因赎买规模有限,综合排序实际应用有限,且赋值排序并未完全按照特定生态区位商品林生态效益的大小,那么综合系数值高并不代表其山场生态效益大。各地赎买任务完成后,表面上看,被赎买的山场都处在重点生态区位,但从生态效益上看,最应优先被赎买的山场反而没有被赎买,未能实现生态效益最大化。

表4-1 建宁县重点生态区位赎买入围山场排序

赎买优先顺序	分类	系数
重点生态区位	饮用水源保护区、森林公园	1.30
	Ⅰ类一重山	1.20
	Ⅱ类一重山	1.10
	其他	1.00
树种	针叶树纯林	1.20
	针阔混交林	1.10
	阔叶树纯林	1.00
龄组	成熟林	1.20
	近熟林	1.10
	中龄林	1.05
	幼龄林	1.00

续表

赎买优先顺序	分类	系数
权属	个私、合作经营等非集体权属林木	1.10
	集体所属林木	1.00
经营期	林木剩余经营期需满5年（含5年）以上	基数1.00，超过5年系数每年0.02递增

4.2.2 赎买价格影响林农"金山银山"稳态的实现

林木赎买交易阶段，对于林农来说就是要把"绿水青山"转化为"金山银山"。增加林农通过参与赎买所获得的经济利益，林农可用于消费的"金山银山"就越多。各县（市、区）政府通过木材销售价格和木材生产成本的调查确定赎买的核定价或最高限价。而赎买价格的高低决定了获得利益的高低，但赎买价格与林农期望价及可接受价有较大差距，无法从根本上激励林农参与赎买。

第一，由于销售成本核算不同，林农和政府对林木核定价偏差较大。对典型林农的半结构性访谈进行分析：将乐县肖姓林农对赎买工作不满主要源于核定的赎买价格偏低。规格材市场价1200元/立方米，扣除最高的采伐运输等成本260元/立方米，户主期望价940元/立方米，这与政府核定的赎买价格620元/立方米相差320元/立方米；相应地，非规格材市场价1000元/立方米，期望价740元/立方米，非规格材政府核定的赎买价格490元/立方米，两者相差250元/立方米。对于规格材，从期望收回成本角度出发，该林农可接受价700元/立方米。

第二，林农对政府最高限价政策接受度较低。当评估价低于最高限价时按评估价确定赎买价格，当评估价高于最高限价时按最高限价确定赎买价格。当评估价远远高于最高限价时，林农对政府最高限价接受度低。对典型林农与赎买主体代表的半结构性访谈进行分析：赎买建宁县叶姓林农重点区位商品林293.07 hm²，主要树种是杉木、马尾松和阔叶树。这片山场不仅集中成片，且正位于闽江源头区位，被赎买后直接与县闽江源国有林场有限公司的山场联结成片，便于开发生态旅游等项目。该商品林评估总价为1240.6万元。在最高限价基础上确定10%的下浮率，该林农得到赎买总收入1116.54万元。以该林农资产评估报告明细表中的不同小班为例（小班Ⅰ符合杉木人工林林龄10年的未成林造林地、幼林地赎买最高限价为4.485万元/公顷，小班Ⅱ和小班Ⅲ符合中龄、近、成、过熟林，林龄11年以上，杉木、松木和阔叶树立木蓄积量最高限价分别为 500 元/立方米、400 元/立方米和 350 元/立方米），说明评估价和最高限价的关系。小班Ⅰ与小班Ⅲ按照评估价确定赎买价款，而小班Ⅱ则是按最高限价确定赎买价款（表 4-2）。小班Ⅱ最高限价与评估价相差 17.42 万元。该片林地是林农在 2005 年通过拍卖获得，2008 年遭受冰灾重新补植，赎买时以中龄林为主。因此，评估价与最高限价在整体上相差较大，差价越大林农损失就越大，按最高限价将导致林农承担保护生态成本过高而不愿参与赎买。

表 4-2　赎买林分不同小班的评估价与最高限价

单位：万元

项目	小班Ⅰ	小班Ⅱ	小班Ⅲ
	重置成本法	收获现值法	市场价倒算法
评估价	47.54	51.82	47.84
最高限价	47.54	34.40	54.31

4.2.3　赎买林分管护与经营主体及模式选择影响"两山"兼备稳态的实现

在赎买的森林管护与经营阶段，赎买主体如何对赎买林分进行管护和经营才是赎买政策实现"两山"兼备稳态的根本保障。赎买主体是重点生态区位商品林赎买政策的执行者，比如永安市生态文明建设志愿者协会、沙县森林资源收储管理有限公司、将乐县金山林场有限公司等。重点生态区位商品林赎买还在初步试点阶段，赎买林分的管护与经营是赎买实践中薄弱环节，主体及模式选择存在两个问题：

第一，赎买主体若不参与赎买林分的管护与经营阶段，则很难保证其管护与经营效果达到预期。赎买主体的选择直接影响赎买林分管护与经营的效果。比如，以最早开始赎买实践的永安市为例，虽然永安市生态文明建设志愿者协会在赎买政策宣传阶段、资金筹集阶段、林木赎买交易阶段都直接参与，并利用其协会优势激发了社会主体的广泛参与，但在赎买的最后阶段——森林管护与经营阶段则未直接参与，这是由赎买主体的非营利性质决定的。赎买林分管护交由金盾森林资源管护有限公司进行管理，3 年内无偿管护，3 年后按当年生态公益林管护标准（65.25 元/公顷）收费。赎买林分质量的提升改造则由接受林木转让的永安市绿美生态工程有限公司等主体进行经营。正是赎买主体未参与赎买林分的管护与经营的选择导致永安市赎买林分质量提升整体滞后。截至 2020 年 8 月，永安市累计赎买面积仅占总面积的 16.82%。

第二，赎买主体若不改变赎买林分管护与经营的传统模式，则无法破解重点生态区位林业产业发展和生态保护的矛盾。赎买林分管护与经营模式的选择直接影响生态保护与产业发展的循环互动。赎买林分质量提升的方式主要是通过抚育间伐后,林下补种乡土珍贵用材树种,在培养大径材时,逐渐将人工针叶林改造成以阔叶树占主导地位的人工针阔复层异龄林。从林业生产过程来看,营林生产周期长、资金周转慢且易受到自然灾害的影响,因此赎买林分的修复成本、造林成本、管护成本、林地使用费等都需要赎买主体长期持续的投入,只有这样林分的改造和提升才能使 k_t 增加。由于各级政府筹集的项目资金即使仅用于从林农手中赎买林木所有权都有较大缺口,财政也没有专门配置管护资金,因此大多数试点赎买林分都因资金不可持续而未得到有效管护或管护规模受限。那么管护及提升林分质量的资金如何保证呢?在赎买林分经营上,若依然遵循林业产业发展的传统模式,即林业的主导产业还是木材生产及加工业,这对处于重点生态区位而受到严格限伐的森林来说并不现实,尤其是 (k_t,c_t) 组合处于 3 号区域要沿着稳态路径 2 达到稳态均衡点的情况下,这时应该发展林下经济、森林康养等产业。当 (k_t,c_t) 组合处于 1 号区域时,这时政府会适当放开限伐,木材生产及加工业才会恢复并有所发展,从而沿着稳态路径 2 实现"越采越多、越采越好"。

5 重点生态区位商品林赎买参与主体行为博弈分析

首先对赎买的利益相关者进行界定。根据利益主体在赎买过程中的角色，利益相关主体主要涉及政策制定者、林农和新型营造管护经营主体3类。然后分析各个利益相关者的利益需求和利益目标。就目前的赎买政策实施的具体情况而言，主要分析赎买带给了林农什么，通过分析林农的行为决策及与政府的博弈，理想的赎买目标应该使林地资源供给一定单位的林产品和一定单位的生态服务，由于一般生态补偿的激励不相容和林农道德风险的存在，因此在对赎买林分进行营造、管护和经营时，需要引入新型主体。

5.1 重点生态区位商品林赎买的利益相关者分析

重点生态区位商品林赎买是指政府利用财政资金对一些重点生态区域内的商品林从林农、集体或林业企业等主体手中赎买过来，由赎买方进行管护和经营，以实现"生态美"与"百姓富"的双重目标。在这个过程中，涉及多方利益相关者，下面是一些可能的利益相关者分析。

一是政府机构。政府是重要的利益相关者，是赎买的主体，因为它制定了相关政策和法规，决定了是否进行商品林赎买以及如何实施。作为首个国家生态文明试验区，福建省率先开展重点生态区位商品林赎买改革试点，2016年根据地方实际制订商品林赎买改革试点实施方案。在赎买启动阶段即成立领导组织机构，积极筹措资金，建立健全监督、考核、评估机制，并开展广泛而持续的宣传动员工作。然后，以县（市、区）为单位调查和规划重点生态区位商品林的分布情况并绘制其森林资源分布图或林地示意图，摸清本底情况。在资源调查的基础上，确定符合赎买条件的山场，制订年度赎买计划，对外发布公告。

二是林权所有人，是赎买的客体。重点生态区位商品林的所有者可能是个人（林农）、林业企业或村集体，他们的赎买意愿和参与是至关重要的，需要在赎买过程中考虑和平衡赎买对林权所有人利益的影响，包括就业、资源利用、农村社区发展等方面。

三是赎买实施主体,即赎买方。赎买实施主体负责整个赎买过程的具体实施,一般为县(市、区)国有林场或其成立的子公司,赎买后一般由赎买实施主体对赎买林分进行直接管护与经营。比如,沙县、将乐县、宁化县、建宁县赎买实施主体分别为沙县森林资源收储管理有限公司、将乐县金山林场有限公司、宁化县国有生态林场有限公司、建宁县闽江源国有林场有限公司与建宁县林业建设投资公司。永安市的赎买实施主体为永安市生态文明建设志愿者协会,虽然该协会在赎买政策宣传阶段、资金筹集阶段、林木赎买交易阶段都直接参与,但在赎买的最后阶段——森林管护与经营阶段则未直接参与。赎买林分管护交由金盾森林资源管护有限公司进行管理,3年内无偿管护,3年后按当年生态公益林管护标准收费。赎买林分质量的提升改造则由接受林木转让的永安市绿美生态工程有限公司等主体进行经营。可见,不管是国有林场或其子公司的直接管护与经营,还是第三方的间接管护与经营,都是引入新的营林主体,改变重点生态区位森林资源利用模式,促进相关绿色产业的发展。

林权所有人申报,由赎买实施主体收集材料并进行审核,符合条件入围,若入围山场超过赎买计划,则需要竞价或招投标入围。对于入围的山场,进行森林资源资产评估,业主对评估报告无异议后可签署赎买合同,公示后进行山林拨交、林权变更和资金支付。另外,赎买后由赎买实施主体直接或间接进行森林质量提升与保护,在生态优先的情况下发展林下经济,逐步把赎买的重点生态区位商品林调整为生态公益林。

各级政府是商品林赎买的主体,代表社会公众的利益,是优质生态产品的受益者。从需求的角度来看,重点生态区位商品林赎买是通过要素的投入,使社会的福利得到改善,从而得到社会公众的认可。政府愿意并且有能力为此支付一定的价格,使生态产品价值以有形的货币形式在交易中体现出来。

林权所有人则是商品林赎买的客体,是优质生态产品的供给者。从供给的角度来看,重点生态区位商品林赎买的实质是:通过政府赎买方式方法使林权所有人付出的成本得到回报,即有效促使林权所有人愿意且有能力为市场提供更多的森林生态产品,从而实现森林资源的最优配置。而新营林主体则是政府把赎买林分从林农手中把林木所有权和经营权赎买过来,交给能够实现生态保护与产业发展的循环互动的国有林场等新的营林主体进行管护和经营,国有林场等赎买主体不仅可以利用自身先进的管理经验、人才、资源等优势,还可以形成规模经营的优势,在精准提升森林质量的基础上,重点发展森林康养、生态旅游等新兴产业,实现三大产业融合发展。

以上是重点生态区位商品林赎买的主要利益相关者,实际情况可能因地区、具体项目等而有所不同。在实施商品林赎买时,需要进行广泛的利益相关者分析和沟通,以确保各方利益得到平衡和满足,从而实现生态保护和可持续发展的目标。

5.2 重点生态区位商品林赎买参与主体行为博弈分析

5.2.1 林农与政府之间的博弈

严格限制重点生态区位商品林采伐是"两山论"的合理应用。究竟是采用行政方式还是市场方式才能有效实现"金山银山"与"绿水青山"兼备的稳态呢？问题的答案可借助博弈的方法来分析。该博弈的参与者为地方政府和处于重点生态区位商品林的林权所有人。通常,林权所有人主要包括林农个体或集体林所有者,统称为林农(高孟菲 等,2019)。假设政府对重点生态区位商品林林权所有人可以提供3个选择:无限制、严格限伐管制和限伐的市场化补偿。无限制是重点生态区位商品林和其他的商品林性质一样,林权所有人对林木拥有完全的处置权和收益权,政府不能进行干涉。严格限伐管制是为保护生态环境用行政命令方式限制采伐,用管制的方式实现林业可持续管理,否则面临惩罚。限伐的市场化补偿是采用市场机制的方式为实施可持续管理的业主提供激励。

假设林权所有人有对政府回应的3种管理策略:一是消极管理,原因是基本没有产生经济回报;二是利润最大化管理,如为了木材生产而栽培密集的单一针叶用材林;三是可持续森林管理,如多用途针阔混交林管理。

针对地方政府的策略选择,林农对重点生态区位商品林的管理有3种选择,其收益矩阵见表5-1。①消极管理。当林农对限伐的森林失去了管护的积极性,其生计不再依赖林地时,商品林林地处于无管理的"撂荒"状态,导致地方政府获得的生态服务水平为X,而林农获取的收益为0。②利润最大化管理。假设林农按照利润最大化原则进行管理,那么与消极或不进行管理的情况对比额外产生的生态服务为Y_1,林农获得的利润为P_1,由于政府采用管制的方式严格限伐,当林农为获取利润偷伐时会面临政府的惩罚,设经济上的罚金为H,则地方政府获得收益为$X+Y_1+H$,林农得到的收益为P_1-H。在限伐的市场化补偿条件下,利润最大化管理与消极管理相比,地方政府获得的额外的生态服务价值为Y_1,则政府的最高支出意愿为P_1,这也是政府给林农市场化补偿的最高水平。③可持续森林管理。与利润最大化管理相比,假设可持续森林管理下的利润水平为P_2,额外产生生态服务水平为Y_2。由于严格限伐管制,通常短

期内 $P_2 < P_1$。如果要提供一个市场化补偿给林农,以奖励其实践可持续森林管理,需要解决的一个关键问题是政府要对林农补偿多少,也就是 D_2 如何确定。实际上源于可持续森林管理而增加的 Y_2,也即政府的最高支出意愿。对林农来说,Y_2 的机会成本为减少的利润 $P_1 - P_2$,因此市场化的补偿区间为 $[P_1 - P_2, Y_2]$。如果林农得到生态补偿为 D_2,那么博弈的结果($X + Y_1 + Y_2 - D_2, P_2 + D_2$)使得政府和林农双方的福利或剩余都增加。还有一种可能的情况是,即使林农采取可持续森林管理,但也有可能没获得收入,即利润 P_2 是负值,那么林农会失去管理积极性,导致政府和林农的福利都减少,最终得到的可能结果是($X, 0$)。

表 5-1   林农与地方政府的博弈矩阵

赎买主体管理策略		林权所有人		
		消极管理	利润最大化管理	可持续森林管理
地方政府	无限制	$X, 0$	$X + Y_1, P_1$	$X + Y_1 + Y_2, P_2$
	严格限伐管制	$X, 0$	$X + Y_1 + H, P_1 - H$	$X + Y_1 + Y_2, P_2$
	限伐的市场化补偿	$X, 0$	$X + Y_1, P_1$	$X + Y_1 + Y_2 - D_2, P_2 + D_2$

可见,若出台刺激性政策,博弈的结果可能是双赢。另外,市场化补偿的量由两个因素决定:边际效益决定补偿的上限,比如 Y_2;边际成本决定补偿的下限,比如 $P_1 - P_2$。因此,限伐政策的出台应该考虑如何使社会总福利增加,而不是把收益从一个利益相关者身上简单转移到另一个利益相关者身上。如果仅仅是转移收益,在考虑到政府政策都有交易成本的情况下,尤其是当林农数量众多且拥有林地规模小时,交易成本过高,此时政策的收益小于政策的成本时,无限制可能使情况更好。比如林农在未受限制的情况下,按照利润最大化原则经营,双方得到的结果是($X + Y_1, P_1$),该结果优于严格限伐管制下的结果($X + Y_1 + H, P_1 - H$)。综上所述,一个好的政策选择是地方政府选择限伐的市场化补偿策略,即重点生态区位商品林的赎买,而林农选择可持续森林管理策略,此时整个社会福利实现了最大化。

5.2.2   林农与赎买方之间的博弈

该博弈的参与者为重点生态区位商品林的林权所有人和赎买的执行主体。林权所有人是补偿客体,即为上文中的林农。赎买的执行主体是重点生态区位商品林林权的接替者,主要包括国有林场、协会、收储公司等。比如建宁县闽江源国有林场有限公司、永安市生态文明建设志愿者协会、沙县森林资源收储管理有限公司。

(1)林农方和赎买方都考虑自身利益最大化,即为理性经济人。

(2)林农方和赎买方都充分掌握重点生态区位商品林赎买方面信息,包括木材市场信息、国家补偿政策及彼此的收益函数,且双方行动无先后次序。

(3)赎买方对重点生态区位商品林经营管理获得的收益为 B,为了激励拥有规模大的重点生态区位重要商品林林农自愿参与赎买,分给林农的一部分分红为 C,林农通过参与赎买所获得的利益差额为 A,重点生态区位商品林赎买交易成本为 E,林农对林地的依赖度为 x,$0 \leq x \leq 1$,赎买方对赎买林权的重视程度为 y,$0 \leq y \leq 1$,林农参与赎买的概率为 α,则不参与赎买的概率为 $1-\alpha$,赎买方赎买的概率为 β,则不赎买的概率为 $1-\beta$。

(4)假设 $F = m\delta - G$,其中 m 为林权经营主体经营林地的面积,δ 为经营主体经营林地的产出率,G 为生产成本,那么 F 为经营主体经营林地的利润,则有林农参与赎买前经营林地的利润 $F_1 = m\delta_1 - G_1$,赎买方买入重点生态区位商品林前经营林地获得的利润 $F_2 = m\delta_2 - G_2$。

由表5-2可得,林农和赎买方的期望收益函数分别为

$$\begin{aligned}\mathrm{ER}_1 &= \alpha\beta(A+C-E)+\alpha(1-\beta)(A-E)+\beta(1-\alpha)F_1+(1-\alpha)(1-\beta)F_1\\&=\alpha(\beta C+A-E-F_1)+F_1\end{aligned} \quad (5\text{-}1)$$

$$\begin{aligned}\mathrm{ER}_2 &= \alpha\beta(F_2+B-C-E)+\alpha(1-\beta)F_2+\beta(1-\alpha)(F_2+B-C)+\\&\quad (1-\alpha)(1-\beta)F_2\\&=\beta(-\alpha E+B-C)+F_2\end{aligned} \quad (5\text{-}2)$$

对式(5-1)和(5-2)分别进行一阶导数求导,则得

$$\frac{\partial \mathrm{ER}_1}{\partial \alpha} = \beta C + A - E - F_1 = 0 \quad (5\text{-}3)$$

$$\frac{\partial \mathrm{ER}_2}{\partial \beta} = -\alpha E + B - C = 0 \quad (5\text{-}4)$$

表 5-2　林农与赎买方的混合策略博弈矩阵

林农	赎买执行方	
	β	$1-\beta$
α	$A+C-E, F_2+B-C-E$	$A-E, F_2$
$1-\alpha$	F_1, F_2+B-C	F_1, F_2

那么,式(5-3)和(5-4)分别是林农和赎买方进行赎买的最优条件,则林农和赎买方参与赎买的均衡概率分别为

$$\alpha_0 = (B-C)/E \tag{5-5}$$
$$\beta_0 = (A-E-F_1)/C \tag{5-6}$$

根据对林地依赖程度的不同,参与重点生态区位商品林赎买的林农可分为两类:对愿意参与赎买的林农来说,可能因为把林地作为一项长期投资,一部分林农甚至从集体或他人那里通过拍卖或转入方式形成一定规模,进行森林经营,以获取未来投资收益。由于林业投资周期长,这类林农一般有丰厚的非农收入,比如个体或合伙经商。因而其生计对林地的依赖度 x 较低,则有 $A-E>F_1$,故 $A+C-E>F_1$。国有林场等赎买方因为有着先进的管理经验及人才、资源等优势,对赎买林权的重视程度 y 较高,则有 $F_2+B-E>F_2$,因此 $F_2+B-C-E>F_2$。则纳什均衡战略为 $S^*=$(参与,赎买)。对于不愿意参与赎买的林农来说,可能因为其家庭收入主要来源于林业收入,对林地依赖度 x 较高,$A+C-E<F_1$,则纳什均衡战略为 $S^*=$(不参与,赎买)。

重点生态区位商品林赎买遵循自愿原则,这类不愿意参与赎买的林农成为阻碍赎买进度的因素。如何提高这类林农参与赎买的愿意呢?根据上述混合策略纳什均衡求解过程可知,林农方和赎买方参与赎买的混合策略纳什均衡为 $(\alpha_0,\beta_0)=\{(B-C)/E,(A-E-F_1)/C\}$。因此,影响均衡概率的变量包括林农通过参与赎买所获得的利益 A、赎买方通过赎买获得的收益 B、赎买方为鼓励赎买分给林农的分红 C、赎买的交易成本 E 及林农被赎买前经营林业的利润 F_1。通过改变这 5 个变量提高双方参与赎买均衡概率,进而提高双方参与赎买的积极性。对于林农来说,赎买前其林地经营规模和经营利润难以控制,因此要使 α_0 和 β_0 的值增大,可增加 B 和 A 的值,减少 E 的值。要推进赎买的进度,选择合适的赎买主体和解决对林地依赖程度高林农的顾虑同样重要,选择赎买之前经营林地获得利润高的组织作为合适的赎买方、增加赎买方通过赎买获得的收益、提高林农参与赎买所获得的利益、增加就业机会、降低赎买成本等。

5.3 重点生态区位商品林赎买中相关主体合作博弈分析

5.3.1 合作博弈的原因分析

与非合作博弈相区别,合作博弈允许存在有约束力的协议。博弈问题参与

者之间既存在共同利益,但利益又不完全一致。这使得存在偏离合作动机的参与者仍有可能通过协调、协商等方式达成协议,实现合作。合作博弈协议的内容除了约定行为,就是利益分配。联盟博弈就是3人或3人以上参与者的多人合作博弈问题。林农与政府之间的博弈、林农与赎买方之间的博弈属于非合作博弈,主要探讨微观个体为了达到自身利益最大化而进行的策略选择。比如林农与地方政府的博弈中,政府为获得更高的生态服务水平,期望林农进行可持续管理,但林农为了自身利益最大化不会选择可持续管理。在此情况下,政府赎买林农林权交由国有林场等主体进行可持续管理。林农与赎买方的博弈中,林农参与赎买想获得最大化的利益,赎买方想获得赎买后收益的最大化,两者之间有竞争也可能有合作。比如林农想提高赎买价格,而对于赎买方来说会带来赎买资金上的压力,这是利益冲突的地方,但对于赎买方来说,延伸产业链条,实现林业一二三产融合发展,才能真正实现赎买后利益的最大化,在此过程中也会为林农创造更多的就业机会,林农的获得感会更多。但这需要当事人之间进行合作并达成一个具有约束力的协议。

假设地方政府、林农、赎买方组成重点生态区位商品林赎买的一个联盟,该联盟所获得的总收益不少于各参与者不参加任何联盟时所获得的收益,否则相关参与者就不会参与联盟博弈。联盟的总收益主要通过规范、合理、有序地进行重点生态区位商品林的赎买,实现政府主导、企业和社会各界参与、市场化运作、可持续的生态产品价值,达到"金山银山"与"绿水青山"兼备的稳态。政府作为政策的制定者,考虑的是整个林业利益的最大化。林业肩负生态安全和木材供给两大使命,林业现代化需要实现生态保护与木材供给的循环互动:越采越多,越采越好,青山常在,永续利用。通过规范、合理、有序进行重点生态区位商品林的赎买,站在生态安全战略的高度,在坚持生态优先的基础上,大力发展林业产业,通过产业发展反哺带动生态建设,实现树越砍越多、山越绿越富(焦玉海,2015)。

5.3.2 政府转移合作博弈效用的方式

5.3.2.1 针对林农的效用转移

增加林农通过参与赎买所获得的利益 A。林农所得利益主要来源于参与赎买后的获得感,这种获得感不仅包括金钱上的,还包括就业或保障上的。想让林农积极参与赎买,就必须解决林农的后顾之忧。由上文可知,林农分为两种:一种是对林地依赖程度较低的林农,赎买价格的高低决定了其获得利益的高低;另一种是对林地依赖程度较高的林农,单纯提高赎买价格,不会从根本上激励到该类林农参与赎买的积极性,妥善安置其后续就业或提供基本保障才能有效增加其获得感。因此,赎买方在创新重点生态区位商品林经营管理模式时所创造的更多就业机会也应该把参与赎买的一部分林农容纳进来。

5.3.2.2 针对赎买方的效用转移

增加赎买方赎买后所获得的收益 B。假设赎买交易成本 E 及赎买方为鼓励林农自愿参与赎买所给的分红 C 不变,要增加 α_0,只有增大 B 的值,实质上就是赎买后"怎么管""管得好"的问题,这需要创新重点生态区位商品林经营管理模式。总之,只有通过创新赎买林分经营管理,才能真正践行"绿水青山就是金山银山"的理念。

5.3.2.3 针对政府本身的效用转移

降低赎买的交易成本 E。对林农和赎买方来讲,赎买交易成本 E 在双方的支出中都占有重要的份额。在其他变量不变,降低赎买交易成本 E,使得 α_0 与 β_0 同时增大。重点生态区位商品林赎买的交易成本主要来源于信息搜寻成本、森林资源资产评估成本、赎买谈判成本、赎买合同执行成本。对于交易成本,可以从以下几个方面着手降低:赎买方筛选和识别赎买对象的成本,赎买方和林农了解木材市场价格花费的成本,寻找第三方森林资源资产评估公司的成本,双方赎买价格的协商成本,与林权制度相关的成本等。

总之,本章从博弈论的视角,对福建省赎买实践试点各阶段所涉及的非合作博弈进行研究,找到阻碍赎买的问题,然后通过政府主导的合作博弈来实现宏观上"绿水青山"与"金山银山"稳态均衡。在合作博弈效用大于非合作博弈效用的前提下,政府通过转移合作效用的方式,实现森林管理的"越管越多"和森林保护的"越管越好",使得林业效益最大化,推动区域生态保护和高质量发展。

6 重点生态区位商品林赎买的影响因素与作用机制

根据前文关于赎买的文献分析与赎买的实施情况发现,重点生态区位商品林赎买实践工作取得了积极进展,但因为重点生态区位赎买尚处于试点阶段,虽已有研究对商品林赎买的影响因素,通过商品林赎买实施过程的试点县(市、区)典型案例进行了梳理和总结,得出了影响商品林赎买的因素包括赎买资金不足、林农利益无法充分保障导致林农参与赎买意愿不高、赎买价格机制难以确定以及赎买林分管护与经营不佳等。这些影响因素的提出多从经济学视角进行学理性分析,虽注重总结归纳,但具有零散性和不系统性,缺乏对商品林赎买实践过程背后的逻辑及蕴含的内在关系进行分析,鲜有从商品林赎买具体实施进程中构建的实践逻辑视角出发利用实地访谈材料所蕴含的实践经验到归纳理论提升。针对上述研究不足,本书采用扎根理论方法,通过半结构化访谈,收集福建省重点生态区位商品林赎买相关访谈文本材料进行质化研究,挖掘重点生态区位商品林赎买的影响因素与作用机制,进而构建理论机制模型,揭示各因素对商品林赎买的影响逻辑,为推进商品林赎买提供理论指导。

6.1 研究方法与数据来源

6.1.1 研究方法

目前,随着福建作为首个国家生态文明试验区率先开展重点生态区位商品林赎买改革试点的推进,福建省各地涌现出很多商品林赎买的实际赎买典型案例,这为利用扎根理论研究重点生态区位商品林赎买提供了丰富的数据资料。扎根理论是由 Glaser 与 Strauss 提出的基于经验材料建立自下而上理论的质性研究方法(陈向明,1999)。运用此方法,研究者不需要"削足适履",而是要"量体裁衣",即研究前不需要理论假设,直接从实际观察入手,带着研究问题,对原始资料提供的研究现象与情境进行系统、详尽的描述和反思,归纳出经验概括,接着从经验事实中抽象出能反映事物现象本质核心的概念和思想,然后通过建构这些概念之间的联系最终上升到系统的理论(李贺楼,2015;白彬和赵丽英,2023)。

本书之所以选择扎根理论,一个关键的原因是,研究方法高度契合研究目的,将会使得研究结论更为稳健(谢贤胜 等,2023)。重点生态区位商品林赎买行为实现的逻辑本身就孕育于赎买实践活动当中,需要通过走访考察商品林赎买的整个过程,梳理出赎买各个主客体之间的内在联系,在此基础上才能进一步厘清赎买影响因素与作用机制。这与扎根理论基于事实、解读过程、探索规律的目的不约而同(谢贤胜 等,2023)。因此,本书采用扎根理论方法,对参与赎买林农进行半结构化访谈,并借助质性分析工具 NVIVO 11 Plus 对文本资料进行开放式编码、主轴编码及选择性编码来构建商品林赎买行为的影响因素与作用机制模型,对隐藏在赎买过程背后的实践逻辑进行提升和凝练,分析作用于重点生态区位商品林赎买的关键因素,概括赎买有效推进的核心逻辑,以便为今后的实践提供一种更为有效的思维范式。

6.1.2 样本选取

选取代表性的研究对象对扎根理论研究十分关键。重点生态区位商品林赎买的影响要素分析,按经济学的观点可以从供需出发,提出"林农让渡的林木处置权—商品林赎买合同—政府及其实施主体支付"的基本逻辑。由于商品林赎买政策与传统生态补偿的明显区别是林农自愿原则,因此扎根理论的研究对象为典型林农和村集体代表。其选取的标准是深入了解赎买政策且实际参与商品林赎买面积较大的个私大户、林业企业、村集体代表。访谈围绕参与赎买动机与期望、赎买前后经营目标变化、赎买行为评价、赎买绩效等。基于此,本书最终选取了 23 个重点生态区位商品林赎买访谈的典型案例作为研究对象,资料文本共计 1.7 万字。这些案例来源于 2020 年 7—8 月在将乐县、宁化县、沙县、建宁县、永安市与建阳区进行的半结构化访谈。整体而言,之所以选择这些典型案例,是因为它们很好地满足研究对象要求。其一,这些典型案例均来源于福建省确定的赎买试点,具有一定的权威性。2016 年福建省成为首个国家生态文明试验区,为贯彻落实《国家生态文明试验区(福建)实施方案》38 项改革之一的赎买,制定全省重点生态区位商品林赎买等改革试点方案,并在福建 23 个县(市、区)分 3 批进行试点,为进一步在全省乃至全国推广积累经验。其二,入选案例是依据各地赎买进展的面上情况进行对比与遴选所得到的,涉及 6 个县(市、区),覆盖个私大户、联户、林业企业、村集体代表等不同经营主体,代表性显著。

6.1.3 研究过程

本研究严格遵循扎根理论进行资料收集、分析和理论建构(陈向明,1999)。其中,资料分析流程按照开放式编码—主轴编码—选择性编码程序依次推进(Makri and Neely,2021)。利用质性分析(qualitative analysis)软件 NVIVO 对访谈资料进行开放式编码、主轴编码及选择性编码,高效完成资料分类、排序、整理等工作,有助于探究逻辑关系,建立理论模型,并最终获得研究问题的结论。首先,扎根理论方法的第一阶段是开放式编码。利用 NVIVO 软件对选取的 23 个访谈文本进行逐字逐句阅读语句并认真考量,以"参与商品林赎买行为的影响因素"为核心,从资料中寻找反复出现的具有意义的单元(即定义现象,或贴标签),对其进行反复斟酌、推敲、对比、精炼,科学合理地提取初始概念(概念化),然后进行类属化和命名,以确定其属性和维度,然后在属性和维度上发展这些概念,逐步形成初始范畴。其次,扎根理论方法的第二阶段是主轴编码。根据各个初始范畴之间的逻辑、类属关系,发现和建立范畴之间在维度、性质和类属上的各种内在联系,归纳出更高一级的主范畴,即实现主轴编码。最后,扎根理论方法的第三阶段是选择性编码。对主范畴之间的逻辑关系做进一步的抽象概括,构造具备完整逻辑的"故事线",按照"故事线"脉络架构,得出能够贯穿始终、反映全貌的核心范畴(袁宝龙 等,2023)。同时,为保证研究的信度,随机预留了两个案例进行理论饱和检验,其余案例全部用于建模(图 6-1)。

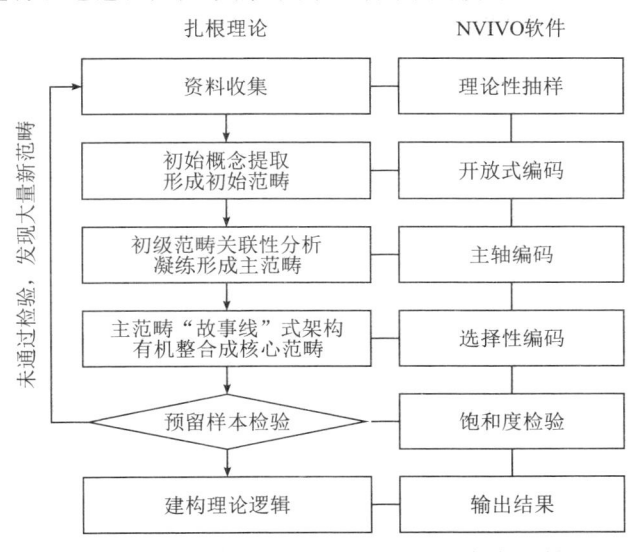

图 6-1 基于扎根理论的 NVIVO 三级编码流程

6.2 编码过程和范畴提炼

如图 6-1 所示，基于扎根理论相应流程，利用 NVIVO 软件对访谈文本数据进行分析，首先通过开放式编码提炼初始范畴，然后通过核心编码提炼主范畴，最后通过选择性编码提炼核心范畴，从而归纳出作用于重点生态区位商品林赎买的核心要素，并在饱和度检验的基础上生成理论模型。

6.2.1 开放式编码和初始范畴

本书利用 NVIVO 软件对导入的 23 个案例文本进行逐行逐句分析的开放性编码工作，在剔除与研究主题无关的内容之后，将实地访谈文本材料中切合研究主题、表达行动缘由的文本赋予相应的概念，然后对出现 3 次及以上高度相关的初始概念进行范畴化，由此得到"第三方评估价与政府最高限价的差异""非农就业与参与赎买的比较利益""回笼资金以缓解资金周转压力""集体获得长期地租收入""林农期望价格与政府最高限价的差异""自己经营与参与赎买的比较利益""管护效果的差异""林业纠纷的处理""赎买手续及资金到账情况""赎买信息发布渠道""赎买形式多样化""违反禁伐或严格限伐的制裁""地方采伐的诸多限制""禁伐或严格限伐政策""林地购得""林木林龄""保护生态责任归属的认知""自身的环保意识""赎买产生的社会经济效益认知""赎买产生的生态效益认知"20 个范畴（图 6-2）。考虑到篇幅因素，选取部分初始概念和范畴列表予以说明，见表 6-1。

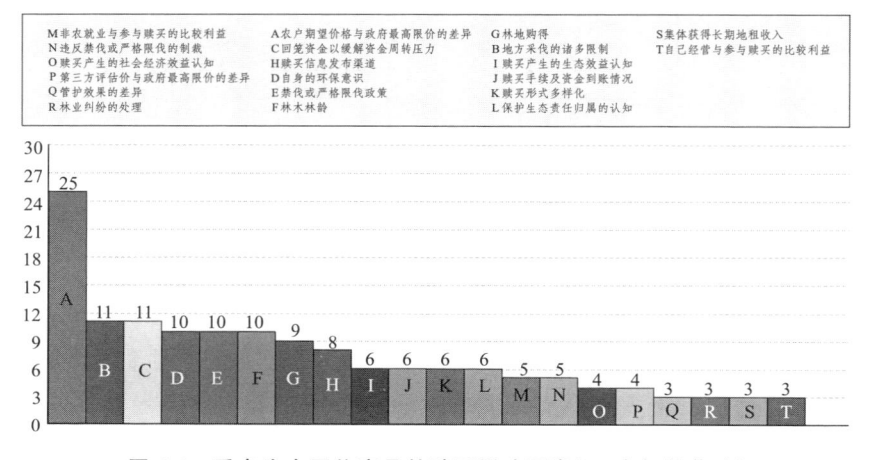

图 6-2 重点生态区位商品林赎买影响因素（20 个初始范畴）

6 重点生态区位商品林赎买的影响因素与作用机制

表 6-1　重点生态区位商品林赎买影响因素的各级范畴归属及解释

核心范畴	主范畴	初始范畴	含义解释
发生条件	资源禀赋	林地购得	参与赎买主体的林地通过投标方式或集体、公司、林农的转让
		林木林龄	参与赎买的林木多是过熟林、成熟林、中龄林
	政策限制	禁伐或严格限伐政策	中央及省政府等关于重点生态区位商品林禁伐或严格限伐的行政控制
		地方采伐的诸多限制	地方采伐手续繁杂，择伐指标降低，导致砍伐成本增加
社会动员	环保责任意识	保护生态责任归属的认知	政府和林农各自承担的生态保护责任的大小
		自身的环保意识	会主动制止破坏森林的行为，生态保护意识提高
	赎买效益认知	赎买产生的生态效益认知	商品林赎买能保护水源、土壤和生物多样性等
		赎买产生的社会经济效益认知	商品林赎买对自己整体上有利，生态保护好了，其他效益增加
激励相容	经济激励	林农期望价格与政府最高限价的差异	参考林木市场价格的林农期望价格高于政府调查所定的最高限价
		回笼资金以缓解资金周转压力	因资金周转困难需要变现来回收成本、还本付息、筹集建设资金等
		非农就业与参与赎买的比较利益	非农就业机会、子女教育、老龄化及后继无人等因素的影响
		第三方评估价与政府最高限价的差异	第三方评估方由谁来找，按孰低原则选择第三方评估价与最高限价
		集体获得长期地租收入	赎买有利于村集体，可以得到固定且长期的租金收入
		自己经营与参与赎买的比较利益	认为木材市场前景很好，自己经营下去会赚更多钱

续表

核心范畴	主范畴	初始范畴	含义解释
激励相容	政府治理	赎买信息发布渠道	林业站、林业局、村委会、网上公示、赎买执行方是赎买信息来源
		赎买手续及资金到账情况	赎买手续多，赎买资金到账拖延使得部分林农不愿意参与赎买
		赎买形式多样化	除了直接赎买，还可以采用租赁、置换、改造提升等方式
		违反禁伐或严格限伐的制裁	违反禁伐、择伐政策会有法律制裁，可能要坐牢
		林业纠纷的处理	林业部门处理林业纠纷是否积极
		管护效果的差异	赎买林分因为有专业的管护，长得更好

6.2.2 主轴编码和主范畴

本研究在充分考虑重点生态区位商品林的实施背景和各影响因素关系的基础上，根据主轴编码要求，对开放式编码得到的 20 个初始范畴进行关联性分析，通过反复比较与归纳演绎，根据其内在联系进一步构建概念类属关系，发现其初始范畴可以进一步提炼为"经济激励""政府治理""资源禀赋""政策限制""环保责任意识""赎买效益认知"六大主范畴（图 6-3）。其中，"经济激励"主范畴包含"第三方评估价与政府最高限价的差异""非农就业与参与赎买的比较利益""回笼资金以缓解资金周转压力""集体获得长期地租收入""林农期望价格与政府最高限价的差异""自己经营与参与赎买的比较利益"这 6 个初始范畴；"政府治理"主范畴包含"管护效果的差异""林业纠纷的处理""赎买手续及资金到账情况""赎买信息发布渠道""赎买形式多样化""违反禁伐或严格限伐的制裁"这 6 个初始范畴；"资源禀赋"主范畴包含"林地购得""林木林龄"这两个初始范畴；"政策限制"主范畴包含"地方采伐的诸多限制""禁伐或严格限伐政策"这两个初始范畴；"环保责任意识"主范畴包含"保护生态责任归属的认知""自身的环保意识"这两个初始范畴；"赎买效益认知"主范畴包含"赎买产生的社会经济效益认知""赎买产生的生态效益认知"这两个初始范畴。

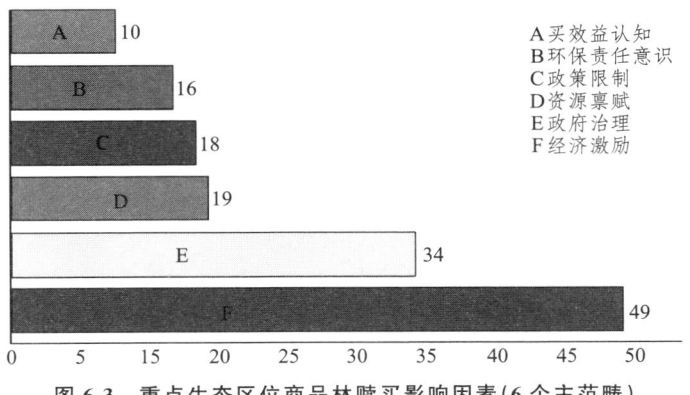

A 买效益认知
B 环保责任意识
C 政策限制
D 资源禀赋
E 政府治理
F 经济激励

A 10
B 16
C 18
D 19
E 34
F 49

图 6-3　重点生态区位商品林赎买影响因素（6 个主范畴）

6.2.3　选择性编码和核心范畴

根据选择性编码要求,核心范畴是对 6 个主范畴进行"故事线"式的概括提炼和有机整合,借助 NVIVO 软件在人机互动下形成贯穿始终、反映全貌、层次更高的核心范畴,如图 6-4 所示。围绕重点生态区位商品林赎买的影响因素与作用机制这一"故事线",可以得出"发生条件""激励相容""社会动员"3 个核心因素的共同作用下,重点生态区位商品林赎买得以落地与实施。其中,"社会动员"核心范畴包含"环保责任意识""赎买效益认知"这两个主范畴;"发生条件"核心范畴包含"资源禀赋""政策限制"这两个主范畴;"激励相容"核心范畴包含"政府治理""经济激励"这两个主范畴。进一步地,如图 6-5 所示,围绕核心范畴的脉络架构,可以看出"故事线"关键环节在"激励相容",它在重点生态区位商品林赎买的影响因素中所占的地位最重要,其次是"发生条件",最后是"社会动员"。

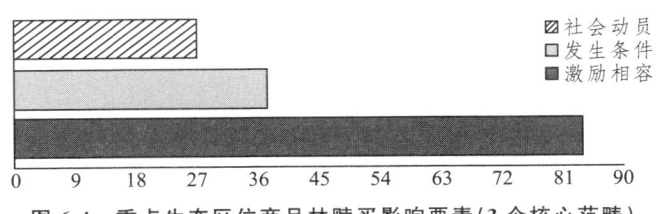

图 6-4　重点生态区位商品林赎买影响要素（3 个核心范畴）

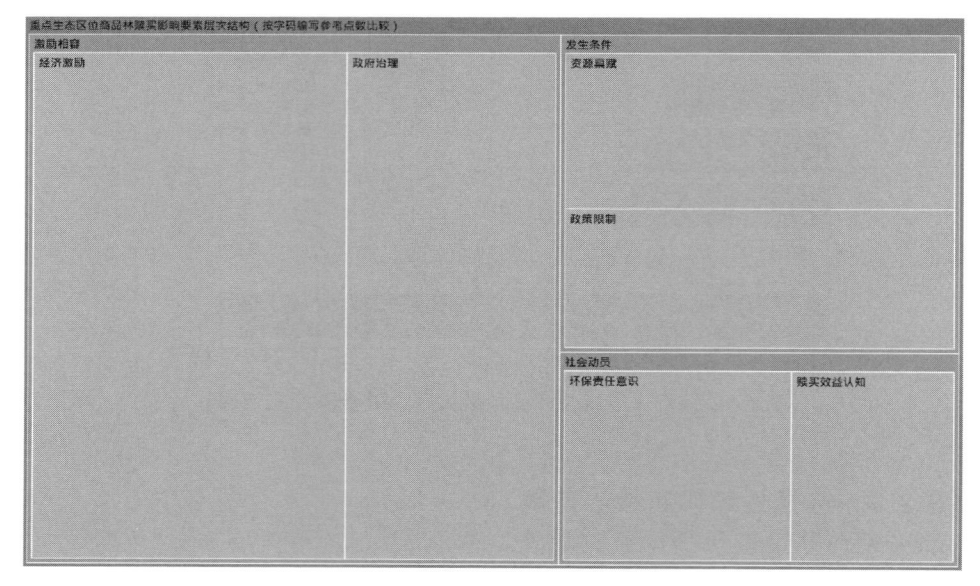

图 6-5　重点生态区位商品林赎买影响要素层次结构（字码编写参考点数）

6.2.4　理论饱和度检验

本研究用预留的两个案例再次进行独立编码，目的是进行理论饱和度检验。结果发现，通过开放式编码并未提取出新的原始概念，因而无法归纳出新的初始范畴、主范畴与核心范畴，原有的"故事线"的架构并未增加新的脉络。据此，上述 23 个案例形成的以 3 个核心类属对围绕主范畴的"故事线"进行研究，已经达到良好的饱和度，各级范畴及其关系有效且可信，得到的结论有效。

6.3　模型解释与结果分析

通过开放式编码、主轴编码及核心编码进行系统分类和整合，形成初始范畴、主范畴及核心范畴，对 3 个范畴进行深入分析后发现，重点生态区位商品林赎买的影响因素包括"发生条件""社会动员""激励相容"，并围绕"商品林赎买影响因素"这一核心范畴构造故事线："环保责任意识"与"赎买效益认知"联结成为"社会动员"这一因素，能够影响商品林赎买参与对象对赎买认知的思维模式，该思维模式为商品林赎买行为提供内在助动力；"资源禀赋"与"政策限制"

联结成为"发生条件"这一因素,能够对商品林赎买参与对象形成内在需求刺激与外部环境刺激,该两种刺激为商品林赎买行为提供内在托动力,其中"资源禀赋"作为商品林赎买参与对象的内部需求及"政策限制"作为商品林赎买的外部环境刺激分别从内、外两方面影响商品林赎买对象参与赎买的行为;"经济激励"与"政府治理"联结成为"激励相容"这一因素,能够对商品林赎买参与对象形成经济激励与政策激励,该两种激励合在一起为商品林赎买行为提供内在驱动力,其中"经济激励"促使商品林赎买参与对象有足够的动机参与商品林赎买项目,"政府治理"决定着在赎买执行过程中政府与商品林赎买参与对象之间形成的包括信息传递在内的互动机制是否有效,这是赎买这种"自上而下"的制度变迁成功的重要因素。基于此,本研究构建出重点生态区位商品林赎买影响因素的"发生条件—社会动员—激励相容"模型(图 6-6),并对该模型进行具体阐释,有助于厘清各影响因素的具体内容与互动关系,明晰生态区位商品林赎买影响因素的具体生成机理。

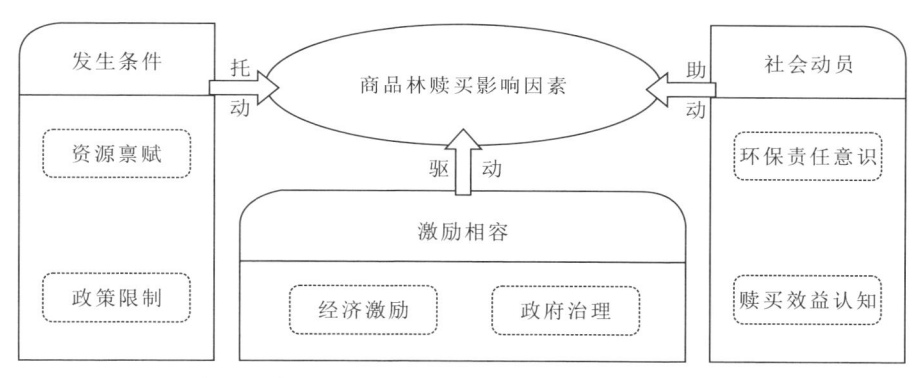

图 6-6　商品林赎买影响因素"发生条件—社会动员—激励相容"模型

6.3.1　发生条件:商品林赎买的托动力

发生条件,即重点区位商品林赎买发生的政策背景和现实需要,是托动商品林赎买工作开展的关键。本书通过对现有访谈资料的概念提取,整合出"资源禀赋""政策限制"两方面要素。正如前文所述,"资源禀赋"对商品林赎买参与对象形成内在需求刺激,"政策限制"对商品林赎买参与对象形成外部环境刺激,该两种刺激形成了商品林赎买的托动力。

重点区位商品林赎买发生的政策背景——"禁伐或严格限伐政策",即中央及省政府等关于重点生态区位商品林禁伐或严格限伐的行政控制。该政策执行的具体原因如下：重点生态区位内的林木对国家生态安全、水源地保护、生物多样性保护以及生态环境改善都起着至关重要的作用，而且对经济社会的可持续发展也发挥着重要的作用，是森林保护的重中之重。当森林生态保护的效益高于采伐木材所带来的收益时，即采伐森林的机会成本高于木材收益时，采伐将被抑制。正是因生态保护需要，对重点生态区位商品林实行限伐禁伐政策，使得林农的"处置权、收益权"受到一定影响，重点生态区位商品林采伐利用和生态保护矛盾凸显。随着这种矛盾凸显，地方采伐手续繁杂，择伐指标降低，导致砍伐成本增加，形成"地方采伐的诸多限制"这一影响因素。根据访谈资料得知其具体表现有：采伐配额通常需要到林权交易中心获得审批，且难以获得砍伐证，即便如此，政府还要再去实地考察，手续繁多，需要层层审批，这种状况使得部分林农转让山场给他人，以免浪费太多的时间和精力；每次择伐或间伐一般40～50亩，以前可以大面积采伐300～400亩，因过桥过路费用不变，成本摊入过多，砍伐成本加重，这种情况下林农只能被迫转让或参与赎买。在一些地方因未能根据实际需要提高择伐指标，甚至出现择伐量都赶不上林木腐烂量，这已成为一个需要迫切解决的问题，既影响林农经营主体的增收，又成为碳源，不利于环境保护。

　　赎买参与对象的"资源禀赋"状况决定着其参与重点生态区位商品林赎买的迫切程度，该指标在一定程度上体现着其参与赎买的现实需求。首先是"林地购得"，参与赎买对象都拥有较大规模的林地资源，这需要赎买参与主体通过投标方式或集体、公司、林农的转让形式获得林地。其次是"林木林龄"，参与赎买对象的林龄多是过熟林、成熟林、中龄林。根据在林业局调研得知，在实际的赎买中，为了节约赎买交易成本，以及便于赎买后对赎买林分进行管护与经营，对赎买规模进行了规定。其中，永安市、沙县区、建宁县、宁化县规定拟赎买最小连片单片面积原则上不少于30亩、50亩、100亩、500亩。赎买规模的规定利于地方政府完成每年的赎买任务，因此赎买参与对象的选择多为个私大户与林业企业等主体。除此之外，在选取赎买对象时，还坚持重点优先的原则，其中，林龄优先位列其中。比如，建宁县在林龄优先原则内部进行分类并赋予不同系数，其中成熟林的系数是1.20，近熟林的系数是1.10，中龄林的系数是1.05，幼龄林的系数是1.00。之所以进行坚持重点优先的原则，是因为政府短期内所能筹集到的赎买资金有限，只能先解决采伐利用和生态保护矛盾凸显最严重的过熟林与成熟林。

　　通过调研得知，福建省从2016年起实行全面停止天然林商业性采伐政策，导致个私所有的天然商品林难以实现自主的正常经营活动。据不完全统计，沙县区天然商品林中属于个私（新型林业合作组织、联户经营及个人所有等）合法拥有的面积达3万多亩,目前这部分天然林分已逐步进入了成熟主伐年龄。在全社会严格保护天然林资源的大背景下,为破解生态保护与林农利益的矛盾,切实维护林农合法权益,促进林区社会的和谐稳定,对个私所有的天然商品林开展赎买改革试点工作,赎买对象与范围为沙县区范围2014年前合法转让、个人持有的成过熟天然商品林,其中过熟林龄较长优先。

6.3.2 社会动员：商品林赎买的助动力

蔡晶晶和李德国(2020)关于"社会动员"的含义是:"政策执行者、社会团体、个人及自治组织加入统一的行动框架内,形成多元化合作(如村民小组、老人协会、非营利组织参与商品林赎买的宣传发动,林业中间支持组织开展价值评估)以及新的社会规范(如保护生态环境,禁止采伐商品林),并最终助力基层政府实现政策绩效。"在借鉴上述研究的基础上,本书中的"社会动员"则是指重点生态区位商品林赎买参与对象对环境保护及赎买效益的认知背景与认知行为。正如前文所述,它能够影响商品林赎买参与对象对环境保护与赎买认知的思维模式,该思维模式为商品林赎买工作开展提供内在助动力。本书通过对现有访谈资料的概念提取,整合出"环保责任意识""赎买效益认知"两方面要素。赎买参与对象的"环保责任意识""赎买效益认知"状况决定着其参与重点生态区位商品林赎买的积极程度。

环保责任意识包括"保护生态责任归属的认知"和"自身的环保意识"两个方面,前者注重的是"政府和林农各自承担的生态保护责任的大小",后者关注的是"会主动制止破坏森林的行为,生态保护意识提高"。参与赎买的部分林农认为保护生态应该主要由政府来负责,个人也会承担其力所能及的生态保护责任。同时,林农对两沿一环和一重山等重点生态区位的重要性认识很清晰到位,自身保护生态意识较高。这些都是促成林农参与商品林赎买的影响因素。赎买效益认知包括"赎买产生的生态效益认知""赎买产生的社会经济效益认知"两方面,前者关注的是"商品林赎买能保护水源、土壤和生物多样性等"的效益,后者关注的是"商品林赎买对自己整体上有利,生态保护好了,其他效益增加"。访谈中的林农认识到:生态保护得好,水源就好,毛竹林产竹笋量就增加,若过于干旱,则竹笋无产量。所以,林农能认识到赎买的好处,从而愿意参与赎买,即使赎买的价格低于自己的期望价格。

动员社会力量参与环境保护及赎买的重要性是不言而喻的,而重点生态区位商品林赎买参与对象的访谈资料更说明了这一点。将乐县某林农参与赎买的原因之一就是认识到了生态保护是好事,自己愿意为家乡的保护做贡献。具体情形如下：将乐县政府根据净利润制定赎买核定价，杉木规格材的赎买单价为620元/立方米，非规格材赎买单价是490元/立方米。而该林农赎买期望价及可接受价如下：规格材、非规格材市场价格分别是1200元/立方米、1000元/立方米，扣除最高采伐等成本260元/立方米，期望价分别是940元/立方米、740元/立方米。规格材最低可接受价为700元/立方米。虽然政府核定价与林农期望价及可接受价偏差较大，但该林农还是参与赎买，其原因是：①对采伐限制越来越严，会使采伐成本增加；②购入山场时有贷款，还本付息压力大，需通过赎买来变现；③生态保护意识强，愿意为保护生态做贡献，但认为其成本不该完全由个人承担；④赎买价格虽与林农期望的赎买价格低一些，但从长远看，政府的赎买对家乡的发展会带来更多的利益，并且认识到若是自己砍自己卖的话，价格虽然高一点，但所费时间长，回款慢，且费心费力。

6.3.3 激励相容：商品林赎买的驱动力

重点生态区位商品林赎买具有多重影响因素，其中"经济激励"与"政府治理"构成"激励相容"这一因素构成了最主要的驱动力来源。以政府为主导的商品林赎买，需要处理好利益相关者的利益与长久生计，切实提升收益并改善生计，才能动员社会成员参与，是决定林区居民参与并执行商品林赎买政策的重要因素（蔡晶晶和李德国，2020），这说明了"经济激励"对商品林赎买的内在驱动作用。"政府治理"涉及政府相关的政策与规则及其制定与实施的方式，决定着在制度执行过程中政府与林农之间的信息沟通渠道（赎买信息来源、赎买形式多样化），政府行政效率（纠纷处理、地方政府及时兑现承诺），政策效果展现（管护效果），以及违反制度的惩罚措施（禁伐或限伐的制裁）等。

"经济激励"是商品林赎买政策得以持续的利益机制。部分参与赎买的林农需"回笼资金以缓解资金周转压力"。正如前文所述，这部分林农基本购得大规模林地，且需要对其持续资金、人力、物资等的投入，因禁伐或严格限伐政策，成熟的商品林又无法砍伐变现，在这种背景之下，林农因资金周转困难需要变现来回收成本、还本付息、筹集建设资金等会参与商品林赎买。部分林农会对"自己经营与参与赎买的比较利益"进行分析，当认为木材市场前景很好，自己经营下去会赚更多钱时，再加上林龄还未到成熟期，等到了成熟期后再争取采伐额度，该部分林农会选择暂时不参与赎买。与此对应，另一部分林农通过分析"非农就业与参与赎买的比较利益"，当有更好的选择，可以获得稳定的非农就业机会时，该部分林农会选择参与赎买。比如，某林农参与赎买是因为孩子在县城上学，夫妻又在县城搞个体经营，同时由于家已经搬到县城，城乡之间来回跑不划算而认为无法再经营林地,在此情况下该林农参与赎买,不仅获得了一部分赎买收入,而且消除了杉木被偷伐或火灾的隐患,专心进行个体经营。另外还有一种情形,当子女学业结束后都去其他城市发展,随着自己年龄增长,且后继无人继续经营,加上国家政策的诸多限制,剩下的林子也希望被赎买。参与赎买的多数林农对政府最高限价表示不满,主要表现在"林农期望价格与政府最高限价的差异""第三方评估价与政府最高限价的差异"这两个方面。一些林农表示,若不是自己资金周转紧张,考虑到目前林木市场价格远高于政府赎买的最高限价,自己是不会参与商品林赎买的。访谈中将乐县某林农认为620元/立方米的政府赎买价格偏低,该林农期望的赎买价格是800元/立方米,这个价格是林子本身实际的市场价值,政府赎买最高限价比林子本身实际的市场价值低,是因为政府在调查确定赎买最高限价的过程中,对经营成本的估算过高,即使采用正常林木市场价格,再减去估算过高的经营成本,政府确定的赎买价格也会偏低于林农所期望的价格。访谈中沙县区某林农觉得不公平,政府制定的赎买价格上限2100元/亩,政府通过对比第三方评估价格和赎买价格上限来确定实际的赎买价格,比较的原则是孰低原则,即若第三方评估价格高于2100元/亩,按照政府制定的最高限价2100元/亩进行赎买;若第三方评估价格低于2100元/亩,则按照第三方评估价格赎买,在这种情况下,林农个人的经济利益不仅与政府最高限价息息相关,而且与第三方评估价关系密切。因此,第三方由谁来找也成为赎买过程中要解决的问题,通常是林农自己可以请第三方参与评估,但评估出来的价值,政府不承认,政府会自己找第三方再进行评估,这让林农感到不公平,认为自己的利益保证不了。这些因素阻碍林农继续参与赎买,对于手中剩下的商品林参与赎买会持观望态度。由于一部分重点区位商品林并未分给林农,还在村集体手里,村集体代表认为赎买有利于村集体,可以得到固定且长期的租金收入,即通过参与赎买,"集体获得长期地租收入"。

"政府治理"是政府商品林赎买相关政策及规则得以制定与实施的制度执行机制。从"赎买信息发布渠道"上看,对参与赎买对象来说,林业站、林业局、村委会、网上公示、赎买执行方等是赎买信息的主要来源;从"赎买形式多样化"上看,参与赎买的林农除了接受直接赎买这种方式,对租赁、置换、改造提升等其他方式也表示肯定。以上两个方面说明的是赎买执行过程中政府与商品林赎买参与对象之间形成的信息传递状况。因为在新制度实施过程中,需要参与人处理更多关于所在领域内在状态的信息,而这些信息与他们的收益变化息息相关(青木昌彦,2003)。信息公开与流程透明是民众信任政府、配合政策执行的第一步,也是动员民众参与的前提条件(蔡晶晶和李德国,2020)。信息透明被认为是环境资源政策中参与、信任、协调、执行等过程的催化剂(Mol,2010)。

"林业纠纷的处理"与"赎买手续及资金到账情况"反映的是政府行政效率的高低,即当林业部门处理林业纠纷处理得越及时,林农参与商品林赎买的积极性越高,而当赎买手续繁杂,赎买资金到账拖延,会使得部分林农不再愿意继续参与赎买,也影响了持观望态度的其他潜在商品林赎买参与对象参与赎买。访谈中某林农反映赎买手续复杂,在林权已经过户给对方近一年后,赎买款还未拿到,对方给的理由是在逐级审核,至于审核在哪一级,审核什么该林农并不清楚。还有林农反映,时间会拖很久,手续多,且钱不能很快到位,流程复杂,尤其是整个过程要公示 6 次,时间延长太多。另有林农反映,双方约定分 3 次付款,合同签订时付 30% 的款项,现已签订了合同,但对方还未支付。这既涉及利益分配,也关乎社会公平,是政府获得基层政治信任的重要来源,地方政府应该不断提高政策效率,取得民心,才是赎买政策得以持续实施的前提条件。赎买前后"管护效果的差异",是林农对政府赎买政策的肯定。部分参与赎买林农观察到赎买后林分因为有专业的管护,长得更好;该村也观察到林子因为有专业的人管护,长得更好。与此对照的是未被赎买的林子的管理由于人员缺乏,管理起来比较困难。因此,赎买林分管护效果越明显,林农参与商品林赎买的积极性越高。当林农对"违反禁伐或严格限伐的制裁"有更深的切身体会时,林农对生态保护的认知越深,参与商品林赎买的动机越足,毕竟随着商品林的林龄到了成熟期甚至过熟期,变现的迫切需求会使得林农参与赎买。若非如此,违反禁伐、择伐政策会有法律制裁,可能要坐牢。

可见,"经济激励"与"政府治理"是商品林赎买这种"自上而下"的制度变迁成功的最重要因素。"激励相容"决定了赎买执行过程中政府与商品林赎买参与对象之间的包括信息、利益与信任等的互动机制,只有形成了良性互动机制,重点生态区位商品林赎买才能得以持续进行。

6.4　本章小结

本章基于重点生态区位商品林赎买 23 个典型访谈案例,运用扎根理论对重点生态区位商品林赎买的影响因素与作用机制展开分析,构建出商品林赎买影响因素的"发生条件—社会动员—激励相容"模型,体现着制度变迁过程中政府与林农两大行动集团共同努力的作用结果。发生条件包含资源禀赋与政策限制,是开展重点生态区位商品林赎买的前提和条件。商品林赎买目的在于缓解生态保护与林农收入的矛盾,正是政府关于重点生态区位商品林禁伐及严格限伐的政策限制,使得拥有林地规模大且林龄长的林农收入无法实现。为了实现"生态得保护,林农得实惠"双赢目标,重点生态区位商品林赎买政策应运而生。资源禀赋与政策限制是重点生态区位商品林赎买的托动力。激励相容是重点生态区位商品林赎买政策实施最为关键的核心要素,包含经济激励与政府治理两个方面,充分体现着政府与林农两大行动集团的诉求和互动。其中,经济激励主要是通过利益机制实现重点生态区位商品林赎买,政府治理则通过信息机制、公平效率机制、惩罚机制等实现重点生态区位商品林赎买。两者是重点生态区位商品林赎买的内在驱动力。发生条件到激励相容的有效衔接需要依托社会动员的有效发挥,具体表现在环保责任意识与赎买效益认知这两方面,两者对重点生态区位商品林赎买这一环保实践的实施提供思想基础和认知条件,是重点生态区位商品林赎买的重要助动力。总之,发生条件、社会动员、激励相容三者之间相辅相成、相互促进,成功实现重点生态区位商品林赎买这一制度变迁。

目前,对重点生态区位商品林赎买过程影响因素与作用机制的认识,仍然是众说纷纭。吴庆春等(2023)从商品林赎买对林农生计的影响研究,认为商品林赎买具有林权流转效应、激励效应和劳动力转移效应,充分利用这些效应来完善商品林生态保护激励机制,提高林农参与赎买的积极性;蔡晶晶和李德国(2020)基于"政策网络"思维,认为政府经由信息机制、利益分配机制和产权机制撬动了社会参与,三大机制再通过行政控制和社会动员两种方式产生良好的社会经济绩效。蔡晶晶和谭江涛(2020)从奥斯特罗姆"社会-生态"系统制度分析框架,着重考察资源单位、治理系统和使用者系统中各变量对林农行为的影响。本章在上述研究的基础上,从赎买参与对象视角收集访谈资料,对商品林赎买政策实际执行与评价等方面的影响因素进行剖析,进一步阐明内在因素的联系,认为资源禀赋和政策限制是商品林赎买的发生条件,环保责任意识与赎买效益认知体现着商品林赎买的社会动员力量,经济激励与政府治理实现了商品林赎买的激励相容,在托动力、助动力和驱动力的合力作用下,推动了重点生态区位商品林赎买的产生与发展。因此,本章更多是立足于商品林赎买实施全过程的现实背景和实践经验,更为全面地从林农角度剖析商品林赎买的影响因素,建构出商品林赎买特有的实践机理。未来可在本章提出的"发生条件—社会动员—激励相容"模型的理论框架基础上,开展定量研究,对研究结果进行进一步检验。

7 重点生态区位商品林赎买需求分析

7.1 环境效益指数与赎买需求的确定

要理解重点生态区位商品林赎买的需求,环境效益指数(EBI)及其对应的最高限价是赎买需求涉及的两个关键内容。需求方如何遴选出供给方以及如何确定一个最高限价呢?在赎买资金有限的情况下,需求方要找到最需要被赎买的商品林,就需要引入美国土地休耕保护计划(CRP)中的EBI,根据该指数对要赎买的商品林进行排序,用于确定赎买对象是谁。借鉴CRP项目的经验,一个林农要参与赎买项目,需要提交一个标书给县(市、区)赎买项目的政府执行部门。林农所提交的标书应该咨询当地执行部门,由该部门估算一下标书中的EBI分数,且提出如何增加EBI分数的建议。一旦赎买项目公开登记期结束,所有提交的标书会被分析,首先要使用EBI为标书排序,然后设立EBI分数的截止点,从而决定哪些标书可以纳入赎买项目。截止点由以下两个因素决定:一是公开登记期内政府打算纳入赎买项目的面积,二是项目的资金情况。当标书的EBI分数高于截止点,就被纳入赎买项目,低于截止点就被拒绝。具体来说,由林农直接向政府提出自愿申请,明确期望赎买价格水平,政府根据其财政预算及政府限价对EBI进行审批管理,当林农叫价的商品林EBI高于某个特定的截止点时,该林农的赎买申请被同意,反之其申请就会被拒绝。

7.1.1 环境效益指数分析

重点生态区位商品林的生态EBI是由其生态服务价值确定的。该EBI设计由3个因素决定,前两个因素与环境有关,而第三个因素与成本有关。一是区位因子,区位最重要或最脆弱最先被赎买。对于区位因子,林农要拿环境敏感性最大的地块去申请,基于所提供地块的位置来决定林农能否获得一个高的EBI分数。二是生态效益因子,生态效益最大最先被赎买。生态效益因子可以借鉴武夷山生态系统服务价值核算指标体系与评估方法中所涉及的森林生态系统的服务价值,包括气候变化减缓、微气候调节、环境质量调节、生态水文调节、土壤保持、生物多样性等方面。三是成本因子,在区位因子和生态效益因子同等的前提下林农报价较低优先赎买。EBI 的成本因子包含两个方面:一是基于支付给林农的赎买总价款,较高的支付获得较少的 EBI 分值,而较低的支付则获得较高的分值;二是奖励给林农的 EBI 分值点,奖励的分值是基于低于政府最高限价的百分比,比如当交易价低于政府限价 15% 时,该林农最高可获得 EBI 的 25 个分值点。然后再对各个因子的子项进行定义并赋值,从而计算每个竞标林农商品林的 EBI 得分。因此,要获得一个高的 EBI 分数,林农要拿环境敏感性最大的地块去投标,并且聚焦于特定能获得最大 EBI 分数点的林木类型,在满足这两个条件后再考虑标书中成本支付部分。

7.1.2 与环境效益指数对应的最高限价

作为政策的制定者,政府如何在财政资金有限的条件下,不仅要保证最重要区位或最脆弱区位优先被赎买及被赎买的数量足够多,而且要保证林农的权益。政府和林农如何实现双赢且交易成本又较低,现实的选择是通过赎买的竞争性投标机制实现社会福利的提升,也就是通过保护提高的生态产品价值大于林农为保护而产生的机会成本。如何使政府的补偿超过林农的机会成本,又小于增加的生态产品价值,赎买最高限价的确定是关键也是难点。为此,政府作为政策的制定者,需要调整赎买项目的竞价机制,这将使林农更好地展示其机会成本,保证其权益并提高赎买项目的经济效率。计算机会成本其实是很困难的,但相对来说,林农拥有的信息更多,更了解为保护而牺牲的机会成本。在资金有限情况下,每块林地的赎买价格都不一样,目的是增加进入赎买项目的商品林数量或减少赎买的总成本,以提高项目的成本效率。本章的研究旨在为政策的制定者提供另外的视角:在更好地了解林农把自己承包的商品林转为生态公益林过程中所面临的机会成本后,政策制定者可以设计或调整赎买项目进入的竞标机制,以筛选出需要优先补偿能够产生环境收益最大地块的商品林,从而提高赎买项目的经济效率,结果可以使更多的更合适的林农进入赎买项目中来。

在 EBI 遴选完赎买对象后,还需确定重点生态区位商品林赎买的最高限价。当林农在申请加入赎买项目标书中的投标价低于政府确定的最高限价时,政府和林农才能签订赎买合同。最高限价应该包括林木的最高限价和林地使用费的最高限价,两者应基于县(市、区)林业部门的市场调查和森林资源资产评估的方法来确定。每个行政区对于林地林木所支付的最大数量是不同的，即使是相同的林地林木类型，只要位于不同的行政区，最高限价也是多样化的。来自赎买项目的林地使用费应该与林农把林地租给其他林农或机构作为商品林经营的费用相似。作为商品林的林地，其商品林经济价值越高，林地使用费的限价也就越高。对于赎买的林木处置权而言，供给方由于限伐而导致木材收益减少而造成的经济损失，也是供给生态服务的机会成本。赎买项目的实施与木材市场的价格波动有关，当其价格走高时，补偿的林木价值部分也会随之调整，林木最高限价也会调整。

图 7-1 所示为重点生态区位商品林生产可能性曲线，从中可见重点生态区位商品林赎买实现的是森林的生态产品对木材的替代。木材采伐的收益是森林提供生态产品的机会成本。当没有对生态产品定价时，A 点表示森林提供木材的最大产出，当从 A 点到 B 点，增加的生态产品 NT^* 的机会成本就是减少的木材 $(T-T^*)$，这时林农得到的生态产品价格应该不低于该机会成本。从 B 点到 C 点，当需要森林提供更多的生态产品 NT^{**} 时，需要牺牲更多的木材生产 (T^*-T^{**})，因此生态产品的价格也会随之增加，当达到完全禁伐的 D 点，其生态产品的价格也达到最高。而政府是否愿意支付这一价值需要从政府对这一生态产品的边际价值即 EBI 来考察。

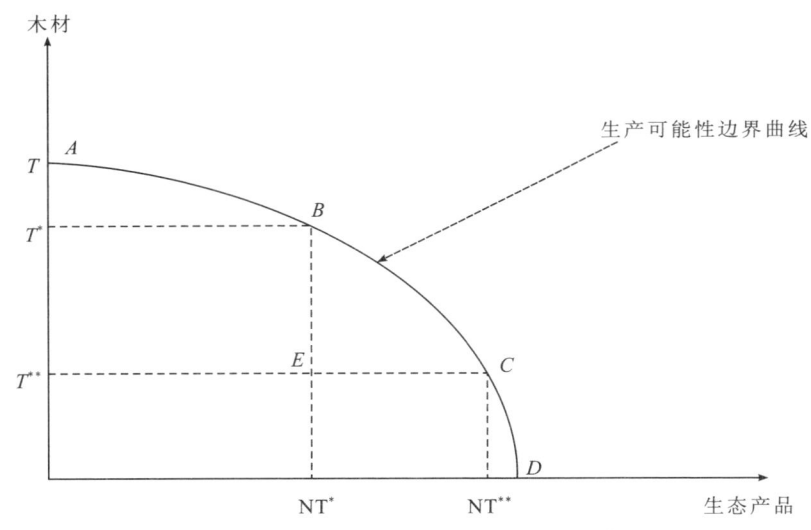

图 7-1 重点生态区位商品林生产可能性曲线

7.2 重点生态区位商品林赎买资金筹集与运行分析

由于生态区位重要性或生态环境脆弱性,公益林建设和发展极为重要。生态公益林保护机制的完善是应对气候变化的一条重要途径,然而由于现行的生态补偿机制不完善,生态公益林的供给效率和生态成果稳定性上都存在问题(董建军 等,2019)。不同于传统的生态补偿,重点生态区位商品林赎买成为建立多元化、市场化生态补偿机制的一项重要探索(雷艳杰 等,2021),破解重点生态区位商品林采伐利用与生态保护之间的矛盾,维护林农合法权益,促进林区社会和谐稳定,为提高福建乃至公益林建设成效提供决策参考依据。截至2022年底,福建省已完成重点生态区位商品林赎买试点面积48.9万亩,省级财政累计投入补助资金3.89亿元。但对于977.37万亩的赎买总目标而言,仍存在较大差距,制约赎买工作推进的一个重要因素就是赎买资金的筹集问题(陈罗炜和张美艳,2020)。

7.2.1 重点生态区位商品林赎买资金筹集现状

永安市赎买资金筹集工作采取政府主导与群众参与相结合的方式。2013年永安市生态文明建设志愿者协会成立,其成员包括机关、企事业单位和个人等,由市林业局直管,由生态文明建设委员会主要负责监督资金筹集与管理。财政资金每年不少于1000万元,森林资源补偿费500万元,其余资金1500万元,确保每年筹集资金3000万元以上。永安市赎买基金来源趋于多元化,资金来源渠道主要有社会募捐、专项资金、上级补助。此外,由于森林永安建设工程赎买的重点生态区位商品林已经列入国家战备储备林基地建设,接受委托的永安市绿美生态工程有限公司可向国家开发银行申请年均10000万元的储备林贷款。永安市2014—2020年投入的赎买资金共18257.4万元,完成重点生态区位商品林赎买面积4.4万亩。

将乐县金山林场有限公司自筹资本金1.3亿元,向国家开发银行申请项目融资4亿元,基准利率下浮9.3%,期限25年(其中建设期8年,运营期17年)。目前已提款3亿元,支付1.3亿元。2018年6月省林业厅将项目纳入省财重点生态区位商品林赎买补助范畴,给予补助675万元。2018年9月中央、省级财政以奖代补给予668万元。为解决政府缺少赎买资金的问题,将乐县在持续推进重点生态区位商品林赎买PPP项目的基础上,借鉴永安市的经验,开展生态公益林及天然林补偿收益权质押贷款赎买天然林,截至2022年5月,已赎买12.1万亩的重点生态区位森林资源。

2017年至2020年7月,沙县区共完成改造提升面积6420亩,天然商品林赎买面积6252亩,即一共赎买面积为12672亩,共投入金额1800万元,项目资金构成情况:天然林赎买资金338万元,投入林分改造提升642万元,其中中央、省级重点生态保护修复治理专项资金436万元,剩余部分局里自筹。

7.2.2 重点生态区位商品林赎买资金运行情况

不同来源、不同赎买方式的赎买资金管理主体及方式有所不同(陈罗炜和张美艳,2020)。赎买方式适用于生态区位特别重要,生计与生态矛盾特别突出,财政有能力提供资金的赎买;租赁方式适用于重点生态区位,生计与生态矛盾相对突出,财政支持能力相对弱的赎买;改造提升适合于重点生态区位,林种单一、生态功能相对薄弱,资金需求较小的赎买(范志豪,2022)。

7.2.2.1 落实改造提升资金

沙县区共有17万亩重点生态区位商品林,政府以每亩4000元的价格购买,需要5亿元的资金,财政压力过大。因此,2017年初沙县区提出,在总量不超过300亩的前提下,可以分批皆伐达到采伐年限的重点生态区位商品林,但同时还有两个条件:①采伐后两片林子间要留30~50米隔离带;②采伐后要立即补种不低于50%的阔叶树。截至2017年12月,沙县区已经将1300亩提升改造并通过验收的林子划入生态公益林,每亩每年补助23.6元,管护费占20%,林农个人所有占80%。沙县探索出了重点生态区位商品林分类施策的新模式。改造提升80%的人工商品林,直接赎买和定向收储处于水源地的天然商品林。对改造提升的人工商品林:①林权所有人要按照林业部门要求进行择伐,单位封顶面积45亩,收入归林权所有人;②林权所有人按5:5的比例补种阔叶树和针叶树混交林;③林业部门再根据成活率验收后给予1000元的补贴。对处于水源地的天然商品林:①直接赎买和定向收储;②列入重点生态公益林收储范围的每亩给予1000元补助;③林权所有人可发展林下经济,并享受生态公益林补偿金。沙县通过创新赎买模式取得了相关利益者共赢的效果,它不仅满足了生态保护的要求,也满足了林农的经济利益诉求。沙县下一步将探索股权共有、经营共管、资本共享、收益共赢等生态补偿赎买新模式。

7.2.2.2 落实天然商品林赎买资金

2019年以来,在重点生态区位商品林赎买经验基础上,制定《永安市天然商品林回购试点工作方案》,明确目标任务、具体做法、保障措施等,探索开展村集体生态公益林及天然林补偿收益权质押贷款回购天然商品林试点。

(1)资金来源。一是停伐补助资金。2016—2018年按永安市天然商品乔木林林分面积补助,补助标准为15元/亩,补助资金分为管护补助支出14.75元/亩和公共管护支出0.25元/亩,其中管护补助支出包括林木所有者补助、村集体组织监管费和直接管护费。若补助标准提高或发生变化,则按新的补助标准执行。二是生态林补偿资金。除直接管护费外,经村民代表大会通过,村级组织可统筹生态林补偿资金,用于赎买天然商品乔木林。三是其他资金。积极向上争取将永安市列为赎买试点单位,在政策、资金上获得上级支持和补助;村级组织根据本村财力情况,经村民代表大会通过,可使用村财其他自有资金。

(2)资金拨付。国有单位与市林业局签订《天然林保护管护及补助协议》后,拨付补助资金;集体或个人按全市天然商品乔木林面积、管护补助支出14.75元/亩标准,将2016—2018年的补助资金一次性分别拨付各乡镇(街道)财政所,乡镇(街道)财政所按各村天然商品乔木林面积分别拨付到各村级组织账户。2019年及以后,除直接管护费由市里统一提留外,其余补助资金按上述办法拨付。

(3)资金使用。下拨的集体或个人天然商品林停伐补助资金,经村民代表大会通过和林权所有人同意,管护补助支出可由村级组织统筹安排,全部专项用于天然商品林赎买,直至完成本村所有天然商品林赎买任务。完成赎买任务后,天然商品林停伐补助资金作为村级组织村财。公共管护支出除用于市林业局开展天然林保护宣传、方案制订和监督检查等工作外,可用于各村开展赎买所需权属面积核实和资源评估等工作补助;直接管护费由市里统一提留、统筹调配、专款专用,专项用于天然商品林的管护支出。

7.2.3 重点生态区位商品林赎买资金启示

借鉴国外森林生态保护补偿经验,立足于保障林农权益和实现林权价值增值,本书的政策启示如下:一是需要合理平衡禁伐与采伐之间的关系。要避免把森林保护与采伐利用对立起来,适当放开重点生态区位林采伐权,让林农在禁伐与采伐上有更多的选择权。比如,让林权主体提交自己的改造提升方案(包括采伐、补种阔叶树的树种及比例、更新造林、抚育间伐、林分改良)和相应的补贴标准及年限要求。若林木林龄达到其至超过砍伐年限,可放宽采伐限额,采伐后要求补植一定比例的阔叶树,林分提升的成本由政府和林农共同分担,两者分摊的比例可与采伐的限额挂钩,其成本应该是基于政府期望的成本而不是实际发生的成本,当林农改造提升的成本超出期望成本比例时,需要林农自己负责筹集资金。二是实现村财持续增收,破解天然林保护与利用的矛盾问题,对创新林业金融模式、拓宽融资渠道、增加村财收入、维护林农利益和林区社会稳定都具有重要意义。为此,需积极争取国家、省给予大力支持,以加快推进试点。①争取将永安市列为省级生态公益林及天然商品林补偿收益权质押贷款回购天然商品林试点单位,从政策、资金等方面给予支持;②争取将生态公益林及天然林质押贷款列为林业贷款贴息项目给予贴息,并给予不低于年利率6%或基准利率的全额贴息;③争取国家林草局、省林业局、省财政厅等部门单位支持,从国家、省级层面协调国家政策性银行,争取获得国家政策性银行支持和参与生态公益林及天然林补偿收益权质押贷款,突破融资难题,推动资金投入多元化。

8 重点生态区位商品林赎买供给分析

8.1 接受意愿与赎买供给的确定

要理解重点生态区位商品林赎买的供给,商品林经营主体的接受意愿(WTA)及对应的WTA的最小值是赎买供给涉及的关键内容。供给方是否愿意参与赎买以及如何确定自己最低WTA水平呢?为此,可以从效用角度进行分析,使供给方在参与赎买项目前后保持效用水平无差异时所需要的最低货币补偿就是其最低WTA水平。赎买前,由于禁伐或严格限伐政策,供给方通常会考虑重点生态区位商品林生产的机会成本,这种机会成本可以是因禁伐或严格限伐政策供给方损失的木材收入水平,也可以是重点生态区位商品林生产的成本;赎买后,供给方会按商品林赎买价格获得赎买收入。实际上,不管是上面提到的哪一种机会成本,针对不同的地区、不同的时间、不同的供给方,WTA水平都是有差异的。这就需要具体问题具体分析,找出影响WTA的影响因素,并据此提出政策建议,推动林农自愿参与赎买项目,保障森林生态服务有效供给。为此根据美国CRP,在申请加入赎买项目的标书中,林农会提出商品林转化为公益林自己能够接受的最低价格。即林农在提出竞价时,会在考虑其机会成本的基础上提出自己能接受的价格水平。在了解林农机会成本的基础上建立商品林赎买的供给曲线,为林农确定合理的投标叫价提供参考。

8.1.1 商品林赎买林农接受意愿的希克斯补偿变差分析

政府可以考虑从经济补偿需求方效用变化的角度进行分析(图8-1)。从效用角度分析,为使林农在参与赎买项目前后保持效用水平无差异时所需要的最低货币补偿,即林农接受意愿(WTA)的最小值(曾黎 等,2018;朱红根 等,2015;国常宁和杨建州,2019;吴伟光 等,2018)。在效用论的基础上,利用希克斯个人效用函数,林农的WTA用补偿变差(CV)来度量(迈里克·弗里曼,

（a）无差异曲线

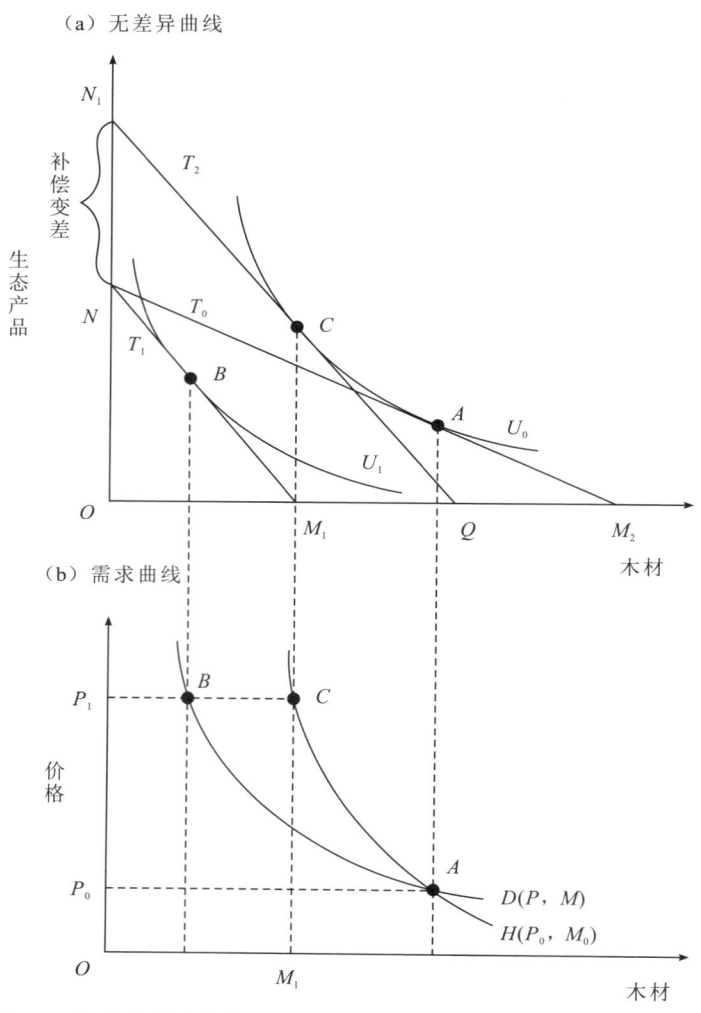

（b）需求曲线

图 8-1　重点生态区位商品林赎买的补偿变差与希克斯补偿需求曲线

2002）。设木材的价格为 P，Q_0 为重点生态区位商品林赎买政策实施前的资源环境状态，Q_1 为政策实施后的资源环境状态，U_0 为个人的初始效用，U_1 为政策实施后的个人效用。根据希克斯的补偿函数 CV 可表示为

$$CV = e(P, Q_1, U_1) - e(P, Q_0, U_0) \tag{8-1}$$

其中，$e(P, Q, U)$ 是林农的个人支出函数，作为理性经济人，追求既定效用水平下的最小支出。假设林农经济收入不变，CV 就是环境质量改变后 Q_1 和 Q_0 的效用水平 U_1 和 U_0 之间的差额。若 CV 为正，则意味着政策使个人效用变

好,CV 值是其最大支付意愿;若 CV 值为负,则意味着政策使个人效用变差,CV 值是个人针对效用损失所能接受的最低接受意愿(Isoni,2011)。结合赎买实际,严格的限伐政策在短期内会使林农收入受损,因此在赎买政策的研究中,CV 为负,是最低 WTA。具体补偿原理可以通过图 8-1 来说明。T 为预算线,U 为代表效用水平的无差异曲线,D 为需求曲线,H 为希克斯补偿需求曲线。图 8-1(a)中横轴代表木材的需求量,纵轴为森林生态产品的需求量。假定林农初始效用为 U_0 上的点 A,因重点生态区位商品林限伐意味着木材供应量减少,则木材价格上升,预算线由 T_0 变为 T_1,林农获得的效用降低到 U_1 上的点 B,为使林农的效用水平恢复到限伐之前,需对林农进行经济补偿,补偿后的预算线为 T_2,林农在点 C 获得了与点 A 相同的效用水平,而对林农进行最低的货币补偿,就是补偿变差 CV,即图 8-1(a)中的 NN_1 为林农最低 WTA。将 3 个均衡点 A、B、C 绘制到图 8-1(b)的需求曲线上,表示木材在不同的价格下的需求变化,横轴为木材的需求量,纵轴为木材的价格。根据福利经济学原理,需求曲线 D 以下的面积 P_0ABP_1 为商品林限伐导致的成本损失,补偿需求曲线 H 下的面积 P_0ACP_1 为林农的最低 WTA 水平。可见,商品林限伐后林农的最低 WTA 高于林农的成本损失。因此,要激励林农参与赎买,必须满足林农的最低 WTA。

8.1.2 商品林赎买林农接受意愿差异性分析

国际上很多生态项目都把补贴标准接近目标人群的 WTA,以提高其成本效率(向青和尹润生,2006)。毕竟对于不同的林农来说,林农 WTA 是不同的。比如,劳动力机会成本较高的林农期望得到的补贴标准会相对较低,即对林地租金和林木价值 WTA 水平会更低,而对于那些以林地林木作为主要生计依靠的林农来说,其商品林赎买的 WTA 就比较高。因此,通过构建 WTA 函数,用参数估计和非参数估计的方法测定赎买补偿标准的区间,以兼顾不同地区、不同林农、不同环境收益贡献和不同环境目标的 WTA 水平。

不同的 WTA 水平可以从以下 4 个维度进行考虑。首先是地区不同,包含林地使用费和林木经济价值的 WTA 就会存在差异。由于县(市、区)的土地成本和林木市场价格都不同,因此赎买 WTA 差异明显。其次,不同林农由于自身家庭情况有不同的偏好与成本收益,据此林农决定是否参与赎买项目并提出自己期望的补偿标准,申报赎买的商品林面积,通过投标的方式与政府签订合同,获得期望的补贴金额。再次,为了区分不同林农对生态环境目标的贡献程度,政府需要建立重点生态区位商品林生态效益评价体系,引入环境效益指数

(EBI),每个林农根据自己所申请加入赎买项目的商品林 EBI 的高低进行竞标,竞标胜出的林农才能与政府部门签订赎买合同,竞标胜出的林农不仅其 EBI 指数排在前面,而且林农在标书中提出的期望的补偿标准要低于政府所规定的最高限价,为此林农为了提高加入项目的概率,不会故意索要高价,提出的补偿要求更符合其实际的机会成本,甚至不要求政府弥补其全部的机会成本。最后,根据环境的具体要求,EBI 应该反映政府赎买项目的优先顺序,且随着时间的推进,当环境目标变化时,EBI 也需要被修改来反映该变化,这时林农会按照新的 EBI 的高低进行竞标,竞标获胜的林农拿到政府的补贴资金。综上而言,政府通过区分不同区域、不同林农、不同生态效益以及不同环境目标实行不同的补偿标准,这样会使政府单位人民币支出的环境效益最大化。

8.2 商品林赎买接受意愿的影响因素分析

森林作为陆地生态系统的主体,不仅为人类提供木材及其他多种林产品,同时在气候变化减缓、微气候调节、环境质量调节、生态水文调节、土壤保持、生物多样性保护等方面具有不可替代的作用(Zhang,2022)。根据经济发展、森林稀缺、森林政策、土地集约化及全球化等森林转型路径的研究(Rudel et al.,2005;Lambin and Meyfroidt,2011),中国森林资源利用的转型是随着经济发展、社会需求及林业政策等的变化而发生的。经济发展初期,对森林的需求以木材为主,经济发展到一定阶段后,社会需求从木材拓展到生态服务,且森林的生态价值不断提升(龙开胜 等,2012;郭平 等,2016),各国林业通过提供"生态产品"来满足本国国民的主要需求(Wrigley,2017)。由于森林的多功能性,木材及其他产品与森林生态服务的稀缺会诱致林业部门政策的变化(Foster and Rosenzweig,2003)。随着森林从提供木材转向提供生态服务的变化,宏观上林业的定位也需要进行必要的调整以匹配社会需求的变化。1986 年林业部把森林分为商品林和公益林来进行分类经营。商品林经营涉及的是森林管理,通常是森林经济学发挥主要作用的领域,政府着眼于促进林业经营主体增加林业活动,比如种植和一般造林。对公益林的经营则属于森林保护,从环境经济学和保护规划的角度出发探讨公共产品供给不足问题,比如如何改进水源地保护和生物多样性保护(Mitani and Lindhjem,2015)。为增加森林生态产品的有效供给,国家开展了各种森林保护项目。对于森林保护方案,经济奖励是有效的,而激励计划的有效性是与具体行动情境相关的经验性问题(Langpap and Kim,2010)。国外成功的森林保护实践显示,货币和货币激励的组合能使不同动机的利益相关者增强合作（Comerford，2014）。2001年生态补偿进入了政策体系，生态补偿成为公益林发展的重要举措。现阶段生态补偿的本质是逐年补偿营林主体前期投入的造林抚育成本（杨超 等，2020）。2003年启动新一轮集体林权改革，使公益林也纳入林改范围。林改后公益林与商品林一样都纳入林农经营与管护的范围，但与商品林同权不同利。随着时间的推移和林木的成材，公益林得到的生态补偿与商品林通过采伐得到的经济收益形成强烈反差，导致林农不愿将重点生态区位的商品林调入公益林，且也对公益林的经营和管护失去了积极性，结果是森林生态质量有待提升。根据第九次森林资源清查的结果，森林质量"好"的仅占20.68%。其中仅仅按林地面积对公益林的补偿是造成该结果的原因之一。

当采伐森林的机会成本高于木材收益时，采伐将被抑制。因生态保护需要，对重点生态区位商品林实行限伐甚至禁伐政策，使得林农的"处置权、收益权"受到一定影响，重点生态区位商品林采伐利用和生态保护矛盾凸显。对处于重点生态区位的商品林而言，政府继续采用行政命令将其划为公益林的方式面临着越来越大的社会压力（杨小军 等，2016），要推动森林管理方式由管制转向治理，因此需要创新公益林发展模式——重点生态区位商品林赎买解决上述问题。在对重点生态区位内非国有的商品林进行调查评估的前提下，与林权所有人通过公开竞价或充分协商一致后进行赎买。村集体所有的重点生态区位内的商品林须通过村民代表大会同意。赎买能充分发挥激励机制和市场机制的作用。与生态补偿相比，赎买具有补偿对象识别机制，通过竞争机制和准入机制进行赎买优先排序，使需要赎买的山场进入赎买范围，使林业经营主体得到可接受的补偿金额，提高补偿金的使用效率。因此，赎买能在补偿时机、强度、方式等方面进行优化，以保证补偿效果。比如，直接赎买林木的所有权和经营权，使得受到严格限伐政策影响的林业经营主体获得林木赎买资金，以弥补无法通过采伐森林变卖木材而损失的收益，这种经济激励可以提高林业经营主体进行管护和经营的积极性，从而增加优质森林生态服务的供给。

激励林农自愿参与的环境保护项目受到越来越多的关注，了解林权所有人在此类项目中的参与行为已成为政策成功的关键部分（Langpap，2004；Kauneckis and York，2009；Hanley et al.，2012）。越来越多的文献研究了林农参与环境保护项目与所有者的特征、目标、森林条件和政策变量有关（Langpap，2004；Suter et al.，2008；Boon et al.，2010）。而要实现在追求森林经济价值的过程中实现生态价值，通过这种激励实现森林生态服务可持续供给，可借鉴Mitani和Lindhjem（2015）的实证研究，促使森林所有者有足够的动机参与自愿性的生态多样性项目的因素是期望通过该环境保护项目提高可持续的非木材收入。该因素主要是针对第二行动集团的，针对第一行动集团——政府的影响因素主要与上文所提到的政策变量有关。基于"社会-生态"系统分析框架把社会、经济、政治环境与关联的生态系统进行耦合分析，选取其中资源单位、治理系统和使用者系统的变量体系作为重点生态区位商品林赎买这一具体行动情境中的微观变量，通过分析商品林赎买项目的参与意愿找出能够促进森林资源可持续发展的制度与因素，从人与自然复杂互动的这一新视角来理解中国森林资源治理（蔡晶晶和谭江涛，2020）。影响政策执行的因素可归结为"政治势能"和"激励机制"，而政府在激励机制中构建利益相关主体互惠的正向激励关系是政策完美执行的重要因素（贺东航和孔繁斌，2019）。

本研究利用福建林农的实地调研，调查林农在重点生态区位商品林赎买项目中的参与决策，其实质就是考察林农 WTA 水平的影响因素。所要检验变量集包括经济激励因素、政府治理因素、地块及资源条件和户主及家庭特征。本章试图找到破解重点生态区位商品林采伐利用和生态保护矛盾的核心因素，该因素能够兼顾保护环境与保障林农收入的赎买目标，尤其是在财政资金有限的条件下，不仅要保证重要生态区位商品林被赎买的数量足够多，而且要保证林农对被赎买商品林所获得的收入感到满意，这才是影响林农参与意愿的最重要因素。计量结果显示，随着木材收入重要性的下降，期望通过赎买提高可持续的非木材收入对林农参与赎买意愿有着较强和稳健的影响，即使在目前政府给予的补偿金额较低的情况下。而政府如何构建各利益相关主体之间互惠的正向激励关系，即如何通过赎买提高林农获得可持续的非木材收入是政府治理的目标，该目标的实现离不开林农对政府政策的信任度、林农与政府部门接触次数及林农对当地生态的满意度，这些因素都会影响林农参与赎买项目的意愿。本章的分析不仅有助于短期内激励林农自愿参与赎买项目，缓和生态保护过程中由于限伐政策产生的生态保护与林农利益的矛盾，还有助于长期内探索有效的重点生态区位林经营管理模式，政府根据社会需求的变化推动林业产业升级，重点加快发展森林康养、林下旅游等新兴产业，实现森林管理的"越管越多"和森林保护的"越管越好"，使得林业效益最大化，推动区域生态保护和高质量发展。

8.2.1 理论框架

如何设计机制为经济主体提供合理的激励已成为本书核心的研究主题，成为提出一个林农自愿参与重点生态区位商品林赎买项目的简单模型的基本依据。利用机制设计理论与林农行为理论，假设政府和林农都追求自身利益最大化,两者的目标短期并不一致。政府的首要目标是保护生态,其次是林农增收,而林农首先考虑的是自身利益,然后是生态保护。政府要实现保护生态的目标,要在继续执行严格限伐甚至禁伐政策的前提下,通过各种补偿方式给予每个参与者一个有效的激励,当林农通过赎买项目获得的直接收入不足以补偿自身的损失时,那么通过参与赎买获得持续的非木材收入就可以解决林农的可持续增收问题,以激励林农参与赎买项目,保证个人利益和社会整体利益协调一致。

借鉴李军龙等(2020)的观点,假设政府赎买的重点生态区位商品林的面积决定政府的生态保护成效 $R(x)$,满足 $R'(x) \geqslant 0$,则参与赎买林农的生产函数为 $G = f(x) + \theta$,θ 为服从正态分布的外生变量。设林农投入的成本为 $C(x)$。为激励林农参与赎买项目,政府采取现金直接补偿与通过提供就业机会、培训、政策补偿等间接带动林农增加的非木材收入方式提升林农参与生态保护意愿。对参与赎买的林农而言,不同激励的等值货币收益分别为 $\beta_1[f(x)+\theta]$ 与 $\beta_2[f(x)+\theta]$,其中,β_1 为林农现金直接补偿激励系数,β_2 为期望获得非木材收入的激励系数,r 为风险规避系数,w 为林农最低接受意愿,δ^2 为方差。要最终实现激励相容,需要对生态保护的相关利益者进行激励与协调(Sven,2008),需要考虑在尽量满足林农个人利益最大化的基础上实现森林生态保护效用最大化的社会目标。因此,在进行重点生态区位商品林赎买政策设计时,实现生态保护效用最大化目标的一致性函数为

$$\max\{R(x) - \beta_1 f(x) - \delta\} \tag{8-2}$$

$$\text{s.t.} \begin{cases} \beta_1 f(x) + \beta_2 f(x) - C(x) - \frac{1}{2}r(\beta_1^2 + \beta_2^2)\delta^2 \geqslant w \\ \max\{\beta_1 f(x) + \beta_2 f(x) - C(x) - \frac{1}{2}r(\beta_1^2 + \beta_2^2)\delta^2 \geqslant w\} \end{cases} \tag{8-3}$$

上述激励相容的一阶导数条件为

$$\beta_1 \frac{\mathrm{d}f(x)}{\mathrm{d}x} + \beta_2 \frac{\mathrm{d}f(x)}{\mathrm{d}x} - \frac{\mathrm{d}C(x)}{\mathrm{d}x} = 0 \tag{8-4}$$

式(8-4)说明对林农的现金直接补偿激励和非木材收入间接激励的系数等于林农保护生态的边际成本,当重点生态区位商品林补偿激励收益大于林农投入的生态保护成本时,林农才愿意参与到赎买项目中来,从而实现生态保护和林农得利的双重目标。

令 $f(x) = ax + b$,其中 a、b 为参数,$C(x) = \frac{x^2}{2}$,$\beta_2 = k\beta_1$,k 为非木材收入间接激励系数与林农现金直接补偿激励系数的比值,则由式(8-4)得

$$\beta_1 = \frac{x}{a(1+k)} \tag{8-5}$$

由式(8-5)可知,当 k 越大时,β_1 越小。当非木材收入的间接激励力度增大时,可减少现金补偿,这就减少了赎买资金不足的财政压力。通过对生态保护利益相关者之间的激励与协调,最终实现激励相容,即在满足林农个人利益的同时实现森林生态保护效用最大化的社会目标。对于政府来说,当财政投入资金不足时,赎买时仅需要支付现金直接补偿,作为破解生态生计矛盾的支点,然后政府将赎买林分交给新的营林主体进行管护与经营,新的营林主体通过创新经营管理模式,在提升森林质量的前提下,会为林农创造获取非木材收入的就业与发展机会。随着林业主导产业的转变,林农能否获得可持续非木材收入是其把传统的生计模式转变为可持续发展生计模式的关键,这也决定着能否实现保护生态的目标。

林农是否参与商品林赎买项目,关键在于林农能否获得充足的预期补偿。林农能获得的直接现金补偿标准的高低是由赎买价格决定的。赎买价格是由地方政府统一定价,比如福建省三明永安市按照当地人工商品林和天然林价格分别为 2.25 万~3.375 万元/公顷和 0.75 万元/公顷估算,需要投入政府公共财政 2.1 亿~3.2 亿元,而政府每年仅能拨付 1500 万资金用于赎买,正是有限的公共财政投入使政府单方面设定的赎买标准低于重点生态区位商品林的真实价值,若按木材的市场价格,其价值 7.5 万~12 万元/公顷(赵业和刘平养,2021)。若政府在赎买政策执行中采取简单易操作的一次性直接补偿,仅告知林农商品林限伐甚至禁伐的消息,并制定赎买价格标准,且缺乏相关措施与政策配套的情况下,一种情况是会导致林农不愿意参与商品林赎买,另一种情况是林农即使表面参与,但由于所获收益未达到其预期目标,严重挫伤林农继续长期投入与经营的积极性(高孟菲 等,2019),影响林业可持续发展,最终不利于森林生态保护。

借鉴 Zhang(2022)的观点,在重点生态区位商品林赎买实施过程中,林农生态保护的成本表现为无法通过采伐重点生态区位商品林变卖木材而损失的收益,而收益则是政府为了弥补林农损失给予现金的直接补偿,以及被赎买的商品林在新的营林主体的管护与经营下,林业的主导产业由木材生产及加工业转换为林下经济、生态旅游、森林康养等产业后,林农所获得的非木材收入作为后续的间接补偿。那么林农参与赎买的积极性可以表示为

$$E_f = F(D + I - \text{WTA} - C_1) \tag{8-6}$$

其中,E_f 代表林农参与赎买的积极性,D 代表政府的现金直接补偿激励,I 代表林农获得的非木材收入的间接补偿激励,WTA 是林农参与商品林赎买项

目造成的机会成本,即林农的生态保护成本,C_1是林农选择参与赎买政策的交易成本。林农选择参与赎买政策的交易成本是林农在参与赎买过程中需要付出的一定成本与代价,包括信息搜寻成本、森林资源资产评估成本、赎买谈判成本、赎买合同执行成本以及与林权制度相关的成本等。式(8-6)说明对林农的现金直接补偿激励和非木材收入间接补偿激励的总和大于林农的生态保护成本与参与赎买的交易成本的总和时,即当重点生态区位商品林补偿激励收益大于林农参与赎买的机会成本与交易成本时,林农才愿意参与赎买,也说明了降低林农选择参与赎买政策的交易成本可以提高其参与赎买的积极性。

在商品林赎买实施过程中,政府生态保护的成本为支付给林农的现金直接补偿激励,而收益则是政府获得的生态保护成效,该生态保护成效的价值可用WTP来表示,这代表了政府的最大支付意愿。那么政府赎买的积极性可以表示为

$$E_g = G(\text{WTP} - D - C_2) \tag{8-7}$$

其中,E_g是政府赎买的积极性,WTP是政府的生态保护成效,C_2代表政府执行赎买政策的交易成本,包括政策宣传费用、筛选和识别赎买对象的成本、赎买最高限价确定的成本、寻找森林资源资产评估公司的成本、林木资源评估费用,以及执行过程中投入的其他人力、物力与财力。同样,降低政府执行赎买政策的交易成本可提高政府赎买的积极性。

8.2.2 数据与方法

8.2.2.1 数据来源

样本数据来自2020年课题组在福建省内永安市、沙县、将乐县、宁化县和建宁县实地走访调查。调查问卷由4个部分组成:第一,户主及其家庭特征,主要内容是户主个人年龄、文化程度等基本信息,家庭构成以及收入等情况;第二,地块及资源条件,主要林农所拥有林地的基本情况;第三,经济激励因素,主要内容是运用李克特量表来测量林农各种来源收入的重要程度或满意程度;第四,政府治理因素,主要内容是在制度执行过程中政府与林农之间的关系(包括信任关系)、政府行政效率(地方政府及时兑现承诺)以及林农对政府治理生态环境的态度认知等。调研对象共分为5类,分别是林业局、国有林场等赎买主体、林业大户、村委与普通村民。调研形式采用座谈与问卷调查相结合的方式。课题组与林业局相关负责人、国有林场等赎买主体和村委进行小组座谈,内容涉及赎买实施方案及赎买具体流程、赎买工作进展、林木资源调查、林木价格确定、被赎买林农森林资源调查报告或林木评估报告、赎买推进中主要问题或困

难、赎买经验以及赎买林分管护及其经营模式等。课题组选取林业大户进行半结构式访谈,该调查主要是了解林业大户的家庭状况、林地资源、林地经营收支、林业经营意愿、赎买行为、赎买认知与评价、赎买影响等。课题组对普通村民采取入户问卷调查。根据座谈获取的信息,首先找到对赎买政策了解深入的相关村落,以门牌号作为每户编号,按照简单随机抽样的原则抽取样本,确保每个村落抽取的样本规模基本相等。该调查主要了解的是家庭基本结构、收入状况、森林资源状况、政府治理、生态保护认知与赎买意愿。调研一共发放问卷240份,有效问卷218份,有效率为90.83%。调查样本中,愿意参与赎买的林农有173户,所占的比例是79%,不愿意参与的林农有45户,所占的比例是21%。

8.2.2.2 变量设置与描述性统计

本节以经济激励因素、政府治理因素作为关键变量,其他作为控制变量,以林农是否愿意参与商品林赎买作为因变量。经济激励因素包括木材收入重要程度和期望能从保护项目中获得可持续非木材收入,这两个指标说明了当林农从地方政府手中领取到相关的现金补贴没有达到其预期目标时,必须通过持续增加林农未来预期非木材收入来激励林农参与赎买项目。由于限伐与禁伐政策的实施,木材生产及收入重要性下降,这就需要打破林业产业发展的传统模式,把林业主导产业由木材生产与加工业转为发展林下经济、生态旅游、森林康养等新兴产业。所以,木材收入重要程度对林农参与商品林赎买的可能性有负的影响,期望能从保护项目中获得可持续的非木材收入对林农参与商品林赎买的可能性有正的影响。

政府治理因素包括对政府政策的信任度、因信访与林业局等政府部门的接触次数、对当地生态的满意度和对公益林生态补偿的满意度。林农对政府政策的信任度对其参与意愿可能会有正的影响,这是因为在赎买政策实施过程中林农对赎买价格没有议价权,由政府指定第三方森林资源资产评估公司对林木价值进行评估,当评估价低于政府最高限价时按评估价确定赎买价格,当评估价高于政府最高限价时按最高限价确定赎买价格。当林农对政府政策的信任度越高时,会对赎买价格的接受程度越高,更会对政府未来能够兑现承诺充满信心,从而使林农对政府政策的响应程度越高。林农因信访与林业局等政府部门的接触次数对其参与意愿可能会有负的影响,这是因为当林农与林农之间、林农与村集体之间以及林农与政府之间发生纠纷时,政府处理纠纷的行政效率不高,导致林农参与商品林赎买的交易成本较高时,林农参与赎买的意愿就会降低。还存在的情况是政府规定的赎买流程与手续过于烦琐,或者是政府未及时兑现赎买价款等情形,这些都增加了林农参与赎买的交易成本。对当地生态的满意度和对公益林生态补偿的满意度对其参与意愿可能会有正的影响,这两个指标都表明了林农对政府治理生态环境的态度认知,当林农对政府环境治理越满意,就越愿意参与环境保护项目。林农对商品林赎买的参与意愿不仅受到上述因素影响,也受到林农禀赋的影响。林农禀赋包含了户主及家庭特征、地块及资源条件等因素,前者包括户主年龄、户主文化程度、户主的年个人收入、家族中是否有人在政府部门任职和家庭中老人的数量这5个变量。后者包括林地总面积和成熟林百分比这两个变量。各解释变量与被解释变量的定义及类型见表8-1。

表8-1 变量定义与类型

变量名	变量定义	变量类型
被解释变量		
是否愿意参与赎买	是=1 否=0	虚拟变量
解释变量		
户主年龄	户主的实际年龄(周岁)	连续变量
户主文化程度	1=未上学 2=小学 3=初中 4=高中及中专 5=大专 6=大学 7=研究生	连续变量
户主的年个人收入	户主的实际年收入(万元)	虚拟变量
家族中是否有人在政府部门任职	是=1 否=0	连续变量
家庭中老人的数量	家庭老年人口数量(人)	连续变量
林地总面积	家庭拥有林地总面积($1/15\ hm^2$)	连续变量
成熟林百分比	家庭拥有林地成熟林比例(%)	连续变量
木材收入重要程度	1=根本不重要 2=不重要 3=无关紧要 4=重要 5=非常重要	虚拟变量
期望能从保护项目中获得可持续非木材收入	1=非常不同意 2=不同意 3=无所谓 4=同意 5=非常同意	虚拟变量
对政府政策的信任度	1=强烈怀疑 2=比较怀疑 3=并不关心 4=比较有信心 5=非常有信心	虚拟变量
因信访与林业局等政府部门的接触次数	1=从来没有 2=偶尔 3=经常	虚拟变量
对当地生态的满意度	1=不满意 2=有点不满意 3=一般 4=比较满意 5=非常满意	虚拟变量
对公益林生态补偿的满意度	1=不满意 2=有点不满意 3=一般 4=比较满意 5=非常满意	虚拟变量

各变量不同类型林农的描述性统计见表 8-2。样本中户主的年龄在 48 岁左右,户主平均的文化程度在初中一年级阶段,户主平均年收入是 5.51 万元,家族中有人在政府部门任职的比例为 7.9%,家庭中平均老人数量为 1.61 人,家庭拥有林地总面积约为 1.22 hm², 成熟林百分比为 63.52%。在 218 户受访的林农中,有商品林赎买意愿的林农占 79%。户主年龄越大、户主文化程度越高、家庭中老人的数量越多,越不愿意参与商品林赎买;户主的年个人收入越高、家族中有人在政府部门任职比例越高,越愿意参与商品林赎买。在经济激励因素中,对于不愿意赎买的林农来说,木材收入重要程度更高;而对于愿意参与赎买的林农来说,对期望能从保护项目中获得可持续非木材收入愈发肯定。这在统计学意义上说明不愿意参与赎买的恰恰是对木材收入依赖性强的林农,愿意参与赎买的林农是愿意延迟收益年限的林农。对于政府治理因素来说,对政府政策的信任度的值是 3.87,因信访与林业局等政府部门的接触次数的值是 1.34,对当地生态的满意度的值是 3.63,对公益林生态补偿的满意度的值是 2.74。在不同的林农类型下,愿意参与户对政府政策的信任度更高,不愿意参与户因信访与林业局等政府部门的接触次数更高,愿意参与户对当地生态的满意度与对公益林生态补偿的满意度更高。

表 8-2　不同类型林农变量的描述性统计

项目	愿意参与均值 (标准差)	不愿意参与均值 (标准差)	全部样本均值 (标准差)
样本林农数量/户	173	45	218
比例/%	79	21	100
户主年龄/岁	48.49 (10.31)	49.65 (9.17)	48.73 (10.06)
户主文化程度	3.04 (1.15)	3.08 (1.06)	3.05 (1.13)
户主的年个人收入/万元	5.87 (6.49)	4.12 (2.91)	5.51 (5.97)
家族中是否有人在政府部门任职	8.00 (0.27)	7.70 (0.27)	7.90 (0.27)
家庭中老人的数量/人	1.57 (0.91)	1.77 (0.99)	1.61 (0.93)
林地总面积/亩	19.12 (26.23)	15.12 (15.40)	18.29 (24.38)

续表

项目	愿意参与均值（标准差）	不愿意参与均值（标准差）	全部样本均值（标准差）
成熟林百分比/%	66.51 (28.13)	51.56 (33.29)	63.52 (29.70)
木材收入重要程度	3.74 (1.11)	4.35 (0.98)	3.87 (1.11)
期望能从保护项目中获得可持续非木材收入	3.70 (0.82)	3.12 (1.03)	3.58 (0.90)
对政府政策的信任度	4.02 (0.65)	3.31 (0.88)	3.87 (0.76)
因信访与林业局等政府部门的接触次数	1.33 (0.47)	1.39 (0.50)	1.34 (0.48)
对当地生态的满意度	3.68 (0.98)	3.42 (0.81)	3.63 (0.95)
对公益林生态补偿的满意度	2.77 (0.90)	2.62 (0.70)	2.74 (0.86)

8.2.2.3 模型选择

依据上述分析，将影响林农参与赎买意愿的因素分为经济激励因素、政府治理因素、地块及资源条件与户主及家庭特征。据此，林农商品林赎买意愿影响因素的模型如式(8-8)所示：

$$W_i(y_i=1|X_i) = \alpha_0 + \alpha X_i + \mu_i \tag{8-8}$$

式中，W_i 为林农愿意参与商品林赎买的概率；$y_i=1$ 或 0，1 代表林农愿意参与商品林赎买，0 代表林农不愿意参与商品林赎买；X_i 为影响商品林赎买意愿的各个自变量(表8-1)，包括经济激励的两个变量(木材收入重要程度、期望能从保护项目中获得可持续非木材收入)，政府治理的4个变量(对政府政策的信任度、因信访与林业局等政府部门的接触次数、对当地生态的满意度、对公益林生态补偿的满意度)，地块及资源条件的两个变量(林地总面积、成熟林百分比)，户主及家庭特征的5个变量(户主年龄、户主文化程度、户主的年个人收入、家族中是否有人在政府部门任职、家庭中老人的数量)；α_0 为常数项；μ_i 为随机误差项。

采用二元Probit逻辑回归模型对影响商品林赎买意愿的因素建模进行分

析。在满足基本的假设下,林农 i 商品林赎买参与意愿的概率为

$$\Pr(y_i=1)=\exp(\alpha \boldsymbol{X}_i)/[1+\exp(\alpha \boldsymbol{X}_i)] \qquad (8-9)$$

式中,Pr 为第 i 个林农商品林赎买参与意愿的概率;$\boldsymbol{X}_i$ 为包含自变量的矩阵;α 为待估的回归系数。

8.2.3 结果与分析

采用 Stata 16.0 统计软件进行二元 Probit 回归分析的结果见表 8-3,该回归结果的对数似然值为 30.35,在统计上达到了显著水平,说明该模型具有较好的解释能力。

表 8-3 林农参与重点生态区位商品林赎买意愿影响因素的 Probit 回归结果

模型	参与意愿(0/1)			
自变量	系数	标准差	z 值	P>z
户主年龄	−0.0860**	0.0382	−2.25	0.024
户主文化程度	−1.1246***	0.3804	−2.96	0.003
户主的年个人收入	0.2127**	0.0873	2.44	0.015
家族中是否有人在政府部门任职	0.8085	0.8133	0.99	0.320
家庭中老人的数量	−0.6392**	0.2910	−2.20	0.028
林地总面积	0.0347**	0.0150	2.32	0.020
成熟林百分比	0.0248***	0.0087	2.85	0.004
木材收入重要程度	−0.6189***	0.2318	−2.67	0.008
期望能从保护项目中获得可持续非木材收入	1.3243***	0.4126	3.21	0.001
对政府政策的信任度	1.1526***	0.3504	3.29	0.001
因信访与林业局等政府部门的接触次数	−2.0351***	0.6717	−3.03	0.002
对当地生态的满意度	0.6812**	0.3479	1.96	0.050
对公益林生态补偿的满意度	0.2649	0.2772	0.96	0.339
常数项	0.2225	3.0750	0.07	0.942
样本数量	218			
对数似然	−30.35			
伪决定系数	0.51			

注:* 表示 10%显著性水平,** 表示 5%显著性水平,*** 表示 1%显著性水平。

8.2.3.1 经济激励影响林农参与商品林赎买意愿

重点生态区位商品林赎买实现的是森林的生态产品对木材的替代。当林农被禁伐与限伐时，意味着林农经营林地的权利被拿走了，造成经济利益减少，政府应该支付这笔钱来弥补林农经营林地权利被剥夺的损失。这种由于环境政策限制引起的机会成本或经济损失实际上是政府对生态产品的补偿或购买。要通过赎买实现社会福利的提升，就是通过保护提高的生态产品（服务）价值大于林农为保护而产生的机会成本。如何使政府的补偿超过林农的机会成本，又小于增加的生态产品价值，现实的选择是政府把赎买林分交由国有林场等新型赎买主体进行管护与经营，国有林场等新型赎买主体不仅可以利用自身先进的管理经验、人才、资源等优势，还可以形成规模经营的优势，在精准提升森林质量的基础上，延伸产业链条，不断导入新技术、新业态，重点加快发展森林康养、林下旅游等新兴产业，实现三大产业融合发展。在这种状况下，森林创造的生态产品价值会超过林农损失的采伐森林变卖木材的收入，即超过林农为保护而产生的成本。因此，当政府给予参与赎买林农即期的补偿不足以补偿其损失时，可以通过赎买推动林业产业升级，在三大产业融合过程中也会为林农创造更多的就业与发展就会，持续获得非木材收入会使林农的获得感更多，足以弥补无法通过采伐森林变卖木材而损失的收益。因此，政府在激励机制中构建利益相关主体互惠的正向激励关系是政策完美执行的重要因素（贺东航和孔祭斌，2019）。

从表 8-3 模型的估计结果上看，木材收入重要程度对林农商品林赎买的参与意愿在 1% 的水平上影响显著，对参与意愿的影响为负，说明木材收入对林农越重要，林农越不愿意参与商品林赎买。期望能从保护项目中获得可持续非木材收入对林农商品林赎买的参与意愿在 1% 的水平上影响显著，对参与意愿的影响为正，说明林农越坚信通过赎买能获得可持续非木材收入时，林农越愿意参与商品林赎买。因此，林农所得利益主要来源于参与赎买后的获得感，这种获得感不仅包括金钱上的，还包括就业或保障上的。想让林农积极参与赎买，就必须解决林农的后顾之忧。尤其是对林地依赖程度较大的林农，单纯地提高赎买价格，不会从根本上激励到该类林农参与赎买，妥善安置其后续就业或提供基本保障才能有效增加其获得感。因此，赎买方在创新重点生态区位商品林经营管理模式时所创造的更多就业与发展机会，也应该把参与赎买的一部分林农容纳进来。

8.2.3.2 政府治理影响林农参与商品林赎买意愿

政策的"完美执行"或"执行偏差"受多种因素的影响，贺东航和孔祭斌

(2019)把影响政策变现的因素归结为"政治势能"和"激励机制",其中"政治势能"代表政策文件出台时党和中央政府的重视程度,党和中央政府越重视,其"政治势能"越强,政策执行就越顺利;"激励机制"一方面给予政策执行者相应的资金和资源,激励执行主体忠实执行,一方面对执行偏差者给予惩罚。重点区位商品林赎买改革一方面通过禁伐、限伐、延迟收益年限等制度,约束林业经营者对生态环境产生负外部性的经营行为,一方面又通过现金直接补偿激励和非木材收入间接激励等手段强化对生态环境有正外部性的经营性活动。重点生态区位商品林赎买政策是在党和中央对生态文明高度重视的背景下对森林生态补偿制度所做的有益探索,作为全国第一个国家生态文明试验区,福建省对重点生态区位商品林赎买高度重视,各试点县市成立专门工作领导小组,积极推进。除了政治势能的高位推动,若是缺乏林农、基层政府等不同利益主体的深度参与和有效协商,进而使赎买政策制定缺乏自下而上的反馈机制,那么赎买政策将难以持续有序开展。只有保证林农的话语权,在自愿参与的前提下建立利益相关主体的沟通和协商机制,让林农信任地方政府及其政策,并不断降低赎买的交易成本,不断强化林农对政府治理方式及效果的满意度,才能实现生态效益与经济效益的双赢,才能保证森林生态产品(服务)的有效供给。

从表8-3模型的估计结果上看,对政府政策的信任度在1%的水平上对林农商品林赎买意愿影响显著为正,说明林农对政府政策信任度越高,越愿意参与赎买。目前赎买价格即现金直接补偿激励是由地方政府来确定的,同时林农能否在未来获得持续非木材收入也与政府能否实现林业主导产业的转型有关,因此较高的政策信任度会提高林农的赎买参与意愿。因信访与林业局等政府部门的接触次数在1%的水平上对林农商品林赎买意愿影响显著为负,说明随着林农信访次数的增加,彰显了政府行政效率越低,加大了林农参与赎买的交易成本,因而降低了林农参与赎买的意愿。对当地生态的满意度在5%的水平上对林农商品林赎买意愿影响显著为正,说明林农对当地生态治理越满意,越愿意参与赎买。调研了解到,当地林农也明白生态建设的重要性,也愿意为家乡的生态做贡献,愿意承担部分保护生态的成本。因此,部分林农获得直接现金补偿虽低于自己期望的水平,也参与了商品林的赎买,尤其是林农意识到通过赎买政策的实施不仅可以实现多种生态环境效益,可能还会实现额外的社会效益和经济效益(Zammit,2013)。

8.2.3.3 林农禀赋影响其参与商品林赎买意愿

户主年龄对赎买意愿在5%的水平上影响显著,符号为负,说明户主年龄越大,越不愿意参与赎买,这与实际情况是相符的,户主年龄越大,外出务工的机会越少,以及浓厚的恋土情节影响,对林地资源依赖性越大。家庭中老人的数量对赎买意愿在 5% 的水平上具有显著的负向影响,说明家庭中老人的数量越多,则该林农越不愿意参与赎买,具体原因同上所述。户主文化程度对赎买意愿在 1% 的水平上影响显著,符号为负,说明户主文化程度越高,越不愿意参与赎买,这可能是随着文化程度的提高,户主获得的森林经营经验越多,而林农有从事森林经营的相关经验对林农的参与意愿具有显著的反向影响(蔡晶晶和潭江涛,2020),林农拥有的森林经营经验越多,对森林资源的经营积极性越高,参与赎买的意愿会降低。户主的年个人收入对林农的参与意愿在 5% 的水平上具有显著的正向影响,个人收入越高,对赎买价格接受度更高,参与意愿会提高。林地总面积对赎买意愿在 5% 的水平上影响显著,符号为正,主要是因为政府对赎买林地的规模有一定的限制条件,且赎买规模较大时,管护的成本更低。成熟林百分比对赎买意愿在 5% 的水平上影响显著,符号为正,主要是因为林木达到主伐年限的林农群体对解决生态保护与采伐利用的矛盾更为急迫,因而过成熟林是重点生态区位商品林赎买政策实施优先选择的对象。

8.3　本章小结

实证分析结果表明,经济激励程度的大小和地方政府治理水平的高低是影响林农商品林赎买意愿的重要因素。经济激励因素是商品林赎买意愿主导因素和根本动力。经济激励发生作用需要两个关键的条件:一是现金直接补偿,现金直接补偿标准是由政府最高限价决定的;二是非木材收入间接补偿,当现金直接补偿无法弥补通过采伐森林变卖木材而损失的收益时,政府把赎买后的商品林交给新的营林主体进行管护与经营,经营的主导产业由木材生产及加工业转换为林下经济、森林康养后,林农所获得的持续非木材收入作为后续间接补偿。总之,当重点生态区位商品林的直接与间接补偿激励收益大于林农投入的生态保护成本时,林农才愿意参与到赎买项目中来,从而实现生态保护和林农得利的双重目标。政府治理水平的高低,决定着经济激励因素能否发挥作用,能否实现激励相容。政府通过对生态保护相关利益者之间的激励与协调,在考虑尽量满足林农个人利益最大化的基础上实现森林生态保护效用最大化的社会目标。因此,政府及其政策能否得到林农信任、政府能否高效解决赎买中出现的问题及林农对当地生态治理是否满意都影响林农参与商品林赎买的意愿。同时,林农禀赋是其参与意愿的基础性影响因素,政府进行重点生态区位商品林赎买政策设计时,要根据林农禀赋的不同确定赎买的优先顺序及赎买对象的选择,提高有限财政投入资金的使用效率,使得最重要或最脆弱区位的

商品林被优先赎买,实现生态效益最大化。根据以上结论,提出以下政策建议:

(1)利用最终开价仲裁法优化现金直接补偿激励。

对于拟赎买的商品林,在征得林农同意的情况下,由政府委托第三方森林资源资产评估公司进行评估,把政府确定的最高限价与第三方评估价进行比较,当评估价低于最高限价时按评估价确定赎买价格,当评估价高于最高限价时按最高限价确定赎买价格。调查中发现,林农普遍对赎买价格不满意。走访的林农认为按政府确定的赎买价格所得收益远远低于作为商品林砍伐所得收益,甚至也低于造林成本,即林农认为政府确定现金直接补偿标准无法充分保障林农经济利益,导致林农参与赎买意愿不高。为此,在借鉴美国土地休耕保护计划的基础上,使用竞争性投标机制破解公共财政投入不足和补偿标准难以确定的问题,采用供需相互作用机制的最终开价仲裁法对赎买的最高限价进行改进。由原来仅仅政府最高限价和第三方评估价的比较,改为政府、林农和第三方森林资源资产评估公司三方的博弈,即比较政府提供的最高限价、林农提供的WTA和第三方提供的评估价,评估价为仲裁价,无论是谁越接近仲裁价就选谁作为成交价。该方法的科学性在于:双方面临权衡取舍,如果开价过高或过低,那么无论哪一方的出价作为终价,该方就更划算,但其被选中的可能性就越少。可见,一方要战胜另一方的唯一途径是正确估计自己和对方的实际得失,并正确估计仲裁部门的仲裁价,结果可以避免故意提价和降价(张耀启,1997)。

(2)选择合适赎买主体保障非木材收入的间接补偿激励。

政府为获得更高的生态服务水平,打破林农为了自身利益最大化及自身资金、技术、规模等限制,政府利用公共财政支出从林农手中把商品林所有权和经营权赎买过来交由国有林场等新型的林业经营主体进行有效管护与经营,在稳步提升森林生态价值与精准提升森林质量的基础上,延伸产业链条,重点加快发展森林康养、林下经济等绿色产业,通过林业产业发展反哺带动生态建设,实现森林"越采越多、越采越好"。新型的林业经营主体利用先进的管理经验、人才、资源及规模等优势才能真正实现赎买后林业收益的最大化,在此过程中也会为林农创造更多的就业与发展就会,林农获得持续非木材收入,才能实现对林农参与赎买的间接激励,以弥补现金激励的不足,激励林农自愿参与赎买。因此,选择合适的赎买主体与解决对林地依赖程度大林农的顾虑同样重要,并且相互关联,赎买主体的选择以能实现生态保护与产业发展的循环互动为标准(张美艳 等,2021),这需要当事人之间进行合作并达成一个具有约束力的协议,通过有效的约束与激励,使得不同的林业经营者在林业经营过程中能够得到相应的经济利益,并且在获得经济利益的同时保证森林生态服务有效供给,达到实现生态保护的目的。

(3)传递有效信息降低赎买交易成本。

林农对政府的信任源于决策的公正透明与及时兑现承诺。个人只能根据他们所掌握的信息采取行动(汪红梅和贺尊,2008)。因此,政府所要处理的主要问题是信息的传递、激励当事人如实报告信息及按事前制定的规则行事,只有这样才能实现政府所要实现的既定社会目标。在赎买政策宣传阶段,宣传内容不应仅局限于赎买目的、作用、原则、程序、任务、组织机构和具体模式等,还要把赎买对象的筛选、赎买价格的制定过程与方法等信息的传递作为重点。根据各地的赎买实施方案,对赎买的最小单片面积有一定的限制,这就把大量的拥有林地规模较小的普通林农排除在外。为打破这一限制,要允许林地流转、交易、转让,逐步建立健全林权交易中心,按照统一标准建立一个全域覆盖,政府主导,与林业、不动产等部门联网的林权电子交易平台,既能降低信息搜寻、森林资源资产评估、赎买谈判、赎买合同执行等交易成本,又能保证林权交易的公信力。

总之,采用福建林农的问卷调研数据,运用 Probit 模型从经济激励因素、政府治理因素、林农禀赋(地块及资源条件和户主及家庭特征)等方面实证分析了林农参与重点生态区位商品林赎买意愿的影响因素。结果显示,经济激励程度的大小和地方政府治理水平的高低是林农商品林赎买意愿的重要影响因素。在经济激励因素中,木材收入重要程度与期望能从保护项目中获得可持续非木材收入这两个指标说明了当林农从地方政府手中领取到现金补偿不足以弥补无法通过采伐森林变卖木材而损失的收益时,需要通过持续增加预期非木材收入来激励林农参与意愿;在政府治理因素中,政府政策得到林农信任、林农因信访与林业局等政府部门的接触次数减少、当地生态让林农满意,表明政府治理水平越高,林农参与商品林赎买的意愿越高。基于此,政府利用最终开价仲裁法优化现金直接补偿激励、选择合适赎买主体保障非木材收入的间接补偿激励和传递有效信息降低赎买交易成本来推动林农自愿参与赎买项目,保障森林生态产品有效供给。

9 重点生态区位商品林赎买供求机制分析

重点生态区位商品林赎买是一项长期而又复杂的系统工程。要确保重点生态区位商品林赎买工作有序持续地开展,需要完善重点生态区位商品林赎买的市场供求机制。本章从重点生态区位商品林赎买的目标入手,通过对林农商品林环境效益指数(EBI)得分和政府设定环境效益指数的截止点进行比较,来确定商品林赎买规模和赎买对象,提交申请的林农经审核批准后,可与政府签订赎买合同,并按批准的面积和双方同意的赎买价格水平进行赎买,最终赎买价格水平的决定是通过竞标来实现的,即通过林农商品林的 EBI 得分与林农的接受意愿(WTA)的竞标来确定赎买的价格水平。这是赎买第一阶段市场化机制。赎买第二阶段市场化机制:把赎买后的林分通过招标等方式将其流转给自愿参与生态赎买的新型主体。

9.1 赎买目标

赎买的目标有两个:一个是保护生态环境,另一个是提高林农收入。目标实现的难点在于如何兼顾环境与收入这两个目标,即在财政资金有限的条件下,不仅要保证重要生态区位商品林被赎买的数量足够多,而且要保证林农对被赎买商品林所获得的收入感到满意。政府和林农如何实现双赢且交易的成本又较低,现实的选择是通过赎买实现社会福利的提升,也就是通过保护提高的生态服务价值大于林农为保护而产生的机会成本。如何使政府的补偿超过林农的机会成本,又小于增加的生态价值? 赎买价格的确定是关键也是难点。那么赎买价格该如何确定,才能提高财政资金保护生态环境的成本效率? 为此,政府作为政策的制定者,需要调整赎买项目的竞价机制,这将使林农更好地展示其机会成本,保证其收入并提高赎买项目的经济效率。计算机会成本其实是很困难的,但相对来说,林农拥有的信息更多,更了解为保护而牺牲的机会成本。在资金有限的情况下,每块林地的赎买价格都不一样,目的是增加进入赎买项目的商品林的数量或减少赎买的总成本,以提高项目的成本效率。本章的研究旨在为政策的制定者提供另外的视角:在更好地了解林农把自己承包的商品林转为生态公益林过程中所面临的机会成本后,政策制定者可以设计或调整赎买项目进入的竞标机制,以筛选出需要优先补偿能够产生环境收益最大地块的商品林,从而提高赎买项目的经济效率,结果可以使更多的更合适的林农进入赎买项目中来。为了实现该目标,本章利用重点生态区位商品林赎买的需求曲线(EBI)和供给曲线(WTA)来确定赎买规模、赎买对象和赎买价格水平。

9.2 基于 EBI 与 WTA 的赎买供求机制分析

福建重点生态区位商品林赎买是一项长期而又复杂的系统工程。要确保该工作有序持续地开展,需要完善重点生态区位商品林赎买的供求机制。重点生态区位商品林赎买的价格不仅是需求方对生态服务在边际上的估价,也是供给方生产这种产品的边际机会成本(沈月琴和张耀启,2011),因此可建立基于 EBI 与 WTA 的赎买供求机制来确定赎买对象、赎买规模和赎买价格。具体实现过程如图 9-1 所示。

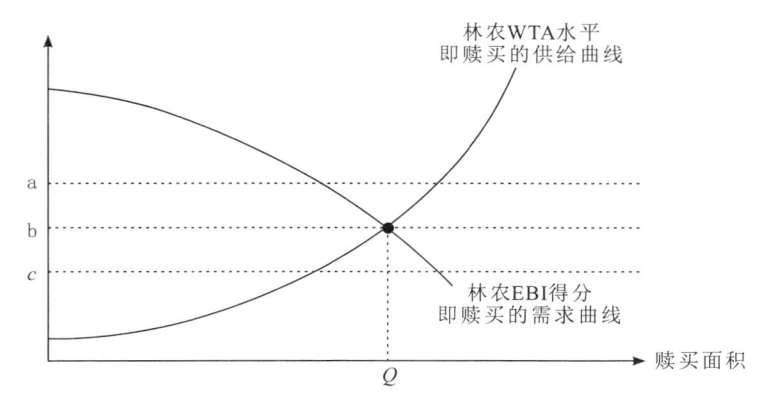

图 9-1 重点生态区位商品林赎买的供需机制分析

纵坐标代表林农环境效益指数得分(对应政府最高限价)和接受意愿水平(机会成本),横坐标代表的是重点生态区位商品林的赎买面积。图中的两条曲线分别是赎买的需求曲线和供给曲线。借鉴 Dooley(2018)关于 CRP 供求分析的观点,EBI 得分是赎买的需求曲线,随着赎买面积的增加,EBI 得分下降,这是因为该指数的确定主要与商品林位置的环境敏感性和林木生态价值等因素有关,所以赎买的需求曲线向下方倾斜。具有较高 EBI 分值的商品林会有一个较低的机会成本,因此伴随着赎买需求曲线的下降,向上倾斜的机会成本曲线代表着赎买的供给曲线。根据年度政府计划的赎买规模和项目所筹集到的资金，确定本年度本区域 EBI 的截止点，通过比较林农商品林 EBI 得分和政府设定 EBI 的截止点来确定商品林赎买对象和赎买规模。高于该截止点的林农进入赎买项目，低于该截止点则被拒绝，通过该种方式决定哪些林农有资格首先进入本阶段的赎买项目中。一旦政府确定了 EBI 得分的截止点，比如图中 b 代表的水平，则赎买规模 Q 就确定了。对于每一个 EBI 得分，政府有一个最高限价与之对应。通过林农商品林的 EBI 得分对应的最高限价与林农的最低 WTA 的竞标来确定赎买的价格水平，即通过赎买的需求和供给的竞标机制确定其价格。

9.3 基于 EBI 与 WTA 的供需相互作用的机制优化赎买定价

从目前重点生态区位商品林赎买的定价上看，地方政府要么制定赎买的核定价，要么制定赎买的最高限价，与之比较的都是第三方森林资源资产评估公司的评估价。在赎买价格的制定过程中并未考虑作为营林主体的林农的诉求，这很难保证林农应有的权益，导致林农参与赎买的意愿不高。为保护林农的权益，可考虑引入目前应用最广的条件价值评估法（contingent valuation method，CVM）。借鉴 Zhang 和 Rafailova（2013）、Zhang 和 Li（2004）关于自然环境资源估价的方法，最低接受意愿（WTA）是从赎买的供给方来说的，由木材采伐收益衡量的边际机会成本，是供给生态服务的成本。最高支付意愿（WTP），是从需求方的角度衡量森林生态产品的福利或价值，是获得的生态产品的边际效用。赎买价格是需求（WTP）和供给（WTA）相互作用的结果。由于在估计商品林转为公益林的生态产品价值时难以计算非木材价值，鉴于此，赎买需求采用赎买的 EBI，而每个 EBI 都有一个政府最高限价（WTP）与之对应。所以，生态补偿标准是由需求（EBI 对应的政府最高限价 WTP）与供给（WTA）相互作用的机制决定的，而供需相互作用的机制有以下两个方法（张耀启，1997）。在这赎买过程中，其实还要考虑交易成本，理论上 WTP 与 WTA 之差的绝对值必须大于交易成本，所以赎买机制的设计也要考虑选择交易成本较低的途径。

（1）双向竞卖：双方各自同时出价，P_s 为林农提出的价格，P_b 为政府提出的价格，V_s 为林农估计的机会成本（WTA），V_b 为政府估计的边际效用（EBI）。上述变量之间的关系：V_s 是 P_s 的基础，$P_s \geqslant V_s$，当且仅当 $P_s = V_s = \text{WTA}$；V_b 是

P_b 的基础,V_b 可用 EBI 来衡量,而每个 EBI 就有一个 P_b 与之对应。如果 P_b > P_s,则定价为 $(P_b+P_s)/2$ 或者 P_s;如果 P_b < P_s,则谈判宣告破裂。双方各自制定自己的策略去实现效用最大化。实际发生的赎买,尤其是一次性竞卖方式,通常来说边际效用必须高出边际成本,而不是两者相等。这种情形适宜于赎买核定价的改进,可由原来仅比较政府赎买的核定价和第三方的评估价外,还要实现政府核定价与林农最低 WTA 的双向竞卖。

(2) 最终开价仲裁:首先,双方同时出价,P_s 为林农提出的价格,P_b 为政府提出的价格。然后双方告诉仲裁部门,仲裁部门在两者中择一作为最终定价:假设仲裁部门有一个自己认为理想的定价 X,仲裁部门只要选择更接近 X 值的开价为终价。假设 P_s > P_b,如果 X < $(P_s+P_b)/2$,仲裁部门就选择 P_b;如果 X > $(P_s+P_b)/2$,仲裁部门就选择 P_s;如果 X = $(P_s+P_b)/2$,那么可以投币决定。该方法的科学性在于:双方面临权衡取舍,如果开价过高,那么无论哪一方的出价作为终价,该方就更划算,但其被选中的可能性就越少。可见,一方要战胜另一方的唯一途径是正确估计自己和对方的实际得失,并正确估计仲裁部门的 X,结果可以避免故意提价和降价。这种情形适宜于赎买最高限价的改进,由原来仅仅政府最高限价和第三方评估价的比较,改为政府、林农和第三方森林资源资产评估公司三方的博弈,即政府提供最高限价,林农提供 WTA,第三方提供评估价,评估价为仲裁价,无论是谁越接近仲裁价就选择谁作为成交价。

9.4 本章小结

本章通过福建重点生态区位商品林赎买改革试点的调研,针对赎买价格确定的现状及存在问题,在借鉴美国土地休耕保护计划竞价机制的基础上,构建了赎买的 EBI 与 WTA 供需竞价机制,设计的竞价机制对破解财政资金投入不足和提高林农对赎买价格的接受度具有一定的参考价值。综合上述经验性结果对供需相互作用的机制进行了进一步的讨论,并为赎买规模、赎买对象和赎买价格的合理确定给出结论与政策启示。

9.4.1 结论

本章以制度变迁为理论支撑,借鉴美国土地休耕保护计划,结合调研实际阐述了基于 EBI 与 WTA 构建了赎买供需竞价机制的可行性,从而得出 3 点结论:①构建赎买对象识别的竞争性投标机制,提高财政资金保护生态的成本效率。通过建立 EBI 确定重点区位商品林赎买的需求曲线,政府可根据年度赎买计划确定 EBI 的截止点,该截止点一旦确定,则赎买规模得以确定。通过比较林农的 EBI 得分和政府设定 EBI 的截止点,确定重点生态区位商品林的赎买对象,建立了赎买对象的有效识别机制。②基于林农机会成本的调查确定重点生态区位商品林的供给曲线,这决定了林农的叫价水平。政府可以通过核算林农最低 WTA 的方法,为林农提交给政府部门标书中的叫价提供参考,以保证不同区域和时间的不同林农所提供不同生态效益的商品林有不同的赎买价格,使其真实地反映商品林转换为公益林的机会成本,从而提升政府赎买效率。要保证林农的话语权和应得利益,只有在自愿参与和自主报价的前提下,建立利益相关主体的沟通和协商机制,才能实现赎买的政策目标。③构建赎买价格确定的竞争性投标机制,实现赎买的政策目标。通过林农的最低 WTA 与政府最高限价(WTP)的双向竞卖,即用双向竞卖法优化政府赎买核定价,也可引入第三方进行评估,按评估价进行仲裁,谁越接近仲裁价,就按照谁的价格确定赎买价格,即用最终开价仲裁法优化政府赎买最高限价。

9.4.2 政策启示

基于 EBI 与 WTA 的重点生态区位商品林赎买价格的确定尽管在理论上可行,但是一个新的竞争性投标机制从提出到真正实践必须有协同联动的配套政策来保障该机制在建立与发展的过程中能够顺利实施。本章借鉴国际经验并结合实际研究结果提出 3 点政策启示:①制定科学的评价指标,精准识别最需要赎买的重点生态区位商品林。政府首先要把商品林赎买的 EBI 的计分因子、每一计分因子子项及其赋值定义好,从而能够计算出每个投标林农 EBI 的分值,然后按照该分值由高到低进行排序,根据排序精准确定赎买对象,将最重要或最脆弱区位的商品林被优先赎买,实现生态效益最大化,提高财政资金的成本效率。②适当放开重点生态区位商品林采伐权,实施采伐限额管理弹性机制。为了减缓赎买资金压力,对于未赎买的重点生态区位商品林来说,若林木林龄达到甚至超过砍伐年限,可以简化采伐证的手续,放宽砍伐限额,砍伐完后要求补植一定比例的阔叶树,林分提升的成本是由政府和林农共同分担的,两者分摊的比例应该与砍伐的限额挂钩,其成本应该是基于政府期望的成本而不是实际发生的成本,当林农改造提升的成本超出期望成本比例时,需要林农自己负责筹集资金。③构建生态效益市场化的机制,减小公共财政压力。对面积较大、林木产权明晰的重点生态区位商品林实施森林认证、碳汇交易、保护权利交易、环境服务支付等试点措施,将收益作为林权所有人的生态补偿,以减小公共财政压力,促进可持续发展森林管理和生态效益市场化,让正外部性获得奖励,形成良好的示范激励,从而提高森林保护的积极性。为此,政府要统筹运用好法律、行政、市场等手段,把生态保护补偿、生态损害赔偿、生态产品市场交易机制等有机结合起来,协同发力,有奖有惩。

总之,为破解重点生态区位商品林采伐利用与生态保护的矛盾,重点生态区位商品林赎买成为探索政府主导、企业和社会各界参与、市场化运作、可持续的生态产品价值实现路径,而政府如何确定重点生态区位商品林赎买价格对森林生态产品价值实现至关重要。本章结合目前重点生态区位商品林价格确定及林农对赎买价格难以认可的实际,引入双向竞卖法与最终开价仲裁法对现有赎买价格进行优化,使得林农认可补偿标准。基于福建省的实地调研,借鉴美国土地休耕保护计划,利用 EBI 与 WTA 的供需竞争性投标机制确定赎买价格。在赎买需求分析中,用被赎买商品林的 EBI 来评估其生态价值和筛选赎买对象,EBI 越高,该商品林的生态价值越大,越该进入赎买项目,然后对入选的商品林规定一个最高限价,再根据年度赎买计划确定 EBI 的截止点和赎买规模;在赎买供给分析中,代表商品林转为公益林机会成本的林农最低 WTA 对其有决定性作用;在赎买供求市场中,通过政府最高限价、第三方评估价与林农最低 WTA 的竞价机制实现赎买价格的确定与赎买效率的提升,使有效市场和有为政府有机结合,可以用双向竞卖法优化政府赎买核定价,用最终开价仲裁法优化政府赎买最高限价。

10 基于生态产品价值实现的商品林赎买机制与模式选择

2021年4月,中共中央办公厅、国务院办公厅在《关于建立健全生态产品价值实现机制的意见》中提出:到2025年,生态产品价值实现的制度框架初步形成,生态优势转化为经济优势的能力明显增强;到2035年,完善的生态产品价值实现机制全面建立,具有中国特色的生态文明建设新模式全面形成。林业是生态文明的根基,当把"两山论"用于指导林业发展时,那么林业的"绿水青山"是否得到了货真价实的"金山银山"?绿水青山是福建最宝贵的资源,作为首个国家生态文明试验区,率先开展重点生态区位商品林赎买改革试点,探索通过生态产品价值实现来破解重点生态区位商品林采伐利用与生态保护的矛盾,以实现"机制活、产业优、百姓富、生态美"作为总目标。2023年9月,中共中央办公厅、国务院办公厅印发《深化集体林权制度改革方案》,提出探索完善生态产品价值实现机制:鼓励地方通过租赁、赎买、合作等方式妥善处置重要生态区位内的集体林,维护权利人的合法权益。重点生态区位商品林赎买成为生态产品价值实现方式,探讨商品林赎买机制与模式,完善生态保护补偿制度,实现人与自然和谐共生的现代化,推动林业高质量发展。

"生态产品"不约而同地成为各国国民对本国林业的主要需求(Wrigley,2017)。谢高地(2012)认为基于政府政策的生态补偿和基于市场的生态服务付费应该是两种补充的生态服务价值实现机制。高晓龙等(2020)将生态产品价值实现模式分为公众付费、公益组织付费、政府付费以及多元付费。张雪溪等(2020)提出有为政府与有为市场配合进行生态资本运营及生态产品价值实现的良性机制。刘峥延等(2019)建议成立"三江源生态特区"、发展特色产业和完善特许经营权实现生态产品价值。李忠(2020)提出长江经济带生态产品价值实现的3条路径。王兵等(2020)根据森林生态服务评估典型案例对其价值化实现的路径进行设计。黄颖等(2020)认为福建省南平市的"森林生态银行"是促进森林生态产品价值实现的内在机制。综合上述研究,生态产品价值实现的研究集中在以下3方面:一是通过核算生态服务价值或运营生态资本进行生态补偿与生态服务付费;二是探讨特定区域生态产品价值实现路径;三是根据典型案例探讨生态产品价值实现路径或机制。

对于重点生态区位商品林赎买这一生态建设项目而言,探讨如何实现生态产品价值,实现从"绿水青山"到"金山银山"的转化,其过程通过什么样的形式与平台,在什么样的政策制度下,就哪些生态产品搭建起怎样的市场,提出根据各区域生态系统特征及社会经济条件以不同的产品类型满足社会不同需求,从而确定森林生态产品价值实现路径,为此需要不同的重点生态区位商品林赎买模式与之对应。通过对重点生态区位商品林赎买不同模式进行调研,说明不同情形下哪种赎买模式有助于实现森林的生态产品价值,探究赎买模式可能或已有案例生态价值实现的做法,明确生态产品价值的交易内容与配套的管理模式等,鼓励社会资本参与更多的生态保护与建设项目,在更大范围内实现森林生态产品价值,在乡村振兴战略下实现产业振兴与生态振兴。

商品林赎买的实践既获得了肯定,也受到了挑战。值得肯定的是完善了公益林生态补偿机制,从逐年补偿营林成本转为通过赎买林木处置权补偿林农因无法采伐而损失的木材收益。挑战包括有限公共财政使得政府在赎买对象选择、赎买价格确定及赎买林分价值实现方面存在问题。针对目前商品林赎买实践既有成效又受到挑战的实际,利用森林多功能用途的经济学分析框架,从实物产品价值和生态系统服务价值两者的运动逻辑出发,分析了影响赎买方案有效性的赎买对象选择、赎买价格确定、赎买后林分价值实现 3 个具体行动情境问题。赎买对象选择关系着社会福利最大化的实现,对于最适合提供生态系统服务的特定生态区位商品林,仅需付出较小的经济价值就能获取较大的生态价值,是适合提供生态服务这一单一用途的,不管其是否属于核心区,政府均可优先赎买,且赎买价格易于达成,赎买林分价值实现可由政府委托国有林场管护与经营。对于最适合提供木材生产的特定区位商品林,需付出较大的经济价值才能获取较小的生态价值,若其生态功能属于核心区,则需政府优先赎买,赎买价格可能会高于政府最高限价。若属于非核心区,在一定期限内可适当放开采伐权,实施采伐限额管理弹性机制,由原有林主对其进行改造提升。对于在一定期限内最适合提供木材及其他产品和生态系统服务的组合经营的特定区位商品林,不需优先赎买,改造提升更适应此类林分价值实现。

10.1 基于生态产品价值实现的商品林赎买机制与模式框架

重点生态区位商品林属于经营性生态产品,能够提供可确认的林木等实物产品及碳汇、休闲游憩等可确认的生态系统服务,分别对应着实物产品价值和生态系统服务价值,根据两者价值运动逻辑可以从价值识别/发现、价值凝聚/锁定、价值创造/交易、价值实现/分配4个方面实现重点生态区位商品林的生态产品价值(周一虹和芦海燕,2020)。

重点生态区位商品林赎买的生态产品价值实现机制如图10-1所示。第一,通过赎买对象选择,完成生态产品价值识别/发现。赎买对象的识别和确认是在政府财政资金有限的情况下,要实现森林生态价值最大化,政府首先应该赎买谁的商品林。这一步完成了林木产品与生态系统服务价值源泉的认知与发掘。第二,通过林木处置权的赎买价格确定,实现价值凝聚/锁定。目前林木处置权的赎买价格确定方式有两种,一种为政府核定价,另一种为政府最高限价。林农所获得的直接现金补偿标准就是商品林的赎买价格。为降低交易成本,政府、新营林主体与林农之间会形成相对稳定的交易关系,通过保障主客体间的利益平衡,完成生态产品价值凝聚与锁定。第三,通过政府补偿激励和市场补偿激励的不同组合,实现价值创造/交易与价值实现/分配。通过政府—市场不同组合的多种激励方式使林农、政府及新营林主体实现经济价值与生态价值兼顾的最大化,从而实现森林生态产品价值。根据不同区域的生态系统特征确定不同的可识别的生态产品类型,通过选择政府—市场不同的组合方式,通过价值创造与价值分配来平衡主客体等利益相关者的利益,从而实现生态保护和高质量发展。

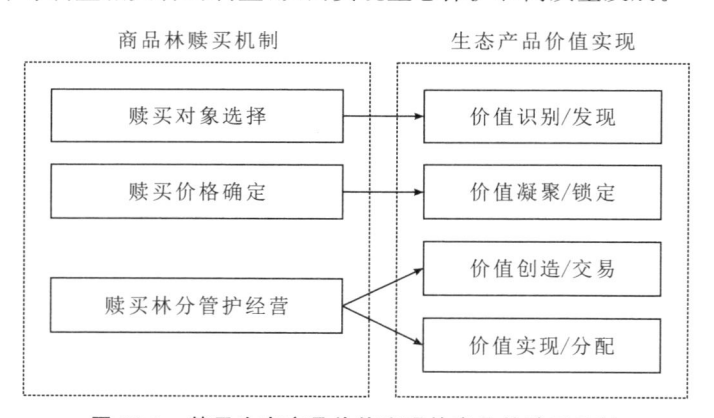

图 10-1 基于生态产品价值实现的商品林赎买机制

10.2 基于生态产品价值实现的商品林赎买机制设计

正是基于福建省商品林赎买实施情况调研,利用生态产品价值运动逻辑的原理，从3方面构建商品林赎买机制框架。首先，赎买对象选择，这会影响价值识别/发现，是商品林赎买机制实现生态产品价值的前提；其次，赎买价格确定会影响价值凝聚/锁定，是商品林赎买机制实现生态产品价值的关键；最后，赎买林分管护经营会影响价值创造/交易与价值实现/分配，是商品林赎买机制实现生态产品价值的路径。为此，政府需要以生态区位与林地特定用途确定赎买对象，利用最终开价仲裁法优化现金直接补偿激励，利用赎买林分管护经营的政府—市场不同组合方式实现不同类型生态产品的价值，以此选择重点生态区位商品林赎买模式（董建军 等，2024）。

10.2.1 赎买对象选择是商品林赎买机制实现生态产品价值的前提

以生态产品价值实现作为目标来识别和确认重点生态区位商品林的赎买客体及赎买对象，是践行"两山论"的前提。"两山论"如何有效落地，"金山银山"的前提首先是"绿水青山"的建设，需要各类资本参与到生态项目建设中来，就具体的重点生态区位商品林地块而言，提供的生态服务价值有多大，相应的生态资产规模是多少，有多大的生态建设投资空间等，都需要从未来在该地块上进行的生态建设项目视角来考察是否赎买，这关系到林业的"绿水青山"能否得到货真价实的"金山银山"。因此，赎买对象确认是商品林赎买机制实现生态产品价值的前提。

借鉴森林多功能用途的经济学分析框架（Gregory，1955），对商品林赎买对象进行解读，结合区位适用性找出解决对策。根据特定区位的土地都被用于它最适合的单一用途，该方法要求管理者确定总面积每个细分区位的主要用途，只有在不干扰主要用途的情况下，次要用途才会被允许（Pearson，1944）。图10-2（a）所示，在进行土地管理细分后，该特定区位最适合提供生态系统服务，提供木材也被允许，但不能减少生态系统服务供给。从社会总体福利最大化的角度出发，对于生态价值明显高于其经济价值的商品林，不管是否处于核心区，是适合提供生态服务这一单一用途的，政府应该赎买，且赎买双方就赎买价格易于达成，赎买林分价值实现可由政府委托国有林场管护与经营。图10-2（b）所示，该特定区位最适合提供木材生产，提供生态系统服务也被允许，但不能减少木材收入。从社会总体福利最大化的角度出发，对于需付出较大经济价值才能获取较小生态价值的商品林，若其生态功能属于不可替代的核心区，政府应该赎买该区位的商品林，且要给予林主充分的补偿，赎买价格可能会高于政府的核定价或最高限价。若属于可替代的非核心区，在一定期限内可适当放开重点生态区位林采伐权，实施采伐限额管理弹性机制，由原有的林主对其进行改造提升,这不仅让原有林农满意,也减少政府资金压力,更重要的是节约交易成本。

还存在一种情形,即为了实现特定区位的土地回报最大化,多种用途组合可能远胜于单一用途的利用(Dana,1943;McArdle,1953),如图10-2(c)所示,该特定区位在一定期限内最适合提供木材及其他产品和生态系统服务的组合经营才能实现社会福利最大化。可根据其生态功能的重要程度,若属于不可替代的核心区,采伐限额弹性小一些,若属于可替代的非核心区,采伐限额弹性大一些,总之这种情况下不需要赎买,由原有的林主改造提升更适应此类林分价值实现。

对于最适合提供生态系统服务的特定生态区位商品林,仅需付出较小的经济价值就能获取较大的生态价值,是适合提供生态服务这一单一用途的,不管其是否属于核心区,政府都应赎买,且赎买价格易于达成,赎买林分价值实现可由政府委托国有林场管护与经营。对于最适合提供木材生产的特定区位商品林,需付出较大的经济价值才能获取较小的生态价值,若其生态功能属于核心区,

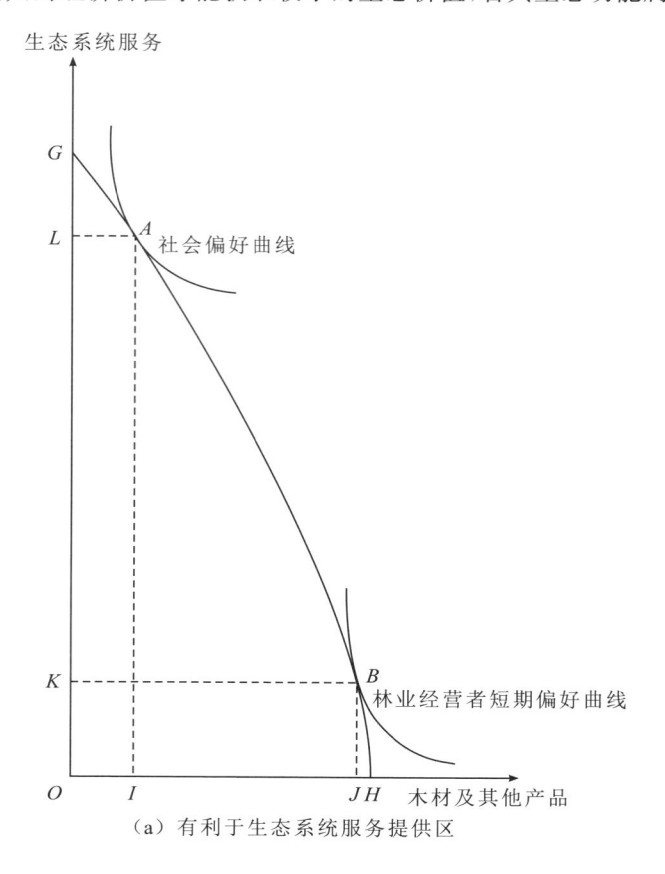

(a)有利于生态系统服务提供区

10 基于生态产品价值实现的商品林赎买机制与模式选择

生态系统服务

（b）有利于木材及其他产品生产区

生态系统服务

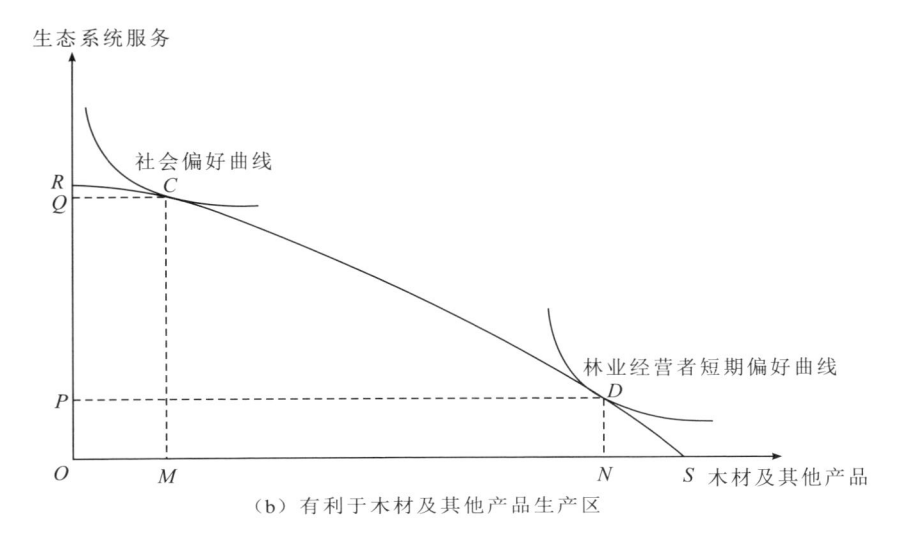

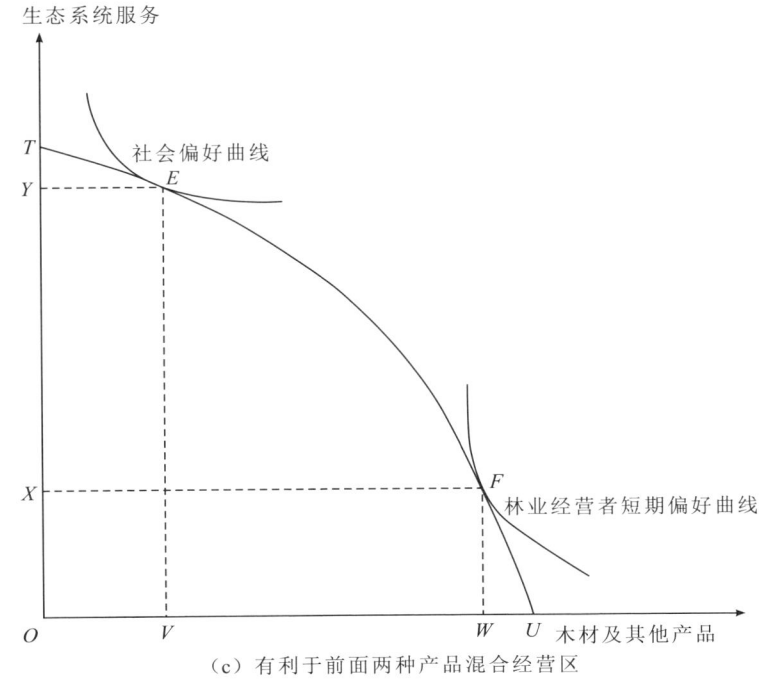

（c）有利于前面两种产品混合经营区

图 10-2　3 种截然不同区域的生产可能性曲线

则需政府赎买,赎买价格可能会高于政府最高限价。若属于非核心区,在一定期限内可适当放开采伐权,实施采伐限额管理弹性机制,由原有林主对其进行改造提升。对于在一定期限内最适合提供木材及其他产品和生态系统服务的组合经营的特定区位商品林,不需优先赎买,改造提升更适应此类林分价值实现。

10.2.2 赎买价格确定是商品林赎买机制实现生态产品价值的关键

图 10-2(a)中,政府 WTP 远远高于林农 WTA,赎买双方在尽量减少交易成本的情况下,使得双方协商赎买价格的区间范围较大,因而更容易达成。而对于图 10-2(c),若是处于不可替代核心区,林农 WTA 可能高于政府 WTP,但考虑到生态保护是需要付出代价的,最终的赎买价格可能高于政府 WTP。而对于图 10-2(c)中处于可替代非核心区的商品林及图 10-2(b)中的商品林,是不需要确定赎买价格的,改造提升模式更适合该区域的商品林,政府需要确定的是对林农进行改造提升时发生的成本,政府该负担或补贴多少的问题。具体来说,若林木林龄达到甚至超过砍伐年限,可以简化采伐证的手续,放宽砍伐限额,砍伐完后要求补植一定比例的阔叶树,林分提升的成本由政府和林农共同分担,其成本应该是基于政府期望的成本而不是实际发生的成本,当林农改造提升的成本超出期望成本比例时,需要林农自己负责筹集资金。

10.2.3 赎买林分管护经营是商品林赎买机制实现生态产品价值的路径

当政府启动重点生态区位商品林赎买这一生态保护项目时,为实现森林的生态产品价值,需要首先解决两个基本问题:一是识别和确定赎买客体及赎买对象,这是因为"金山银山"的前提是"绿水青山"的管护与经营,"绿水青山"被赎买的标准是生态产品价值的大小,关于这方面的内容已在"赎买对象选择是商品林赎买机制实现生态产品价值的前提"部分进行了阐述;二是确定赎买林分的管护与经营主体,这关系着对"绿水青山"的合理利用达到经济价值和生态价值最大化,而选择该主体的标准是能够实现生态保护与产业发展的循环互动。随着生态文明建设的全面展开及乡村振兴战略的实施,生态振兴需要与产业振兴密切结合。赎买不能仅仅为了赎买而赎买,更重要的是政府通过赎买改革从林农手中把林木所有权和经营权赎买过来,交给能够实现生态保护与产业发展的循环互动的国有林场等新的营林主体进行管护与经营,国有林场等赎买主体不仅可以利用自身先进的管理经验、人才、资源等优势,还可以形成规模经营的优势,在精准提升森林质量的基础上,重点发展森林康养、生态旅游、林下经济与自然教育等新兴产业,实现三大产业融合发展。只有这样才能通过赎买实现森林管理的"越采越多"和森林保护的"越采越好",使得林业效益最大化,实现"绿水青山"与"金山银山"兼备的稳态。

在重点生态区位商品林赎买的最后一个阶段——赎买林分管护经营中,政府花费公共财政把从林农手中所获得的赎买林分交给新的营林主体进行管护与经营,要实现赎买林分的生态保护与产业发展的良性循环。而林业主导产业的转变决定着能否获得更高的生态价值与经济价值,林业主导产业的转变是靠政府、市场,还是"政府+市场"手段来实现森林资源配置转变呢?这就需要不同赎买模式来与此相适应。

选择什么样的赎买模式,取决于能否实现重点区位商品林的生态产品价值,即赎买模式的选择由生态产品价值实现路径决定。借鉴相关研究(窦亚权等,2022),根据重点生态区位不同的区域生态系统特征,以生态产品识别为基础,由政府—市场不同组合方式来实现森林的生态产品价值。生态产品分为物质产品、调节产品与文化产品,这3种生态产品类型分别对应着市场主导、政府主导和政府+市场这3条价值实现路径,不同的价值实现路径对应着不同的价值体现,满足着不同的社会需求,如图10-3所示。

以生态产品价值实现路径选择确定重点生态区位商品林赎买模式,这需要根据实际对现有的赎买模式进行改进与创新。商品林赎买中政府和市场角色应在不同赎买模式呈现不同组合。这就是政府—市场的一种组合,是为了实现森林生态产品价值而对现有的直接赎买模式的一种改进。比如,当政府给予参与赎买林农的现金直接补偿不足以补偿林农的损失时,可以通过赎买推动林业产业升级,在三大产业融合过程中也会为林农创造更多的就业与发展就会,林农获得间接的非木材持续收入,足以弥补无法通过采伐森林变卖木材而损失的收益。因此,这种能保障林农获得可持续非木材收入的生态产品是文化产品,满足人们对休闲娱乐、舒缓身心等的需求,由森林康养、生态旅游、国家公园建设等新兴产业提供此类生态产品,而这一产业的顺利发展需"政府+市场"共同协作。第二种保证林农获得可持续非木材收入的途径是构建生态服务产品交易市场,健全碳排放权交易机制。这类生态产品属于调节产品。对面积较大、林木产权明晰的重点生态区位商品林实施森林认证、碳汇交易、保护权利交易、环境服务支付等试点措施,将收益作为林权所有人的生态补偿,以减小公共财政压力,促进可持续发展和森林生态服务产品市场化,让正外部性获得奖励,形成良好的示范激励从而提高森林保护的积极性。正是上述政府—市场的不同

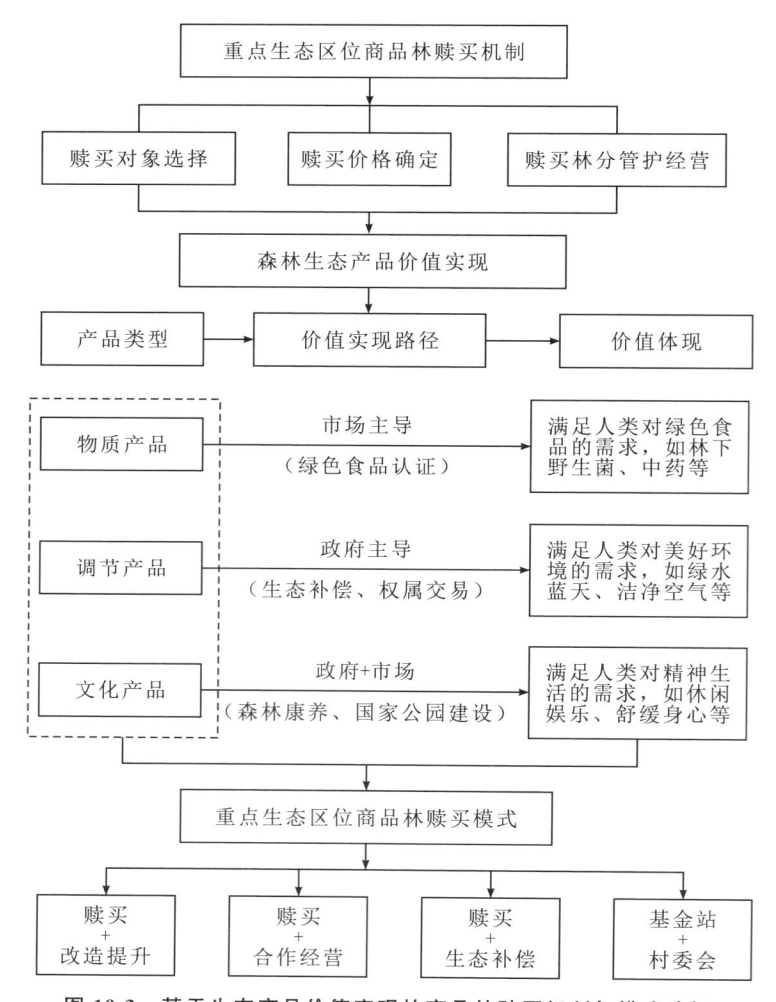

图 10-3　基于生态产品价值实现的商品林赎买机制与模式选择

组合方式,为实现森林生态产品价值提供了具体的路径支撑。为此,政府要统筹运用好法律、行政、市场等手段,把生态保护补偿、生态损害赔偿、生态产品市场交易机制等有机结合起来,协同发力,有奖有惩。

10.3　重点生态区位商品林赎买模式选择

福建省重点生态区位商品林赎买等改革试点方案中所规定的改革方式有

如下几种:①赎买。即在对重点生态区位内非国有的商品林进行调查评估的前提下,通过公开竞价或与林权所有人充分协商一致后进行赎买。村集体所有的重点生态区位内商品林须通过村民代表大会同意。赎买按双方约定的价格一次性将林木所有权、使用权和林地经营权(使用权)收归国有,林地所有权仍归村集体所有。②租赁。即通过租赁的形式取得重点生态区位内商品林的林木使用权和林地经营权(使用权),并给予林权所有人适当租金补助。在租赁期间林地林木所有权不变,参照生态公益林管理。③置换。按照《福建省人民政府办公厅关于开展生态公益林布局优化调整工作的通知》(闽政办〔2014〕160号)规定的程序和要求,将重点生态区位外现有零星分散生态公益林进行等面积置换。④改造提升。对除铁路、公路干线两侧和大江大河及其主要支流两岸规定范围内的人工"重点三线林"外,其他的重点生态区位中杉木、马尾松、桉树等人工纯林的成过熟林,适当放宽皆伐单片面积限制,按照一般商品林政策进行采伐改造,及时营造乡土阔叶树种或混交林。⑤其他方式。除上述4种方式以外,各地可根据实际情况,探索入股、合作经营等其他改革方式。

　　重点生态区位商品林赎买是一项长期而又复杂的系统工程。在具体的赎买实践中,各地不断创新其他形式的赎买方式,在赎买的基础上产生了租赁、置换、改造提升等组合形式的赎买方式(范志豪,2022)。要确保赎买工作有序持续地开展,需要在完善市场化赎买机制的基础上选择适宜模式。目前正在探索多样化的赎买模式,正如前文所述,结合区位适用性及生态核心区性质,因地制宜确定了"赎买+改造提升"模式。由于不同地区重点生态区位商品林具体情况也各有差别,不同地区选择赎买模式的标准在于实现赎买目的,而实现赎买目的的关键在于充分发挥政府主体的主导作用、市场主体的推动作用和社会主体的全程参与作用。在这种考量下,可选择如下的赎买模式:①结合区位适用性及生态核心区性质,可选择"赎买+改造提升"模式。对于政府而言,改造提升的补助(通常是造林成本的60%~70%)远低于赎买指价格,但依然可以破解采伐和生态保护的矛盾;对于林农而言,在林木权属与林地经营权不改变的前提下,不仅择伐会获得收入,同时又可享受造林成本补助。②对面积较大、林木产权明晰的重点生态区位商品林实施森林认证、碳汇交易、保护权利交易、环境服务支付等试点措施,将收益作为林权所有人的生态补偿,以减小公共财政压力,促进可持续发展和森林生态服务产品市场化,形成"赎买+生态补偿"模式。③对集中成片,地理位置优越,便于开发森林康养、生态旅游等项目的重点生态区位商品林,可通过赎买推动林业产业升级,在三大产业融合过程中也会为林农创造更多的就业与发展就会,而这一产业的顺利发展需"政府+市场"共同协作,形成"赎买+合作经营"模式。④借鉴永安市赎买经验,开展生态公益林及天然林补偿收益权质押贷款回购天然林试点工作，形成一种适宜于天然商品林的"基金站＋村委会"模式。在具体做法上，村集体用生态公益林的补偿收益权向永安信用社质押贷款，贷款利息由林业部门向上争取资金给予全额贴息。回购价格、贷款期限、金额，回购林地面积由村民代表大会表决通过。用"补贴金＋抵押贷款"完成林木赎买，不仅解决资金问题，而且林地、林权最终归属集体，集体可以自己管护，解决了林业产权与林业经营不统一问题。目前，除了"赎买＋改造提升"模式在所调研的试点——沙县推广开来，基于天然商品林的"基金站＋村委会"模式而形成的天然商品林村级回购已经在所调研的试点——永安市进行了实践创新并不断积累经验，下面从以下几个方面对该种模式进行详述。

10.3.1　永安市天然商品林村级回购试点的背景

全面停止天然林商业性采伐是党中央、国务院为恢复森林资源、扩大森林面积、提升森林质量、增强森林生态功能而做出的一项历史性重大决策，对于推进生态文明和美丽中国建设影响深远、意义重大。切实加强永安市天然林资源保护，充分发挥天然林在维护生态安全、水源安全、国土安全、物种安全等的主体作用，全面落实国家停止天然林商品性买伐任务，是加快永安森林建设的重要内容。广大林农认为，生态保护确实重要，但生态保护是社会性问题，应该由社会共同承担"生态成本"。天然林限伐后，由于天然林停伐补助标准偏低，管护补助与经营商品林经济效益相比，仍有较大的差距，林权所有人无法处置林木，利益受损，反应强烈，保护与利用矛盾问题日益突出，强烈要求解决问题。林权所有人特别是个私所有者强烈要求政府参照赎买重点区位商品林的做法，扩大赎买范围，将天然商品用材林全部列入赎买范围，赎买被认为是最直接、最有效的办法。2008 年，开展 20 万亩市级天然林保护工程；2013 年，率先开展重点生态区位林赎买试点，至 2020 年 8 月累计赎买重点生态区位商品林 4.4 万亩，其中天然林 0.74 万亩。

调研了解到，赎回的重点生态区位商品林在管理上存在问题。被赎买了4 万多亩，分布在 200 多个村，零零散散，管护起来比较困难。由于林地是属于集体的，一旦到了林权证上的承包截止日期，林子需要交回集体。赎买林分的承包期基本上是到 2030 年截止，到时候是把林地再承包给林农进行管护和经营吗？因此，赎买只是解决了当前的一个阶段性问题，下一个阶段的矛盾就留给了后代。

因此，为从根本上解决保护与利用的矛盾问题，可借鉴永安市的做法，2019 年开展生态公益林及天然林补偿收益权质押贷款回购试点工作,用村生态公益林的补偿收益权向永安信用社质押贷款,贷款利息由林业部门向上争取资金给予全额贴息。回购价格,贷款期限、金额,回购林地面积由村民代表大会表决通过。用"补贴金+抵押贷款"完成林木赎买,既解决资金问题,同时林地、林权最终归属集体,也解决了下一阶段林业产权归属与管护经营问题。从这个意义上来说,回购是解决天然林保护问题的最终目标。停伐协议补助在一段时期内有一定成效,但由于补助标准偏低,且长期补助,政府实际投入大,无法从根本上解决天然林保护问题,回购一次性投入,可实现长期有效保护,以村集体为主体回购天然林既符合国家、省有关要求,又能彻底解决天然林停伐保护一系列难以解决的矛盾和问题。回购后,天然林停伐补偿金归村集体所有,增加村财收入,林权所有人又能一次性得到应有收益补偿,且从根本上解决保护与利用的矛盾问题,并对村财增收、维护林农利益和林区社会稳定意义重大,以村集体为主体回购天然林可行性高。同时,实施永安市森林综合视频监控系统项目、严格控制天然林采伐、严厉打击涉林违法犯罪、实施社会化专业化护林,以及推广以电代柴制作笋干、以竹代木产业发展、发展林下经济等替代产业,减少天然林资源消耗,天然林资源保护取得积极成效,为建立长效的天然林保护探索新机制。

10.3.2 永安市天然商品林村级回购试点的开展情况

永安市现存天然商品乔木林面积 67.13 万亩,其中国有 29.69 万亩,占 44.2%,集体个人有 37.44 万亩,占 55.8%。其中集体个人 37.44 万亩中,属村集体所有和分山到村民小组约占 75%,面积 28.04 万亩,属个私所有(出资购买)约占 25%,面积 9.4 万亩。按照权属国有和集体所有天然林不属回购范围,分山到村民小组先暂缓回购,扣除生态协会已赎买的个私所有的重点生态区位天然商品林 0.74 万亩,个私所有的 8.66 万亩是本次列入的优先回购对象。

2019 年以来,永安市积极大胆探索和实践,在重点生态区位商品林赎买经验基础上,利用国家、省鼓励支持开展天然林赎买、置换、补助试点机遇,结合永安市实际,制定《永安市天然商品林回购试点工作方案》,明确目标任务、具体做法、保障措施等,探索开展村集体生态公益林及天然林补偿收益权质押贷款回购天然商品林试点。为规范质押贷款程序、用途、期限、利率等,简化审批手续,做好风险防控管理,加快推进试点工作,支持农村金融改革与林业发展,金融部门制定出台了《生态公益林及天然商品林补偿收益权质押贷款管理办法》。

永安市洪田镇马洪村启动开展生态公益林补偿收益权质押贷款回购天然商品林试点,将村集体所有的生态公益林及部分天然林补偿收益权作为抵押物,向金融部门申请中长期贷款,专项用于优先回购个人投入大量资金购买的天然林,率先开展以村集体为主体回购天然林试点。比如,洪田镇马洪村将250亩生态公益林补偿收益权作为抵押物,向农信社申请贷款13万元,专项用于回购个私所有的天然商品林面积135亩,回购价格963元/亩,贷款期限15年,贷款利率参照"福田贷"利率执行。2019年永安市小陶镇吴地村启动生态公益林质押贷款回购天然商品林试点,将村集体所有的生态公益林1.6万亩及部分天然林作为抵押物,向金融部门申请中长期贷款。截止到目前,永安天然商品林村级回购改革,已累计收购天然商品6000余亩,有效加强了天然林的保护,生态效益、社会效益明显。

10.3.3 永安市天然商品林村级回购试点的思路与做法

天然商品林村级回购基本思路如下:一是争取列为回购试点县。积极争取福建省将永安市列为生态公益林及天然林补偿收益权质押贷款回购天然商品林试点单位,从政策、资金等方面给予支持。二是多渠道筹集资金。争取国家、省给予试点专项补助资金;鼓励支持村集体统筹自有资金以及通过生态林质押贷款自筹资金;引导和鼓励林权所有人捐赠,并经林权所有人自愿同意;市本级财政和各乡镇(街道)财政预算安排回购资金。将省级以上试点专项补助、村集体自筹、林权所有人捐赠等资金以村集体为单位统筹使用,专项用于回购天然商品乔木林。三是总体目标任务。2020—2021年,每年回购1万亩以上,合计2万亩以上;2022年以后,利用5年左右时间,全面完成回购任务。四是主要形式与做法。回购天然林采取以村集体为回购主体开展回购,主要采取协议定价或评估定价办法,采取评估定价的由村集体聘请资产评估中介机构进行评估,评估办法参照市生态协会赎买天然林评估办法进行评估定价,并按照先急后缓的原则,优先回购个人投入大量资金购买的天然商品林,再回购分山到户、到组等方式获得的天然商品林。申报参加回购量所需资金大于年度资金量时,采取竞标方式,捐赠比例幅度大的优先回购。五是及时过户林权。回购后林权归村集体所有,要及时将林权过户到村集体,村集体凭不动产权证支付回购费用。六是落实管护责任。回购后的天然林管护要与生态公益林管护结合起来,管护模式和护林员管理参照生态公益林管护和护林员管理模式,实现专业队伍专业化管护,确保天然林资源安全。

天然商品林村级回购主要做法与流程:一是资金筹措。用村生态公益林的补偿收益权向永安信用社质押贷款筹措回购资金,按年补偿收益的30倍为贷款额度向信用社申请贷款,利息参照"福林贷"的贷款利息,贷款期限可达15年,其间产生的贷款利息林业部门通过向上争取资金给予全额贴息。二是确定回购价格。马洪村与林木所有者沟通协商回购价格，基本原则是按原林木转让合同价进行定价，适当考虑加同期银行存款利率。三是村民代表大会表决。确定回购价格后，召开村两委会和村民代表大会讨论通过决定，对回购价、生态公益林补偿收益权质押贷款利率和期限、贷款金额、生态公益林质押面积和地块等事项进行讨论表决。四是签订相关协议（合同）。村民代表大会讨论通过后，马洪村村民委员会与林木所有者签订《林木转让合同》。为确保按时足额还本付息、资金安全和防控风险，市农信社、市林业局、洪田镇人民政府、马洪村村民委员会签订《四方合作协议》（附录10）。五是办理质押贷款。马洪村在洪田信用社开立村级股份经济合作社账户，作为还本付息账户。马洪村村民委员会与农信社办理质押贷款，进行放贷。六是及时过户林权。签订《林木转让合同》后林权归马洪村集体所有，及时到不动产登记部门将林权变更过户到马洪村村民委员会名下。七是支付林木转让款。马洪村凭不动产权证和《林木转让合同》约定价款支付转让款。

10.3.4 永安市天然商品林村级回购试点的成效

天然商品林村级回购可实现村财持续增收，破解天然林保护与利用的矛盾问题，对创新林业金融模式、拓宽融资渠道、增加村财收入、维护林农利益和林区社会稳定都具有重要意义。一是彻底解决天然林停伐保护产生的一系列难以解决的矛盾和问题，破解天然林保护与利用的矛盾问题，以及天然林限伐产生合同到期后，因林木受政策影响无法采伐，业主无法归还林地给村里，不按合同上交相关费用，原有经营合同无法履行，导致纠纷等问题。二是创新林业金融产品，进一步拓宽农村集体经济组织与林农融资渠道，支持农村金融改革与林业发展，服务保护天然林与生态文明建设。三是破解原来生态协会赎买资金靠捐赠和财政预算不可持续、林地使用期限与费用、赎买的林木分散管理成本高等问题，由村集体回购能彻底有效解决一系列问题。四是随着国家对生态投入的加大，回购的天然林补偿收益也随之逐步提高，能为村财提供一个长期、稳定的收入来源，持续增加村财收入。探索金融支持村集体村财增收，引导金融部门开展生态公益林收益权质押试点工作，鼓励村集体用生态公益林补偿收益权作为质押向金融机构申请贷款用于回购天然林。短期内将回购的天然林委托给永安市金盾森林资源管护有限公司进行管护，在此期间更要积极探索依托于村集体成立的社区林业股份合作组织等新型林业经营组织，与不同企业主体进行合作，对整村回购的天然林进行管护与经营，以获得多种形式的村财收入。

11 研究结论与政策建议

11.1 研究结论

建设生态文明是中华民族永续发展的千年大计,必须践行"绿水青山就是金山银山"的理念,统筹山水林田湖草沙综合治理,实行最严格的生态保护制度。森林是建设生态文明的根基,而处于重点生态区位的林木对气候变化减缓、微气候调节、环境质量调节、生态水文调节、土壤保持、生物多样性保护等方面具有不可替代的作用,是森林保护的重中之重。重点生态区位商品林赎买是以"破解生态生计矛盾、创新经营管理模式、优化公益林布局"为出发点,以实现"机制活、产业优、百姓富、生态美"作为总目标,因此重点生态区位商品林赎买成为探索政府主导、企业和社会各界参与、市场化运作、可持续的生态产品价值实现路径,进而成为践行"两山论"的路径。

本书以制度变迁理论、林农行为理论、机制设计理论为研究基础,以文献法了解研究动态,以问卷与访谈法获取数据,以案例分析与描述统计剖析商品林赎买概况,从践行"两山论"视角出发分析其存在问题,通过研究得出以下主要结论:

首先,对赎买行为所涉及的利益相关者进行界定,然后根据各利益主体在赎买过程中的角色定位,分析了林农与政府之间及林农与赎买方之间的博弈行为及结果;其次,基于重点生态区位商品林赎买23个典型访谈案例,运用扎根理论对重点生态区位商品林赎买行为的影响因素与作用机制展开分析,构建出商品林赎买影响因素的"发生条件—社会动员—激励相容"模型。

借鉴美国土地休耕保护计划(CRP),利用环境效益指数(EBI)与林农接受意愿(WTA)的供需竞争性投标机制确定赎买规模、赎买对象和赎买价格。赎买需求分析中,用被赎买商品林的EBI来评估其生态价值和筛选赎买对象,根据筹集到的赎买资金确定EBI的截止点和赎买规模,EBI越高,该商品林的生态价值越大,越该进入赎买项目,然后对入选的商品林规定一个最高限价,而两者的确定都离不开政府赎买资金的筹集与运行能力；赎买供给分析中，代表商品林转为公益林机会成本的林农最低 WTA 对其有决定性作用，要激励林农参与赎买，必须满足林农的最低 WTA，通过对林农进行调查和访谈了解林农 WTA 及其影响因素，并运用 Probit 模型对影响林农 WTA 的因素进行定量分析；赎买供求市场中通过政府最高限价、第三方评估价与林农最低 WTA 的竞价机制实现赎买价格的确定与赎买效率的提升，使有效市场和有为政府有机结合，可以用双向竞卖法优化政府赎买核定价，用最终开价仲裁法优化政府赎买最高限价。

在此基础上，基于生态产品价值实现的视角构建了商品林赎买机制：赎买对象选择，成为生态产品价值实现的前提；确定赎买价格，成为生态产品价值实现的关键；赎买林分管护经营的政府—市场不同组合方式，成为生态产品价值实现的路径。而赎买模式选择是由生态产品价值实现路径决定的，即赎买林分管护经营的政府—市场不同组合方式决定着商品林赎买模式的选择。目前正在探索多样化的赎买模式，比如"赎买＋改造提升"模式、"赎买＋合作经营"模式、"赎买＋生态补偿"模式和"基金站＋村委会"模式等。赎买模式能否实现生态产品价值的关键在于能否充分发挥政府主体的主导作用、市场主体的推动作用和社会主体的全程参与作用。

11.2 政策建议

本书从践行"两山论"视角提出重点生态区位商品林赎买政策建议。赎买不能仅仅为了赎买而赎买，更重要的是政府通过赎买改革从林农手中把林木所有权和经营权赎买过来，交给能够实现生态保护与产业发展的循环互动的国有林场等新的营林主体进行管护与经营，国有林场等新型赎买主体不仅可以利用自身先进的管理经验、人才、资源等优势，还可以形成规模经营的优势，在精准提升森林质量的基础上，重点发展林下经济、森林康养、生态旅游等新兴产业，实现三大产业融合发展。因此，当政府给予参与赎买林农的现金直接补偿不足以补偿林农的损失时，可以通过赎买推动林业产业升级，在三大产业融合过程中也会为林农创造更多的就业与发展就会，获得持续非木材收入会使林农的获得感更多，足以弥补无法通过采伐森林变卖木材而损失的收益。随着林业主导产业的转变，林农能获得可持续非木材收入是其把传统的生计模式转变为可持续发展生计模式的关键，这也是实现生态保护目标的决定因素。只有这样才能通过赎买实现森林管理的"越采越多"和森林保护的"越采越好"，使得林业效益最大化,实现"绿水青山"与"金山银山"兼备的稳态。

目前,福建省重点生态区位商品林赎买正处于试点阶段,引导、推动商品林赎买的道路并非一蹴而就,而是一个长期、渐进的发展过程。因为商品林赎买是一项关系到林农生计的社会性系统工程,涉及范围广,牵一发而动全身,需要从各个层面进行协调配合。因此,践行"两山论"的重点生态区位商品林赎买的政策建议分为以下 3 个层面。

11.2.1 按生态效益原则构建赎买对象的识别机制

第一,建立环境效益指数(EBI)。政府作为赎买需求方,关注的是赎买所获得生态效益的大小。要按生态效益进行赎买排序,可借鉴美国休耕保护计划的EBI,根据重点生态区位商品林的生态服务价值来确定赎买的 EBI(王升堂和孙贤斌,2018)。该指数设计应包含三大因子:①区位因子,区位最重要或最脆弱最先被赎买;②生态效益因子,生态效益最大最先被赎买;③成本因子,在区位和生态效益因子同等前提下林农报价较低优先赎买。对于区位因子,林农要拿环境敏感性最大的地块去申请,基于所提供地块的位置来决定林农能否获得一个高的 EBI 分数。生态效益因子可以借鉴武夷山生态系统服务价值核算指标体系与评估方法中所涉及的森林生态系统的服务价值,包括气候变化减缓、微气候调节、环境质量调节、生态水文调节、土壤保持、生物多样性保护等方面。EBI 的成本因子包含两个方面:一是基于支付给林农的赎买总价款,较高支付获得较少 EBI 分值,而较低支付则获得较高分值。二是奖励给林农的 EBI 分值点,奖励的分值是基于低于政府最高限价的百分比。比如,当交易价低于政府限价 15% 时,该林农最高可获得 EBI 的 25 个分值点。然后再对各个因子的子项进行定义并赋值,从而计算出每个竞标林农商品林的 EBI 得分。

第二,构建赎买对象的识别机制。根据年度政府赎买计划和项目所筹集的资金,确定本年度本区域 EBI 的截止点。通过对林农商品林 EBI 得分和政府设定 EBI 的截止点进行比较,高于该截止点的林农进入赎买项目,低于该截止点被拒绝,从而确定商品林赎买规模和赎买对象,构建赎买对象的识别机制。

第三,形成赎买林木资源资产"一张图"。根据 EBI 建立赎买信息管理平台,配置展示、分析、评估、监管、撮合等功能,构筑基于大数据和"互联网+"的林业资源赎买决策与服务体系,形成赎买林木自然资源资产"一张图",实现精细化与智能化管理,为持续开展重点生态区位商品林赎买奠定基础。

11.2.2 提高林农参与赎买的获得感

增加林农通过参与赎买所获得的利益。林农所得利益主要来源于参与赎买后的获得感,这种获得感不仅源于金钱,还包括就业或保障方面。想让林农积极参与赎买,就必须解决林农的后顾之忧。林农分为两种:一种是对林地依赖程度较小的林农,赎买价格的高低决定了其获得利益的高低;另一种是对林地依赖程度较大的林农,单纯提高赎买价格,不会从根本上激励到该类林农参与赎买,妥善安置其后续就业或提供基本保障才能有效增加其获得感。因此,赎买方应该考虑将创新重点生态区位商品林经营管理模式时创造的更多就业机会提供给参与赎买的部分林农。

第一,赎买政策的宣传。政府应加大对重点区位商品林赎买的宣传,宣传内容不应仅局限于赎买程序及赎买任务,还要包括赎买价格的制定过程、方法等,让林农了解到赎买对生态文明建设的重要性,林农可能不会要求全额的收入损失补偿。同时,逐步建立健全林权交易中心。有条件的地方可以按照统一标准建立一个全域覆盖,政府主导,与林业、不动产等部门联网的林权电子交易平台。短期也可在林业局网站上加入和交易平台相关的赎买板块,既能降低交易成本,又能保证林权交易的公信力。所有信息公开透明,林农就不会只关注其他试点较高的赎买价格,对价格的预期也会降低,有利于形成合理可接受的价格水平。

第二,提高赎买价格。不同生态区位价格不同,对于水源地及生态最脆弱地区等非常重要区位的商品林,政府是必须赎买的,对于赎买意愿不大的林农,可适当调高赎买价格。赎买价格要体现规模递增性,对于便于成片规模化经营管理的山场,要在价格上适当调高。赎买价格要有一定的灵活性,最高限价与评估价要有一个动态平衡,当林木评估价与政府限价差别太大时,不能只按照最高限价来赎买,应上浮适当比例。总之,保护生态的政策成本不能全部由林农来承担。

11.2.3 以生态与产业循环互动为标准选择管护与经营主体及模式

重点生态区位商品林赎买需要实现生态保护与产业发展的循环互动。习近平总书记曾指出,生态环境保护的成败,归根结底取决于经济结构与经济发展方式(中共中央文献研究室,2017)。通过建立健全以产业生态化和生态产业化为主体的生态经济体系(杨煌,2019),不断满足人们优美生态环境需要和美好生活需要,实现经济社会可持续发展,以形成机制活、产业优、百姓富、生态美的发展格局。同样,对于林业产业而言,林业肩负生态安全和产业发展两大使命,林业的生态服务功能和物质供给功能要实现良性循环,实现越采越多、越采越好,离不开重新对森林经济功能及市场价格对森林资源增长激励作用的重视(杨超 等,2020)。要在坚持生态优先的基础上,大力发展林业产业,通过产业发展反哺带动生态建设,实现树越砍越多、山越绿越富(焦玉海,2015)。

第一,选择合适的赎买主体直接参与赎买林分管护与经营。为实现"两山"兼备的稳态,赎买主体的选择以能实现生态与产业循环互动为标准。具体表现在赎买林分的"怎么管""管得好"上。这需要选择合适的赎买主体创新林业产业发展模式,实现产业生态化与生态产业化。通常,对重点生态区位商品林经营管理分为初、中、远期阶段。初期为加强赎买林分的后续管护。因地制宜落实管护主体,强化管护责任,稳步提升森林生态价值,实现生态优先。中期为精准提升森林质量。在树种选择、种苗培育、林木抚育等方面采取精准措施,配合国家储备林质量精准提升等工程,通过改主伐为择伐、改单层林为复层异龄林、改单一针叶林为针阔混交林、改一般用材林为特种乡土珍稀用材林等措施,精准提升森林质量,增加林业效益。远期为通过多元化发展实现三大产业融合。在保证生态效益的前提下,突破林业产业发展传统模式,提升林木抚育水平,延伸产业链条,不断导入新技术、新业态,重点加快发展森林康养、林下旅游等新兴产业,实现三大产业融合发展。总之,通过创新赎买林分经营管理真正践行"两山论"。

第二,引入森林资源保护PPP合作模式实现生态与产业循环互动。可通过政府和社会资本合作解决赎买资金从哪里来、谁作为赎买主体来组织实施、权责利如何明确、监督实施如何到位等难题。比如,将乐县在福建省率先探索实施重点生态区位森林资源保护PPP项目林分赎买,建设期以生态保护为主,而在运营期则以森林康养等新业态实现生态与产业良性循环,为福建省乃至全国在赎买林分管护与经营上提供了一个可行的思路。其具体做法如下:由县政府负责制定赎买政策和确定赎买价格,并由县林业局成立项目服务小组,负责审核、把关、监管和移交等工作;由将乐县群峰园林绿化有限公司为社会资本方,设立将乐县金山林场有限公司承担赎买和改造工作;由国家开发银行提供长期贷款,负责资金支持和项目监管。在资金筹措与运用方面,将乐县金山林场有限公司自筹资本金1.3亿元,向国家开发银行申请项目融资4亿元,基准利率下浮9.3%,期限25年。其中建设期8年,即2017—2024年,主要进行林分修复、采伐更新和改造等,该期无须还本付息;运营期17年,即2025—2041年,主要进行林木抚育、发展林下经济和打造森林康养基地等,该期需要还本付息。

11.3 研究不足及展望

首先,本研究选取了福建省 8 个市(县)进行了实地调研,试图全面反映重点生态区位赎买实践的一般状况,但难免会有所遗漏,因此今后要增加典型调研样本,继续推进对福建省重点生态区位商品林赎买展开深入调研,可以更加全面客观准确地反映出商品林赎买的发展状况与趋势。

其次,本研究在理论及其假设验证方面需要进行更深入全面的分析,未来还需要进一步丰富研究视角,采用更加准确、前沿的方法进行研究,回答当前急迫的社会问题。今后的研究可从区域层面,利用地理信息系统等实时资料,综合评价重点生态区位商品林赎买机制与模式所产生的实际保护效果,以及更多地考虑商品林赎买所涉及的生态效果、经济效率与社会公平之间的关系及协调机制。

最后,由于主客观条件所限,本研究对重点生态区位商品林赎买的机制与模式的阐述可能仍然不够透彻,特别是在快速城镇化与现代化的过程中,作为林农生计适应策略的商品林赎买会随着林农生计方式的转变而不断地调整变化。因此,进一步的研究需要充分了解当下林农的发展诉求、林业各项政策目标以及国内外经济社会环境的变化,更加准确地提出新形势下如何更好地推动草原流转商品林赎买,确保林农的权益和生产生活的稳定。

参考文献

ADHIKARI B,BOAG G,2013.Designing payments for ecosystem services schemes:some considerations [J].Current Opinion in Environmental Sustainability(5):72-77.

BATEMAN L J,DIAMOND E,1996.Household willingness to pay and farmers' willingness to accept compensation for establishing a recreational woodland [J].Journal of Environmental Planning and Management,39(1):21.

BOON T E,BROCH S W,MEILBY H,2010.How financial compensation changes forest owners' willingness to set aside productive forest areas for nature conservation in Denmark [J].Scandinavian Journal of Forest Research,25(6):564-573.

COMERFORD E,2014.Understanding why landholders choose to participate or withdraw from conservation programs:a case study from a Queensland conservation auction[J]. Journal of Environmental Management,141:169-176

DANA S T,1943.Multiple use[J].Biology,and Economics,41:625-626.

DOOLEY E L,2018.Fine tuning the environmental benefits index to achieve cost savings for the Conservation Reserve Program[D].Auburn:Auburn University.

FOSTER A D,ROSENZWEIG M R,2003.Economic growth and the rise of forests[J].Quarterly Journal of Economics,118(2):601-637.

GREGORY G R,1955.An economic approach to multiple use[J].Forest Science,1(3):6-13.

HANLEY N,BANERJEE S,LENNOX G D,et al.,2012.How should we incentivize private landowners to 'produce' more biodiversity? [J].Oxford Review of Economic Policy, 28(1):93-113.

ISONI A,2011.The willingness-to-accept/willingness-to-pay disparity in repeated markets: loss aversion or 'bad- deal' aversion? [J].Theory and Decision,71(3):409-430.

KAUNECKIS D,YORK A M,2009.An empirical evaluation of private landowner participation in voluntary forest conservation programs[J].Environmental Management, 44(3):468-484.

KLINE J D,ALIG R J,JOHNSON R L,2000.Forest owner incentives to protect riparian habitat[J].Ecological Economics,33(1):29-43.

LAMBIN E F,MEYFROIDT P,2011.Global land use change,economic globalization,and the looming land scarcity [J].Proceedings of the National Academy of Sciences,108(9): 3465-3472.

LANGPAP C,2004.Conservation incentives programs for endangered species: an analysis of landowner participation[J].Land Economics,80(3):375-388.

LANGPAP C,KIM T,2010.Chapter 5:Literature review: an economic analysis of incentives for carbon sequestration on nonindustrial private forests (NIPFs)[J].US Forest Service Pacific Northwest Research Station General Technical Report PNW-GTR(833):109-142.

MAKRI C, NEELYA A, 2021. Grounded theory: a guide for exploratory studies in management research[J].International Journal of Qualitative Methods,20:1-14.

MCARDLE R E,1953.Multiple use—multiple benefits[J].Journal of Forestry,51:323-325.

MITANI Y,LINDHJEM L,2015.Forest owners' participation in voluntary biodiversity conservation:what does it take to forgo forestry for eternity? [J].Land Economics,91(2): 235-251.

MOL A P J,2010.The future of transparency:power,pitfalls and promises[J].Global Environmental Politics,10:132-143.

PEARSON G A,1944.Multiple use in forestry[J].Journal of Forestry,42: 243-249.

RAUNIKAR R,BUOUGIORUO J,2006.Willingness to pay for forest amenities:the case of non-industrial owners in the south central United States[J].Ecological Economics,1(1): 132-143.

RODRIGUEZ C,PASCUAL U,MURADIAN R,et al.,2011.Towards a unified scheme for environmental and social protection:learning from PES and CCT experiences in developing countries[J].Ecological Economics(70):2163-2174.

RUDEL T K,COOMES O T,MORAN E,et al.,2005.Forest transitions:towards a global understanding of land use change[J].Global Environmental Change,15(1):23-31.

SUTER J F, POE G L, BILLS N L, 2008. Do landowners respond to land retirement incentives? Evidence from the conservation reserve enhancement program[J].Land Economics,84(1):17-30.

WUNDER S,2005.Payments for environmental services: some nuts and bolts[J]. Center for International Forestry Research (CIFOR) Occasional Paper:42.

WUNDER S, 2008. Payments for environmental services and the poor: concepts and preliminary evidence[J].Environment and Development Economics,13(3):279-297.

WRIGLEY E A,2017.The supply of raw materials in the industrial revolution[J].The Causes of the Industrial Revolution in England:97-120.

ZAMMIT C,2013.Landowners and conservation markets:social benefits from two Australian government programs[J].Land Use Policy,31:11-16.

ZHANG M Y,2022.Households' willingness to accept forest conservation and ecosystem services[J].Forests,13(9):1399.

ZHANG Y Q, LI Y Q,2004.Valuing or pricing natural and environmental resources[J].Environmental Science and Policy,8(2):179-186.

重点生态区位商品林赎买机制与模式研究

ZHANG Y Q,RAFAILOVA E,HUSSAIN A,2013.Ecosystem services payment and non-market valuation:implication for Bulgarian private forest management[J].Forestry Ideas,19(45):49-57.

白彬,赵丽英,2023.人工智能伦理制度化:影响因素与生成逻辑——基于扎根理论的政策文本分析[J].黑龙江社会科学(5):43-50.

毕淑娜,2018.耕地轮作休耕制度中美比较分析——基于生态补偿效率的思考[J].地方财政研究(9):108-112.

蔡晶晶,李德国,2020.商品林赎买政策如何撬动社会参与和经济绩效?——对福建林业政策创新的混合研究[J].公共行政评论,13(6):40-60,207-208.

蔡晶晶,谭江涛,2020.社会-生态系统视角下商品林赎买政策参与意愿的影响因素分析[J].林业经济问题,40(3):302-311.

蔡晶晶,杨文学,2020.生态公共服务政府购买的地区效果比较研究——基于福建重点生态区位商品林赎买的实证分析[J].林业经济,42(2):69-82.

蔡晶晶,杨文学,林芳菲,等,2021.商品林赎买政策地区绩效差异及其影响因素分析[J].林业经济问题,41(3):253-262.

陈罗炜,张美艳,2020.福建省重点生态区位商品林赎买资金筹集与运行解析[J].湖北经济学院学报(人文社会科学版),17(5):46-48.

陈向明,1999.扎根理论的思路和方法[J].教育研究与实验(4):58-63,73.

陈展图,杨庆媛,2017.中国耕地休耕制度基本框架构建[J].中国人口·资源与环境,27(12):126-136.

程鹏,2012.集体林权改革背景下的生态保护制度创新研究[D].武汉:武汉大学.

董建军,张美艳,雷艳杰,2024.基于生态产品价值实现的商品林赎买机制研究[J].三明学院学报,41(1):58-67.

董建军,张美艳,李军龙,2019.基于生态补偿视角下的重点生态区位商品林赎买问题探析——以三明为例[J].湖北经济学院学报(人文社会科学版),16(5):47-49.

董群方,2011.黄土高原生态脆弱区森林产权流转与补偿研究[D].西安:陕西师范大学.

窦亚权,杨琛,赵晓迪,等,2022.森林生态产品价值实现的理论与路径选择[J].林业科学,58(7):1-11.

范志豪,2022.重点生态区位商品林赎买方式与定价研究[D].杭州:浙江农林大学.

福建省林业局,2023.福建省林业局关于省十四届人大一次会议第1352号建议的答复[EB/OL].(2023-04-20)[2024-06-10].https://lyt.fujian.gov.cn/zwgk/jyta/rddbjy/202305/t20230506_6163924.htm.

福建省人民政府办公厅,2017.福建省人民政府办公厅关于印发福建省重点生态区位商品林赎买等改革试点方案的通知[EB/OL].(2017-01-12)[2024-12-18].https://www.fujian.gov.cn/zwgk/zfxxgk/szfwj/jgzz/xzgfxwj/201701/t20170122_1477179.htm.

福建省生态文明建设领导小组办公室,福建省生态文明试验区建设领导小组办公室,福建省发展和改革委员会,中国(福建)生态文明建设研究院,2016.国家生态文明试验区(福建)政策文件汇编[Z].

傅一敏,涂成悦,刘金龙,2017.生态文明建设背景下地方林业"政策试验"的新尝试——以福建永安重点生态区位商品林赎买为例[J].环境保护,45(24):59-64.

高孟菲,王雨馨,郑晶,2019.重点生态区位商品林生态补偿利益相关者演化博弈研究[J].林业经济问题,39(5):490-498.

高晓龙,林亦晴,徐卫华,等,2020.生态产品价值实现研究进展[J].生态学报,40(1):24-33.

龚中华,2024.平和县花山溪流域重点生态区位商品林赎买现状问题及对策[J].南方农业,18(11):269-272.

郭平,周伟,袁涛,等,2016.衰退型资源城市土地利用时空变化及驱动因素分析[J].水土保持研究,23(4):191-198.

国常宁,杨建州,2019.基于双边界二分式CVM法的森林生物多样性生态价值评估[J].统计与决策,35(24):24-28.

贺东航,孔繁斌,2019.中国公共政策执行中的政治势能——基于近20年农村林改政策的分析[J].中国社会科学(4):2-10.

洪燕真,戴永务,2019.福建省重点生态区位商品林赎买改革优化策略研究[J].林业经济问题,41(1):92-97.

黄颖,温铁军,范水生,等,2020.规模经济、多重激励与生态产品价值实现——福建省南平市"森林生态银行"经验总结[J].林业经济问题,40(5):499-509.

江龙,李乔明,冯育才,等,2024.自然保护地实施重点生态区位商品林赎买研究[J].热带林业,52(1):4-7,18.

蒋毓琪,2018.浑河流域森林生态补偿机制研究[D].沈阳:沈阳农业大学.

焦玉海,2015.张建龙在江苏调研林业产业发展时强调:加大产业支持力度 促进产业转型升级[J].中国林业产业(9):7.

康鸿冰,戴永务,洪燕真,2019.福建省重点生态区位商品林赎买模式比较研究[J].林业经济问题,39(4):370-376.

柯水发,朱烈夫,袁航,等,2018."两山"理论的经济学阐释及政策启示——以全面停止天然林商业性采伐为例[J].中国农村经济(12):52-66.

雷艳杰,张美艳,董建军,2021."规制-激励"视角下福建重点生态区位商品林补偿探讨[J].三明学院学报,38(4):20-27.

李贺楼,2015.扎根理论方法与国内公共管理研究[J].中国行政管理(11):76-81.

李宏伟,薄凡,崔莉,2020.生态产品价值实现机制的理论创新与实践探索[J].治理研究,36(4):34-42.

李慧琴,2018.三明市重点生态区位商品林赎买及改造提升的实践与探索[J].经济师(10):140-141.

李军龙,邓祥征,张帆,等,2020.激励相容理论视角下生态公益林补偿对林农的增收效应——以福建三明为例[J].自然资源学报,35(12):2942-2955.

李娅,2018.美国、欧盟和日本耕地休耕政策的比较研究[J].世界农业(6):71-76,215.

重点生态区位商品林赎买机制与模式研究

李忠,2020.长江经济带生态产品价值实现路径研究[J].宏观经济研究(1):124-128,163.

林慧琦,王文意,郑晶,2018.重点生态区位商品林赎买的投融资模式研究——以福建省为例[J].中国林业经济(3):1-5,16.

林琰,陈治淇,陈钦,等,2017.福建省重点生态区位商品林赎买研究[J].中国林业经济(2):11-17.

刘江宜,牟德刚,2020.生态产品价值及实现机制研究进展[J].生态经济,36(10):207-212.

刘金龙,傅一敏,赵佳程,2018.地方林业政策的形成与执行过程解析——以福建Y市重点区位商品林赎买为例[J].贵州社会科学(4):140-146.

刘峥延,李忠,张庆杰,2019.三江源国家公园生态产品价值的实现与启示[J].宏观经济管理(2):68-72.

龙开胜,赵亚莉,张鸿辉,等,2012.中国生态地租空间分异及其影响因素分析[J].地理学报(8):119-130.

迈里克·弗里曼,2002.环境与资源价值评估——理论与方法[M].北京:中国人民大学出版社.

青木昌彦,2003.沿着均衡点演进的制度博弈[M]//科斯,诺思,威廉姆森,等.制度、契约与组织:从新制度经济学角度的透视.刘刚,冯健,杨其静,等译.北京:经济科学出版社.

邱威,2008.西部生态公益林建设的市场机制研究[D].咸阳:西北农林科技大学.

邱晓鸿,2015.黄岐半岛重点生态区位商品林政府赎买探讨[J].低碳世界(22):306-307.

饶静,2016.发达国家"耕地休养"综述及对中国的启示[J].农业技术经济(9):118-128.

沈国舫,1998.现代高效持续林业:中国林业发展道路的抉择[J].林业经济(4):1-8

沈月琴,张耀启,2011.林业经济学[M].北京:中国林业出版社.

涂年旺,2015.永安市重点生态区位林赎买和管理的实践与探索[J].华东森林经理,29(3):25-27.

汪红梅,贺尊,2008.2007年诺贝尔经济学奖得主学术贡献述评——信息与激励:看得见的机制设计[J].当代经济(3):4-6.

王兵,牛香,宋庆丰,2020.中国森林生态系统服务评估及其价值化实现路径设计[J].环境保护,48(14):28-36.

王季潇,曾紫芸,黎元生,2019.区域生态补偿机制构建的理论范式与实践进路——福建省重点生态区位商品林赎买改革案例分析[J].福建论坛(人文社会科学版)(11):185-193.

王茂林,2020.美国土地休耕保护计划的制度设计及若干启示[J].农业经济问题(5):119-122.

王升堂,孙贤斌,2018.美国耕地生态补偿实践与启示[J].皖西学院学报,34(5):142-147.

吴庆春,张传奇,王文烂,2023.重点生态区位商品林赎买对林农生计的影响研究[J].林业经济问题,43(1):9-18.

吴守蓉,冀光楠,2014.我国重大生态保护工程政策工具选择研究——以天保工程区集体公益林为例[J].中国行政管理(1):93-97.

吴伟光,沈月琴,徐志刚,2008.林农生计、参与意愿与公益林建设的可持续性——基于浙江省林农调查的实证分析[J].中国农村经济(6):55-65.

向青,尹润生,2006.美国环保休耕计划的做法与经验[J].林业经济(1):73-78.

谢高地,2012.生态系统服务价值的实现机制[J].环境保护(17):16-18.

谢乐婢,刘建波,2019.新时代:福建林业新思路(理念·愿景)[N].中国绿色时报,01-04(16).

谢贤胜,陈绍志,赵荣,2023.生态产品价值实现的实践逻辑——基于自然资源领域87个典型案例的扎根理论研究[J].自然资源学报,38(10):2504-2522.

邢祥娟,王焕良,刘璨,2008.美国生态修复政策及其对我国林业重点工程的借鉴[J].林业经济(7):69-75.

徐双明,2015.区域生态环境服务政府购买机制研究——以福建省为例[D].福州:福建师范大学.

延军平,等,2001.中国西部大开发的战略与对策[M].北京:科学出版社.

严旭沣,2019.福建省重点生态区位商品林政府赎买制约因素与推进策略研究[D].福州:福建农林大学.

杨超,张露露,程宝栋,2020.中国林业70年变迁及其驱动机制研究——以木材生产为基本视角[J].农业经济问题(6):30-42.

杨煌,2019.走向社会主义生态文明新时代的根本指针——深入学习习近平生态文明思想[J].世界社会主义研究,4(3):14-21,94.

杨庆媛,信桂新,江娟丽,等,2017.欧美及东亚地区耕地轮作休耕制度实践:对比与启示[J].中国土地科学,31(4):71-79.

杨小军,纪雪云,徐晋涛,2016.政府赎买生态公益林补偿机制研究——基于农民接受意愿(WTA)的调查[J].林业经济,38(7):67-73.

尹珂,肖轶,2015.三峡库区消落带林农生态休耕经济补偿意愿及影响因素研究[J].地理科学,35(9):1123-1129.

余荣卓,蔡敏,2017.推进闽北生态公益林赎买和保护的方法[J].林业经济问题,37(4):36-39,102.

俞静漪,2009.自然保护区集体林权制度改革问题探讨[J].浙江林业科技,29(2):73-76.

袁宝龙,李敬昱,冼均连,2023.扎根理论范式下大学生亲环境行为的诱发机理研究[J].湖北师范大学学报(哲学社会科学版),43(5):144-150.

曾黎,杨庆媛,廖俊儒,等,2018.基于林农受偿意愿的休耕补偿标准探讨——以河北样本户为例[J].资源科学,40(7):1375-1386.

曾贤刚,虞慧怡,谢芳,2014.生态产品的概念、分类及其市场化供给机制[J].中国人口·资源与环境,24(7):12-17.

詹国明,周财荣,李日鸿,等,2013.生态公益林可持续经营理念的创新探讨[J].安徽林业科技,39(1):59-62.

张桂荣,2015.重点生态区位商品林政府赎买试点探讨[J].福建林业(3):39-41,45.

张辉,潘园园,2019.福建:擦亮生态底色 成就绿色福地[N].福建日报,07-02(01).

张江海,胡熠,2019.福建省重点生态区位商品林赎买长效机制构建研究[J].福建论坛(人文社会科学版)(3):194-200.

重点生态区位商品林赎买机制与模式研究

张美艳,雷艳杰,董建军,等,2021.践行"两山"理论重点生态区位商品林赎买探析[J].林业经济问题,41(6):569-576.

张双虎,2020.林业发展新动向"单纯保护"不科学[EB/OL].(2020-08-20)[2024-07-10].http://news.sciencenet.cn/htmlnews/2020/8/444393.shtm.

张雪溪,董玮,秦国伟,2020.生态资本、生态产品的形态转换与价值实现——基于马克思资本循环理论的扩展分析[J].生态经济,36(10):213-218,227.

张耀启,1997.森林生态效益经济补偿问题初探[J].林业经济(2):70-76.

张勇,2005.新疆生态建设制度创新——生态购买[D].乌鲁木齐:新疆大学.

赵鹏,方炜杭,2017.森林添绿 林农增收(绿色家园)——福建在重点生态区位推进商品林赎买改革试点[EB/OL].(2017-05-06)[2024-07-10].http://env.people.com.cn/n1/2017/0506/c1010-29257804.html.

赵业,刘平养,2021.我国重点生态区位商品林规制与补偿机制探讨[J].世界林业研究,34(2):124-129.

郑晶,林慧琦,2018.重点生态区位商品林赎买中的林农认知及其影响因素——基于福建的案例调查[J].林业科学,54(9):114-124.

中共中央文献研究室,2017.习近平关于社会主义生态文明建设论述摘编[M].北京:中央文献出版社.

周一虹,芦海燕,2020.基于生态产品价值实现的黄河上游生态补偿机制研究[J].商业会计(6):4-9.

朱红根,江慧珍,康兰媛,等,2015.基于林农受偿意愿的退耕还湿补偿标准实证分析——来自鄱阳湖区1009份调查问卷[J].财贸研究,26(5):57-64.

附　录

附录1　将乐县重点生态区位森林资源保护PPP项目林分赎买工作实施方案

为推进福建省将乐县重点生态区位森林资源保护项目顺利实施，根据《福建省将乐县重点生态区位森林资源保护项目可行性研究报告》、《福建省将乐县重点生态区位森林资源保护项目PPP项目实施方案》和《福建省将乐县重点生态区位森林资源保护项目PPP项目合同》制定本方案。

一、目的和意义

以重点生态区位保护为导向，通过赎买，进一步破解林权所有人与生态建设限制、禁止自主经营之间利益冲突，减少经营区内的纠纷和矛盾，实现生态、社会、经济效益有机统一，确保重点生态区位森林资源的保护。通过针改阔、改培等森林质量精准提升措施，将现有林分逐步改造成复层混交林，林分生长指标有较大幅度提高，森林美化度进一步提高。

二、实施原则

充分发挥政府的职能作用，整体调控、分步实施、有序推进，促进重点生态区位内森林资源质量、生态服务功能持续提高。兼顾生态保护需要和林权权利人利益，充分尊重林权权利人意愿，遵循自愿、有偿赎买原则，严格操作程序，切实做到公平、公开、公正。

三、实施内容

（一）赎买面积

重点生态区位内天然林45000亩、人工林35000亩。其中2018年计划赎买金森公司位于重点生态区位内的商品林10000亩,集体或个人位于重点生态区位内的人工林约5000亩。

（二）赎买范围

全县重点生态区位内的天然林和人工林。

（三）赎买流程

1. 申报登记:有意向转让的林权权利人持相关凭证资料(林权证、与林地所有权单位签订的森林资源转让协议、地租缴交凭证)到将乐县金山林场有限公司(以下简称"金山林场")申报登记。

2. 材料审核:县林业局资源站对申报登记的小班地块按要求进行审核。

3. 资产评估:委托森林资产评估机构进行赎买价格评估后,按照评估价协同相关部门进行定价作为交易参考价。交易成功后,评估费由金山林场承担;否则,由林权权利人和金山林场公司各承担50%。评估复核工作按赎买评估面积的10%抽查,另行委托森林资产评估机构进行评估精度复核。

4. 交易谈判:按照评估价作为参考价与林权权利人进行协商谈判,达成意向后予以公示。

5. 签订合同:公示无异议后签订《林木资产转让合同》,并向县不动产登记中心申请办理林木权属变更登记。重点生态区位内的森林资源赎买后,林木所有权、林木使用权归金山林场所有。

6. 后续管理:重点生态区位的森林资源赎买后,由金山林场负责管理经营、提升改造,同时与其山权所有者签订林地租赁合同。

四、保障措施

（一）加强组织领导

成立将乐县重点生态区位森林资源保护PPP项目赎买工作小组,工作小组负责赎买工作方案制定及赎买具体工作。由金山林场具体负责重点生态区位森林资源赎买工作的日常事务。县林业局成立项目服务小组,负责审核、把关、监管和移交等工作。

（二）落实经营管护

完善生态公益林管护模式,由金山林场统一组织管护队伍,划片管理,切实落实管护责任,切实加强护林员队伍管理,充分发挥护林员管护的积极性。

（三）强化政策保障

将重点生态区位森林资源保护 PPP 项目工作列入县政府工作的重要议程,保证赎买资金持续投入。建立目标责任制,明确分工,各负其责,做到组织到位、技术到位、任务到位、服务到位。加强宣传力度,重点宣传赎买工作的重要意义、赎买流程、后续的经营管护等,让广大群众理解、支持、配合赎买工作。

将乐县重点生态区位森林资源保护 PPP 项目工作小组
2017 年 10 月 30 日

附录 2　宁化县重点生态区位商品林赎买实施方案

为保护森林生态资源,加快现代林业建设,进一步调动林权所有人参与重点生态区位商品林赎买工作的积极性,落实好我县重点生态区位商品林赎买工作,根据《福建省人民政府办公厅关于印发福建省重点生态区位商品林赎买等改革试点方案的通知》(闽政办〔2017〕9号),特制定本实施方案。

一、实施单位

宁化县县属国有林场。

二、必要性、可行性

宁化县重点生态区位商品林总面积 37.75 万亩。因实行限伐政策,林权所有人的"处置权、收益权"受到影响。为了实现"生态资源得保护、林农利益得维护"的双赢目标,我县开展重点生态区位商品林的经营管理改革,通过赎买等方式破解重点生态区位商品林采伐利用与生态保护的矛盾,加快我县生态文明建设步伐,并为我省建设全国生态文明先行示范区提供有益的探索。通过一定面积重点生态区位商品林赎买保护项目实施,可减少水土流失、防止河道淤积,美化环境、保护生态,为多种野生动物提供相对适应的栖息环境,有利于维护生物多样性。

三、基本原则

(一)坚持政府主导。充分发挥政府主导作用,整体调控、分步实施。
(二)坚持自愿公开。遵循自愿原则,相关信息及时向社会主动公开,做到公平、公正、公开。
(三)坚持重点优先。区位优先,优先赎买城区一重山、饮用水源、保护区、森林公园、旅游景点、翠江两岸、水库周边林木资源;权属优先,即个人造林、合作投资造林等非集体权属林木优先赎买,集体权属次之,确保林区稳定;起源优先,即起源为人工林优先;树种优先,优势树种为杉木、马尾松的优先赎买,赎买后改造为针阔混交林,整体提升区域生态功能。

四、赎买主体、对象、规模、方式及资金管理

（一）赎买主体。重点生态区位商品林由县政府委托县林业局、县属国有林场负责实施。

（二）赎买对象。宁化县行政区域内的重点生态区位商品林。非集体（含个人、合资经营、合作经营、公司等）所属的重点生态区位商品林出让，经林权权利人申请后，方可进行林木资产评估与转让程序。村集体所属重点生态区位商品林出让，须村两委集体研究决定并经集体组织三分之二以上村民代表签字（盖章）同意后，方可进行林木资产评估与转让程序。

（三）赎买区位。依据"四优先"的原则，首期重点生态区位赎买以城区一重山、寨头里水库饮用水源地、隆陂水库饮用水源地为中心，向西溪各支流周边辐射。

（四）赎买规模。2019 年赎买 0.54 万亩。为了方便经营管理，拟赎买的连片面积原则上不小于 500 亩。

（五）赎买方式。林木所有权、林木使用权一次性买断，林地使用权则采取支付林地使用费的方式。

（六）赎买资金。启动资金主要来自上级项目资金补助、植被恢复费返还及县财政赎买专项资金。后续赎买所需资金和管护费用从森林资源补偿费和省、市支持赎买资金中列支。

五、赎买程序

（一）宣传发动。确实加强对赎买工作的目的、意义、做法的宣传，提高群众知晓率。明确赎买后林木产权归国家所有，逐步调整为生态公益林，并加强日常管护。赎买可减少林权所有人因重点生态区位商品林不能采伐而造成的损失，是保护林权所有人利益、增加林权所有人收入的好办法。

（二）报名登记。凡有意折价入股或转让重点生态区位商品林的林权权利人，均可持本人身份证和林权证到县属国有林场报名登记。

（三）价格确定。通过委托双方认可的森林资产评估机构进行赎买价格评估，形成评估报告。同时由县属国有林场重点生态区位商品林赎买办公室，对拟受让森林资源林权证载明的林地类型、坐落位置、四至界址、面积、林种、树种、树龄、蓄积等因子进行实地勘踏调查，并出具调查报告。县属国有林场根据评估报告和调查报告，提出赎买价格初步意见，报重点生态区位商品林赎买领导小

组审定。赎买过程中因资产评估等发生的费用,由申请赎买的林权权利人承担。

(四)付款方式。采用分期付款的方式。赎买合同签订后,经重点生态区位商品林赎买领导小组审批,林权证登记事项变更及林地移交后,预付70%,其余30%待正式接管后支付。

(五)办理林权变更登记手续。赎买合同签订后,双方共同向县级产权登记中心申请办理林木权属变更登记。

(六)赎买后的经营管理。重点生态区位商品林赎买后,产权归宁化县县属国有林场所有,由县属国有林场统一经营管理,同时与林地所有者签订林地租赁合同。

六、进度安排

赎买工作于2019年实施。2019年3月制定赎买方案和宣传发动,4至9月调查摸底,10至11月评估定价,12月签订协议和过户产权。

七、保障措施

(一)加强组织领导。县林业局成立重点生态区位商品林赎买领导小组,下设办公室,办公地点设在县属国有林场,负责做好重点生态区位商品林赎买日常工作。重点生态区位商品林赎买后,县属国有林场对其进行统一管理,负责做好山场交接,合同签订,权属接管以及赎买后林木的直接经营管理等相关工作,做好日常巡山管护、森林防火、病虫害防治工作,严厉打击盗伐林木、侵占林地等破坏森林资源的违法活动。

(二)强化政策保障。重点生态区位商品林赎买工作是一项复杂的系统工程,实施必须有坚强的政策保障。一是将赎买工作列入县政府工作的重要议程,保证赎买资金持续投入,努力争取政策支持;二是建立目标责任制,明确分工,各负其责,做到组织到位、技术到位、任务到位、服务到位;三是加强宣传力度,使公众切实了解赎买工作的重要意义、赎买流程、赎买后林木等资源的经营管护等,确保工作持续推进。

(三)严肃责任追究。集体所有的林木未按本办法规定,采取弄虚作假、欺骗等非法手段违规出让的,其出让行为无效,并追究相关人员的责任;资产评估机构弄虚作假、徇私舞弊,按照《国有资产评估违法行为处罚办法》处罚;县重点生态区位商品林赎买过程中,工作人员徇私舞弊,明知可能造成国有资产损失而高价赎买的,由有关部门予以行政处分;涉嫌犯罪的,依法追究刑事责任。

附录 3　沙县重点生态区位商品林赎买等改革实施方案

根据《福建省人民政府办公厅关于印发福建省重点生态区位商品林赎买等改革试点方案的通知》(闽政办〔2017〕9 号),结合本县实际,特制定本实施方案。

一、指导思想

以国家生态文明试验区(福建)实施方案为指导,坚持尊重自然、顺应自然、保护自然,发展和保护统一,绿水青山就是金山银山的发展理念,以改善生态环境质量、推动绿色发展为目标,以"生态得保护、林农得利益"为重点,统筹社会、经济、生态协调发展,坚持生态优先、兼顾效益,通过赎买等改革措施逐步优化生态公益林布局,完善森林生态功能,有效解决林农利益和生态保护的矛盾,努力建设"机制活、产业优、百姓富、生态美"的新福建。

二、基本原则

1. 政府主导原则。充分发挥政府的主导作用,整体调控、分步实施,推动各项工作平稳、有序进行,促进重点区位内森林资源质量、生态服务功能持续提高,维护林权所有人的合法权益。

2. 自愿公开原则。改革应遵循自愿原则,做到公开、公正、公平。

3. 优先原则。区位优先,即赎买等改革优先安排在世遗地、国家公园、保护区、水源地、森林公园及基干林带等重要生态区位林木;权属优先,即从确保林区稳定角度出发,非集体权属林木优先,个人所有、合作投资造林等属于非集体权属,集体权属次之;起源优先,即为切实保障林农生产积极性,起源为人工林要优先于起源于天然林的;树种优先,即杉木、马尾松等针叶林为优先树种,因为赎买后将赎买林分由针叶林改造提升为针阔混交林,可以提升赎买林分的整体生态功能。

三、加强领导

强化组织领导,成立领导小组,纳入重要议事日程,科学制定工作计划,倒排工作进度,加大人力、财力等各方面投入,确保责任落实到人,按时完成改革试点任务,按时提交改革成果。领导小组下设办公室,由县林业局具体负责。

四、明确责任

1. 领导小组全面负责县重点生态区位商品林赎买等改革的组织、协调、计划制定、资金申请等工作并根据本县实际制定赎买等改革项目管理办法。

2. 明确赎买等改革具体实施单位,实施单位承担赎买等改革工作的甲方职责,原则上由国有林业企业承担。

3. 乡(镇)政府负责重点生态区位商品林赎买等改革宣传发动工作;负责村集体所有的重点生态区位商品林赎买等改革的初审工作;负责协调解决重点生态区位商品林赎买等改革后林地租赁纠纷;完成县下达的重点生态区位商品林赎买等改革任务。

4. 乡(镇)林业站协助乡(镇)政府、林业局做好重点生态区位商品林赎买等改革工作。

5. 明确赎买等改革后管护单位,交由国有森林经营单位管理或通过购买服务强化管理。

五、改革范围

改革范围为重点生态区位商品林。重点生态区位是指江河源头和两岸、大中型水库、饮用水源保护区、沿海防护林、红树林,自然保护区、自然遗产地、风景名胜区、国家公园、地质公园、国道两侧、高速公路、铁路,环城市周边等应该纳入全省生态公益林建设与保护规划的范围。

六、改革条件

1. 林龄达到 4 年以上(含 4 年)。
2. 赎买等改革前应当依法确权发证,权属清楚,证件齐全。
3. 最小单片面积 50 亩。

七、改革方式(略)

1. 赎买。
2. 租赁。

3. 改造提升。

八、赎买程序

（一）制定计划

根据赎买资金和现有每亩预估价值等情况，领导小组办公室制定当年重点生态区位商品林赎买计划，并安排当年赎买任务。

（二）公告

根据商品林赎买改革计划，通过网络、电视等大众媒体向社会公布重点生态区位商品林赎买条件与年度工作计划，并要求按时报送相关材料。

（三）报名登记

1. 凡有意转让的业主，林权属个人的，须提供本人身份证和林权证（交复印件，验原件）；林权有共同权利人的，须提供委托书原件、被委托人身份证和林权证（交复印件，验原件）；林权属法人单位的，需提供单位营业执照（或单位法人证书）和林权证（交复印件，验原件）。

2. 向领导小组办公室登记并填写《重点生态区位商品林赎买等改革申请表》。

（四）条件核实

领导小组办公室对申请赎买小班资源情况进行多方核实并组织专业人员依次进行现场调查，对符合重点生态区位商品林赎买条件的报县级相关的领导小组审定，对不符合商品林赎买条件的，及时反馈给林权所有人。

（五）资产评估

由领导小组办公室、实施单位和林权所有人共同委托有资质的森林资产评估机构进行林木资产评估。资源调查费用由申请赎买的林权所有人和实施单位协商确定。

（六）签订合同

林权所有人和实施单位签订《重点生态区位商品林流转（赎买）合同》。

（七）资金支付

1. 所需的全部赎买资金支出报县重点生态区位商品林赎买领导小组审批。

2. 林权所有人和实施单位签订预付协议并抵押林权证后，预付给林权所有人林木流转价款总额的50%，余下的50%在林权变更后，林权所有人提供正规发票，赎买单位及时支付剩余资金。

(八)林权变更

林权所有人配合实施单位向县不动产登记机构申请办理林木权属变更登记。

九、租赁程序

(一)制定计划

根据资金和现有林地、林木租金水平等情况,领导小组办公室制定当年商品林租赁计划,并根据商品林林分面积综合安排当年重点生态区位商品林的租赁任务。

(二)公告

根据商品林租赁计划,通过网络、电视等大众媒体向社会公布重点生态区位商品林租赁条件与年度工作计划,并要求按时报送相关材料。

(三)报名登记

1. 凡有意出租的业主,林权属个人的,须提供本人身份证和林权证(交复印件,验原件);林权有共同权利人的,须提供委托书原件、被委托人身份证和林权证(交复印件,验原件);林权属法人单位的,需提供单位营业执照(或单位法人证书)和林权证(交复印件,验原件)。

2. 向领导小组办公室登记并填写《重点生态区位商品林赎买等改革申请表》。

(四)条件核实

领导小组办公室对申请租赁小班资源情况进行多方核实并组织专业人员依次进行现场调查,对符合重点生态区位商品林租赁条件的报县级相关的领导小组审定,对不符合商品林租赁条件的,及时反馈给林权所有人。

(五)签订合同

林权所有人和实施单位签订《重点生态区位商品林租赁合同》。

(六)资金支付

1. 租赁所需的全部资金支出报县重点生态区位商品林赎买改革领导小组审批。

2. 林权所有人提供正规发票,实施单位及时支付资金。

十、改造提升程序

（一）制定计划

根据资金情况，改革试点单位制定当年改造提升计划，并根据重点生态区位商品林林分面积综合安排当年重点生态区位商品林改造提升任务。

（二）公告

根据商品林改造提升计划，通过网络、电视等大众媒体向社会公布重点生态区位商品林改造提升条件与年度工作计划，并要求按时报送相关材料。

（三）报名登记

1. 凡有意实施改造提升的业主，林权属个人的，须提供本人身份证和林权证（交复印件，验原件）；林权有共同权利人的，须提供委托书原件、被委托人身份证和林权证（交复印件，验原件）；林权属法人单位的，需提供单位营业执照（或单位法人证书）和林权证（交复印件，验原件）。

2. 向领导小组办公室登记并填写《重点生态区位商品林赎买等改革申请表》。

（四）条件核实

领导小组办公室对申请改造提升小班资源情况进行多方核实并组织专业人员依次进行现场调查，对符合重点生态区位商品林改造提升条件的报县级相关的领导小组审定，对不符合商品林改造提升条件的，及时反馈给林权所有人。

（五）签订合同

林权所有人和实施单位签订《重点生态区位商品林改造提升补助合同》，并签订《生态公益林现场界定书》。

（六）采伐

林权所有人按照采伐管理办法的要求采伐。

（七）迹地更新

迹地人工更新造林必须按照造林绿化作业设计要求营造阔叶树或以阔叶树为主的针阔混交林，针阔混交林中阔叶树必须达到50%以上。

（八）迹地更新验收

实施单位组织人员按照《重点生态区位商品林改造提升补助合同》的要求对迹地更新情况及时验收。

（九）资金支付

1. 所需的全部改造提升资金支出报县重点生态区位商品林赎买改革领导小组审批。

2. 改造提升补助标准为迹地人工更新造林每亩补助 1000 元，当年造林绿化验收合格后支付 80%，剩余 20% 补助资金在第三年造林成林验收合格后支付。

十一、赎买等改革后林木和林地的管理与利用

加强赎买林分的后续管护与经营水平，不断提升赎买林分质量，在生态保护优先的原则下，科学利用森林生态资源发展林下经济和生态旅游业，在保护环境的同时促进农民增收。

（一）加强森林管护

注重加强赎买等改革后森林的后续管护，进一步提升森林生态价值。管护方式主要有两种：第一是政府交给国有林场或国有森林经营单位进行统一经营管理，实行集中统一管护；第二是通过政府购买服务方式加强管护。

（二）发展林下经济

充分利用赎买等改革后的林地、林木等资源来发展林下经济。大力发展林药、林菌和景观利用，以沙县小吃集团为依托，结合沙县小吃转型升级，推行"公司+基地+林农"模式，大力发展非木质林产品，重点推广沙县小吃配料细叶青蒌藤、铁皮石斛、黄精、细叶香桂等沙县小吃草根炖罐药材，建成沙县小吃配料林下示范种植基地。

（三）发展生态旅游

充分利用生态林森林资源优势开发森林生态旅游，不仅使森林资源得以保护，又带动农民收益增加，实现县域经济可持续发展。根据现有种质资源状况和发展前景，实施林分改造提升，套种季相化、色彩化和名贵化树种，使林分结构多元化，做到"四季有果、四季有花"，增加森林景观资源的观赏性。

（四）调整为生态公益林

及时建立生态公益林储备库，并按生态公益林布局优化调整、建设项目使用生态公益林地"占一补一"等政策规定，在维持生态公益林总面积不变的前提

下,及时调整为生态公益林。

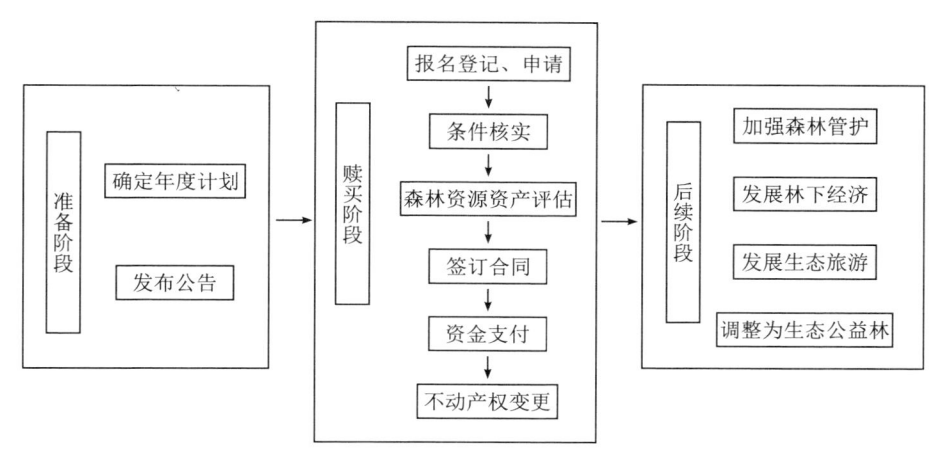

沙县重点生态区位商品林赎买工作流程图

准备阶段：确定年度计划、发布公告

赎买阶段：报名登记、申请 → 条件核实 → 森林资源资产评估 → 签订合同 → 资金支付 → 不动产权变更

后续阶段：加强森林管护、发展林下经济、发展生态旅游、调整为生态公益林

附录4　建宁县重点区位商品林赎买实施方案（2018—2020）

为进一步加快我县生态文明建设，积极探索有效的重点生态区位商品林的经营管理模式，进一步明确重点生态区位商品林赎买内容、方式、程序、价格，赎买后管理等事项，破解重点生态区位商品林采伐利用与生态保护的矛盾，根据《福建省人民政府办公厅关于印发福建省重点生态区位商品林赎买等改革试点方案的通知》（闽政办〔2017〕9号）的精神，结合我县实际，现制定实施方案如下。

一、指导思想

以"加快生态文明体制改革，建设美丽中国"和"绿水青山就是金山银山"的理念为指导，认真落实山水林田湖草沙等项目建设规划，以生态建设为导向，以"生态得保护、林农利益得维护"为目标，统筹社会、经济、生态协调发展，有计划地将重要的重点生态区位内的部分商品林赎买到国有林业企业手中，并逐步调整为生态公益林，有效解决生态保护与利用之间的矛盾，实现"机制活、产业优、百姓富、生态美"的总目标。

二、赎买对象与区位

1. 赎买对象：赎买对象为重点生态区位内的人工起源商品林（竹林、经济林除外）。

2. 赎买重点：县级饮用水源保护区、森林公园规划区；环县城一重山；城关至大元县道两侧一重山；G528国道、S221省道、高速公路和铁路两侧一重山；宁溪、滩溪两岸一重山。

3. 赎买计划：2018年至2020年计划赎买1.76万亩重点生态区位商品林，其中2018年6月已完成赎买0.7699万亩，2019年完成赎买0.5万亩，2020年完成赎买0.5万亩。

三、赎买原则

（一）公平、公正、公开原则

充分尊重林农意愿，遵循自愿、有偿赎买；坚守公开理念，做到政策、程序、结果全过程公开，努力实现公平、公正。

（二）优先原则

1. 重点生态区位优先顺序：(1)坑井县级饮用水源保护区、森林公园规划区（系数1.3）；(2)环县城规划区一重山（系数1.2）；(3)城关至大元县道两侧一重山（系数1.1）；(4)G528国道、S221省道、高速公路、铁路一重山和宁溪、滩溪两岸一重山等重点区位（系数1）。

2. 林权优先顺序：个私、合作经营等非集体权属的林木（系数1.1）；集体所属的林木（系数1）。

3. 树种优先顺序：针叶树（系数1.2）；针阔混交林（系数1.1）；阔叶树纯林（系数1）。

4. 龄组优先顺序：成熟林（系数1.2）；近熟林（系数1.1）；中龄林（1.05）；幼龄林（系数1）。

5. 经营期优先顺序：剩余经营期需满5年（含5年）以上，且每增加1年系数加0.02。

6. 赎买排序：赎买顺序按计算综合得分的办法得出，计算方法如下：

计算公式：总得分＝100（分）×（优先顺序综合系数）。优先顺序综合系数为各因素系数之和，如某小班为县级饮用水源保护区内个私所有的中龄针叶林，剩余经营期限为12年，则该小班综合系数为1.3＋1.1＋1.2＋1.05＋1.14＝5.79，总得分为100×5.79＝579（分）。

按上述方法计算出每个林班的综合得分后，从高分到低分进行排序，即为赎买小班优先顺序。

四、赎买办法与程序

赎买采取公开竞价方式。县重点生态区位商品林赎买领导小组（以下简称赎买领导小组）根据管护便利的原则指定县属相关国有林业企业（建宁县闽江源国有林场有限公司、建宁县林业建设投资有限公司）按照本实施方案规定的相关程序和办法进行赎买，即由林权所有人提出申请、赎买领导小组初审后，林权所有人通过公开竞价,将林木所有权、林木经营权和林地使用权转让给县属国有林业企业。具体赎买程序如下。

（一）公布年度赎买计划

按照上级下达任务和资金筹措情况制定年度赎买计划。

（二）公布赎买顺序表

按照年度赎买计划 1∶5 的比例将符合赎买条件的山场按区位、树种、林权等综合优先系数排出顺序表,并第一次向社会发布赎买公告。

（三）列入赎买计划的资格条件

1. 符合赎买区位要求。

2. 产权明晰、无纠纷、无抵押或经质押人同意被赎买的(须提交林权证复印件或质押人同意书)。

3. 最小单片面积 100 亩(可联户)以上。

4. 剩余经营期 5 年(含 5 年)以上。

（四）公布赎买最高限价

林龄 11 年(含 11 年)以上的林分根据市场调查确定各树种林木单位蓄积量的最高交易限价,对林龄 10 年(含 10 年)以下的林分和未成林造林地根据造林方式、树种、林分质量确定各类型林分的单位面积最高交易限价,并第二次向社会公布。

（五）申请和初审

1. 申请：有被赎买意向的林权所有人经林地所有权单位同意后向所在地林业站提出申请,并提交有关林权证、所有者或持证人身份证和相关协议、合同的原件及复印件,有抵押贷款的林地须提交银行同意被赎买的书面材料。

2. 初审：赎买领导小组根据林权所有人申请,对相关资料进行初审,提出是否符合赎买条件的初审意见,将符合赎买条件的拟赎买山场按优先顺序列表汇总并第三次向社会公布。

（六）竞价入围和交易价格

1. 竞价入围。当通过初步审查,林权所有人有被赎买意向的申请山场总面积在年度赎买面积计划内时,按最高限价下浮 10% 的赎买单价和调查评估的蓄积量(适用林龄 11 年及 11 年以上的林分)或林分类型面积(适用林龄 10 年及 10 年以下的林分和未成林造林地)进行赎买；当申请被赎买面积超过年度赎买面积计划时,采取竞价入围的方式,确定赎买入围山场。竞价入围的方式为各林权所有人在最高限价的基础上自主申报交易价格下浮率,按下浮率排出赎买顺序,下浮率高的山场优先赎买,直到当年赎买计划完成为止。如林权所有人报价高于最高赎买限价,则不得列入赎买计划。竞价申报完成后,赎买领导小组办公室第四次按 1∶1.2 的比例向社会公布赎买入围计划。

2. 交易成交价。林龄 11 年(含 11 年)以上的林分交易成交价为被赎买山林各树种林木成交价之和。某树种林木成交价＝某树种赎买最高限价×(1－下浮率)×某树种蓄积量。

林龄 10 年(含 10 年)以下的林分和未成林造林地的交易成交价按照造林方式、造林树种、林分质量确定的林分类型最高限价和下浮率计算交易成交价。即交易成交价＝林分面积×林分类型最高限价×(1－下浮率)。

赎买成交价格包含赎买前林地使用租金。

赎买后的林地使用权,由赎买者按面积向林地所有权单位购买一个承包期(50 年),林地使用租金按 10 元/(亩·年)计算,支付方式为每年交纳,或者由赎买方与林地所有权单位按赎买后林地经营收益(含国家补助)的 7∶3 比例分成。

赎买后山林因国家建设需要而被征用的,林地补偿归林地所有权单位,林木补偿归赎买单位,安置补偿林地所有权单位与赎买单位按 5∶5 比例分成。

3. 调查和成果公示。山场林木蓄积量由县林业规划队或双方认可的第三方有资质的中介机构调查确定。其调查、设计与评估费用由意向收购的县属林业国有企业先行垫付,赎买成功后,双方各承担 50%。

交易双方对评估结果有质疑的可委托资质更高的中介机构对赎买山场进行复查,两次结果在允许误差 10% 范围内,以第一次调查结果为准;两次结果大于允许误差 10% 范围,以第二次调查结果为准。复查费用由质疑一方承担。

经审核的调查、设计、资产评估成果和赎买价格应在林木所在村和林业站进行第五次公示,公示期不少于 7 天,接受社会公众监督。公示完成后,如各方无异议,赎买领导小组审查通过后,最终确定具体赎买山场,并最后一次向社会公布。

4. 赎买方式。国有林业企业按评估及竞价情况确定的成交价付清全部赎买资金,赎买后按赎买协议享受林权收益。

5. 合同签订、产权变更与资金支付。

(1)签订合同:实施赎买的县属国有林业企业与申请人签订《重点生态区位林赎买合同》,与相关村集体签订《重点生态区位林延长承包经营期合同》。

(2)产权变更:相关赎买合同签订之后,所涉及的林权变更手续由实施赎买的县国有林业企业负责办理,林权所有人、村集体应主动提供所需资料并配合完成林权变更事宜。

(3)付款期限：在不动产登记中心将山场权属变更完成后的 10 个工作日内，县国有林业企业一次性支付赎买资金。

6. 林地林木拨交。赎买合同签订后，合同关联方应及时做好林木管护拨交工作，确保赎买与管护工作的衔接。

五、组织机构

为规范、有序开展重点生态区位商品林赎买工作，县政府成立建宁县重点生态区位商品林赎买领导小组，组长由县政府分管副县长担任，县林业局局长任副组长，成员由各乡镇领导及林业、国土、财政、审计、银行等部门领导组成。领导小组下设办公室，办公室设在县林业局，负责重点生态区位商品林赎买日常工作。

领导小组主要职责：

1. 负责研究制定重点生态区位商品林赎买工作的实施意见、赎买资金的使用管理办法及相关配套政策。

2. 负责赎买资金筹措、管理。

3. 确定年度赎买计划并组织实施。

4. 负责赎买工作宣传及有关事项公告。

5. 负责制定赎买林木的最高交易限价。

6. 负责对赎买山场的调查、设计、评估成果等进行审核。

7. 负责赎买主体落实。

六、赎买后林木管护机制

重点区位商品林赎买后，林木所有权、林木与林地使用权和经营权归赎买的县属国有企业所有，并切实做好各项管理工作。

1. 赎买的林分按生态林建设标准制定科学管理方案并组织实施。针对重点生态区位限伐情况，选择择伐、小块状皆伐等森林经营措施，选乡土珍贵阔叶树种等对赎买林分进行提升改造，兼顾实现生态效益与经济效益。

2. 完善管护机制。将赎买林分参照生态林"三防"管护体系，在落实管护责任主体的基础上切实管护好森林资源，不仅要加强赎买林分有害生物防控体系管理，做好森林病虫害防治工作，还要建设生物防火林带，落实森林防火责任制。

3. 建立生态公益林储备库。对赎买林分建立档案进行管理，由县林业局资源站建立专项数据库。将赎买林分全部列入生态公益林储备库，划为生态公益林后，由县国有林企业一并管理上级发放的生态公益林补偿金。

七、法律保障

1. 集体所属重点生态区位商品林出让和赎买延长期限（含个私经营业主经营的林地）事项，须经本集体组织三分之二以上村民代表签字（盖章）同意，并经村两委集体研究决定后，报所在地乡（镇）人民政府批准。采取弄虚作假、欺骗等非法手段违规出让的，其出让行为无效，并将严肃追究相关人员责任。

2. 资产评估机构弄虚作假、徇私舞弊，按照《国有资产评估违法行为处罚办法》处罚。

3. 县重点生态区位商品林赎买相关部门工作人员徇私舞弊，明知可能造成国有资产流失而批准高价赎买的，由有关部门予以行政处分；构成犯罪的，依法追究刑事责任。

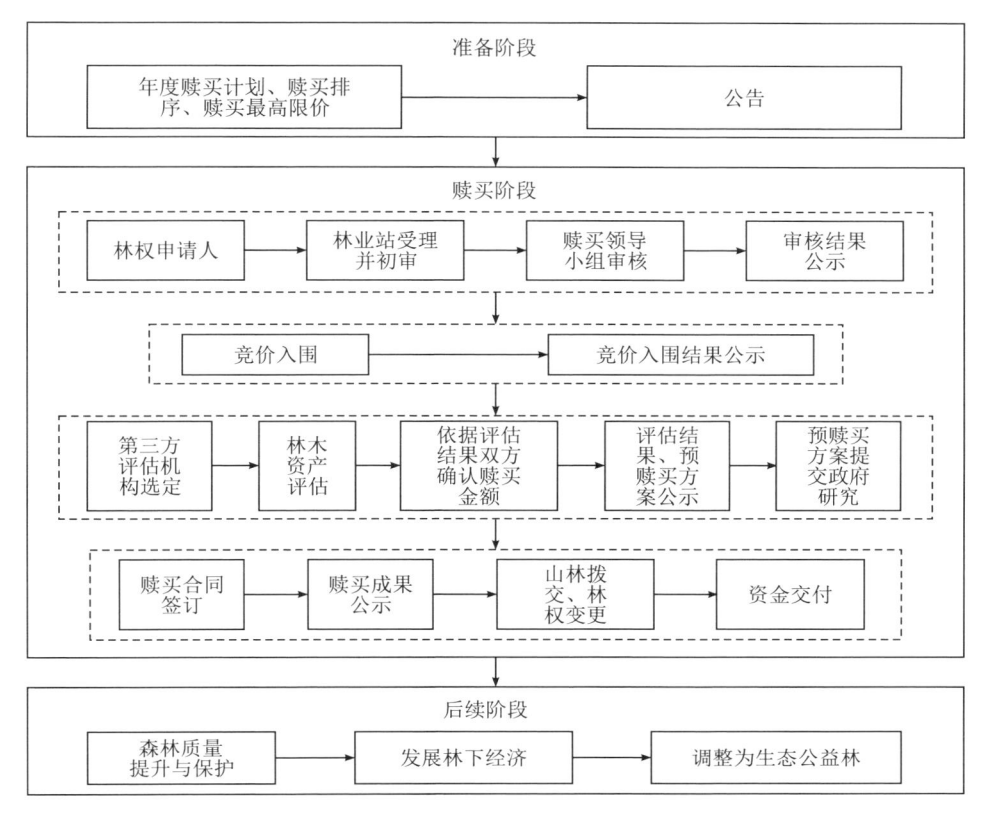

准备阶段: 年度赎买计划、赎买排序、赎买最高限价 → 公告

赎买阶段:
- 林权申请人 → 林业站受理并初审 → 赎买领导小组审核 → 审核结果公示
- 竞价入围 → 竞价入围结果公示
- 第三方评估机构选定 → 林木资产评估 → 依据评估结果双方确认赎买金额 → 评估结果、预赎买方案公示 → 预赎买方案提交政府研究
- 赎买合同签订 → 赎买成果公示 → 山林拨交、林权变更 → 资金交付

后续阶段: 森林质量提升与保护 → 发展林下经济 → 调整为生态公益林

建宁县重点生态区位商品林赎买工作流程图

附录5 永安市生态文明建设志愿者协会林木购买办法

第一章 总则

第一条 为加快"森林永安"建设,落实"多种树是基础,少砍树是关键,人人参与是根本"任务,根据《中华人民共和国森林法》《中华人民共和国森林法实施条例》《福建省森林资源流转条例》等有关法律、法规的规定,特制定本办法。

第二条 购买林木活动应遵循公开、公平、公正和诚实信用的原则。

第三条 本办法适用于永安市生态文明建设志愿者协会(以下简称"协会")购买林木活动。

第四条 协会林木购买工作组,行使协会购买林木的职能,负责接受购买林木的申请、监督资产清查与评估、合同签订、产权变更、资金支付等各项购买活动。

第二章 林木购买原则及程序

第五条 购买林木是指以购买方式获得商品林的林木所有权、使用权,及林地使用权,其确定的基本原则为:

一、区位原则:先重点区位林,后新增区位林,即有重点生态区位林可购买时先购买重点区位林,无重点生态区位林可购买时扩大到新增区位林,并按以下排序购买:

(一)重点区位林按国道、省道、高速公路、江河两岸、省级水源保护区林地、环城市周边一重山林地、省级以上森林公园、库容6亿立方米以上水库周边、国家级自然保护区先后顺序优先赎买。

(二)新增区位林按以下先后顺序购买:1.与重点区位相邻的非重点区位商品林。2.乡镇周边一重山。3.新增省道:安砂至曹远、城区至西洋。4.县道:(1)永安经上坪、青水至槐南;(2)永安至大湖;(3)小陶至罗坊。

二、林龄原则:按近成过熟林、中龄、幼林的顺序购买。

三、树种林种原则:以杉木、马尾松为主的商品林及人工阔叶林(不含桉树)。

四、相对集中原则:单片小班面积30亩以上。

第六条 有意向出售林木所有者可向乡镇林业站提出申请,并提交有关林权证、所有者或持证人身份证明文件和相关的协议或合同。

第七条 协会购买工作组应根据出售林木申请,对相关资料进行审核,并做出审核意见,同时通知林业站及林权所有人。

第三章 林木资产评估与审查

第八条 购买工作组对通过审核符合转让山场条件的地块,通知有资质的中介机构对林木林地进行资产清查和评估。

第九条 林木资产清查方法。依据福建省地方标准《伐区调查设计技术规程》(DB35/T 88—1998),采用面积测绘或勾绘,标准地或全林分每木调查方法进行林木资产清查。

第十条 林木资产评估。依据《资产评估操作规范意见(试行)》《森林资源资产评估技术规范(试行)》《森林资源资产评估报告的编制规则》等有关技术规定或规程,以永安林业(集团)股份有限公司在资产评估基准日的木材销售指导价以及税费、生产工资、运费、检验费、设计费、不可预见费等为评估标准,计算出售林木资产价值。

第十一条 资产评估报告。资产清查、资产价值评估完成后,应出具相应的资产评估报告。资产评估报告须经2名以上森林资源资产评估专家共同签字方能有效。签字的森林资源评估专家应对出具森林资源资产评估报告承担相应的责任。

第十二条 评估成果审查。以协会购买工作组为主体,组织规划队、权利人、评估机构逐块审查。主要审核其采用的评估方法、技术指标或参数是否得当、合理、准确。对抽验不合格的,分析原因,并责令其返工;质量较差的给予评估单位和个人适当处罚,严重的建议撤销其资质。

第十三条 评估成果公示。对合格的评估成果在林木所在村和林业站进行公示,公示期不少于7天,接受社会公众监督。

第十四条 购买价格确定。以评估报告的评估价作为林木购买的交易价。

第十五条 评估费用说明。评估费用由林木所有者先行垫付。对协会不予购买的山场评估费由协会承担;协会购买成功的山场,其评估报告中不扣除设计费,其设计费作为评估费一并作为林木转让价支付给林木所有者。

第四章 林地使用费与林木拨交

第十六条 林地使用费。参照生态公益林管护资金使用办法,现行标准按每车每亩13.4元支付。

第十七条　林木管护拨交。林木转让合同签订后,林木购买工作组应及时通知永安市金盾林业巡护大队,做好林木管护拨交工作,确保购买与管护的衔接。

第五章　合同签订与资金支付

第十八条　签约文本。以协会拟定的《林木转让合同》为签约文本,合同双方权利和义务以合同书的规定为准。为阐明各方的权利和义务,经协商可增加新的条款,但不得与购买文件的实质性内容相背离。

签约时间。审核无异议的山场,林木所有者与协会签订《林木转让合同》,并提交权利人利益分配表、身份证复印件、开户行及账号。

第十九条　权证变更。合同签订之后,协会负责办理林权证变更手续,出售方应主动提供所需资料,配合完成变更事宜。

第二十条　资金支付。林权登记中心将山场权属变更后,10个工作日内完成转账。

第六章　罚则

第二十一条　在林木购买活动中违反规定,弄虚作假、以权谋私,暗中收回扣和收受贿赂的人员,应视情节轻重给予处分,构成犯罪的移交司法机关追究刑事责任。

第二十二条　在林木购买活动中违约、中止合同签订、不愿协助办理林权变更等事项的出让方,协会将其列入不守信名单,不得参与协会以后的林木购买活动。

第七章　附则

第二十三条　本办法由协会负责解释。
第二十四条　本办法自印发之日起施行。

附录6　将乐县森林资源资产评估报告

拟收储将乐县光明乡光明村龟石坑肖某某所属林木资源资产项目森林资源资产评估报告正文

光明〔2020〕（咨）字第 SMY138 号

福建光明资产评估房地产估价有限责任公司接受将乐县金山林场有限公司的委托，派员会同有关人员对委托方所指定的权属为肖某某位于将乐县光明乡光明村龟石坑的林木资源资产进行了评估。按照与委托方订立的评估约定，遵循"公平、科学、客观、独立、可行"的原则，依据《森林资源评估技术规范》和资产评估准则的规定，我们实施了对林木资源资产产权归属的审核、林木资源资产的实地核查、市场价格的调查、分析和比较以及我们认为有必要的评估程序。现将具体评估结果报告如下。

一、委托方、产权持有者和委托方以外的其他评估报告使用者（略）

二、评估目的

本次评估的目的是确定评估对象范围内所有林木资源资产的现值，作为资产收储的参考依据。

三、评估范围和对象

（一）评估范围

本次评估范围为肖某某所属的位于将乐县光明乡光明村龟石坑拟收储的森林资源资产；将政林证字（2005）第 07255 号林权证所登记的地上的所有拟收储的林木资源资产，产权面积共计 134 亩。本次评估范围即为产权面积共计 134 亩，经过实地调查共计评估面积 55 亩地上的所有林木资源资产。具体林权登记情况见《小班一览表》和林权证。

重点生态区位商品林赎买机制与模式研究

将乐县金山林场有限公司拟收储肖某某林木资产调查小班一览表

县/市：将乐

乡(镇)村	小地名	林权证号	宗地号	林权小班 林班 大班 小班	二类小班 林班 大班 小班	林权面积/亩	评估面积/亩	起源	郁闭度	树种组成	经营类型	年龄/年	龄组	平均胸径/cm	平均树高/m	平均亩蓄积/(株/亩)	林分蓄积/m³	分树种/m³ 杉 马 阔	备注
光明	龟石坑	将政林字(2005)第07255号	418	29 8 2,3	029 08 040	134	55	人工	0.8	7阔3杉+马	一般杉中	30	成熟林	15.1	12.9	21.3	1169	386 31 752	不收储
合计					029 08 030	134	55										1169	386 31 752	

调查人员： 等
调查日期：2020 年 4 月 29 日

（二）估价对象现状

委估林木权益现状同产权登记状况，位于将乐县光明乡光明村龟石坑、产权面积共计134亩的林木资源资产。评估山场在将乐县重点生态区位，林木采伐山场不得开设集材道，采伐成本很高；立地条件以Ⅱ、Ⅲ类地为主，林木生长较好。委托评估山场林权证面积134亩，经过实地调查共计评估面积55亩；为人工阔叶树杉木混交林，为一般用材林，成熟林。林木蓄积量1169立方米，其中杉木蓄积量386立方米，马尾松蓄积量31立方米，阔叶树蓄积量752立方米。经调查证实本次评估山场为委托人所指定，林木所有权、林木使用权为肖某某所有，经营期限为一代林。

四、评估基准日

本项目资产评估基准日是2020年4月29日。

五、评估依据

（一）评估行为依据

签订的《评估业务约定书》。

（二）评估法规依据

1. 财政部与国家林业局财企〔2006〕529号《森林资源资产评估管理暂行规定》。
2.《森林资源资产评估技术规范》（LY/T 2407—2015）。
3. 福建省地方标准DB35/T 544—2004《森林资源资产评估报告的编制规则》。
4.《福建省森林资源资产评估管理暂行办法》闽财企〔2007〕35号。
5.《中华人民共和国资产评估法》。
6.《中华人民共和国森林法》。
7. 其他相关法律、法规、通知文件等。

（三）资产评估准则、规范依据（部分略）

1.《资产评估准则——基本准则》。
2.《森林资源资产评估技术规范》。
3.《中华人民共和国物权法》。

（四）评估产权依据

1. 委托方提供的林权证。
2. 委托方提供的《森林资源资产评估申报明细表》。

(五)评估取价依据

1. 委估森林资源资产所处行政县市近年来营林生产、森林采伐、木材销售等生产经营资料及林业税费政策与相关规定。

2. 当地近期的《关于调整木、竹生产经营计征价的通知》。

3. 山林权属证、图、表、小班调查簿等资料。

4. 委托方提供的工程技术、财务会计、森林经营等方面的资料。

5. 当地有关木材生产、销售等定额及有关成本费用资料;评估基准日各种规格的木材、林副产品市场价格,及其销售过程中税、费征收标准等资料。

6.《福建省人民政府办公厅关于印发福建省重点生态区位商品林赎买等改革试点方案的通知》。

7. 其他与评估有关的资料。

六、评估方法

按照《森林资源资产评估技术规范》(LY/T 2407—2015)的有关规定,根据森林资产的不同特点分别选择不同方法进行评估。根据委托方提供的有关资料及评估时搜集资料的情况确定本次估价对象的评估方法:经综合分析确定,为人工杉木林,年龄为29～36年,26年以上的人工杉木林评估采用市场价值倒算法。

市场价值倒算法:30年以上的人工阔叶树杉木混交林林木资产采用木材市场价倒算法进行评估,即将该林分主伐时的木材销售总收入,扣除木材生产经营成本、税费及木材生产段的合理利润后的剩余值作为林木资产的评估值。其计算公式为

$$E_n = S \times m \times f \times (W - C - F - B - D)$$

式中　S——林分面积;

　　　m——单位面积蓄积量;

　　　f——出材率;

　　　W——木材销售总收入;

　　　C——木材生产经营成本;

　　　F——木材生产经营段利润;

　　　B——税、金、费;

　　　D——林地使用费;

详细的计算过程在工作底稿。

七、评估过程

本次评估于 2020 年 4 月 29 日进驻现场,于 2020 年 6 月 30 日出具正式资产评估报告。整个评估工作分 4 个阶段进行。

(一)评估程序总体实施过程

1. 制订计划、前期准备阶段。

根据资产评估工作的需要,向委托方布置资产评估申报表,协助委托方及产权持有者进行资产清查申报工作,制订资产评估工作计划。

2. 现场调查、搜集资料阶段。

(1)听取委托方及产权持有者对被评估资产历史和现状的介绍,收集资产评估所需的文件资料。

(2)对委托方填报的资产评估清查申报表进行征询、鉴别,与资产管理人员进行交谈,了解资产的经营、管理状况。

(3)根据资产清查评估申报表的内容及搜集的资料,到现场进行实物核实,对资产状况进行查看、记录。

(4)对被评估资产进行了调查核实和产权界定,对企业提供的有关资料进行验证,对被评估资产的法律权属予以必要的查验关注。

3. 评定估算、形成结论阶段。

(1)根据委托评估资产的实际状况和特点,制定资产的具体评估方法。

(2)开展市场调研、询价工作。

(3)对各项资产进行评估,测算其评估价值。

(4)汇集资产评估工作底稿,对分项说明进行汇总,得出总体评估结果并对评估增减值原因进行分析,形成初步评估结论。

4. 撰写和提交评估报告阶段(略)。

(二)具体资产评估程序实施情况

本次评估范围为位于将乐县光明乡光明村龟石坑境内产权面积共计 134 亩的林地,经过实地调查共计评估面积 55 亩;为人工阔叶树杉木混交林,用材林,年龄 30 年;30 年以上的人工阔叶树杉木混交林评估采用市场价值倒算法。

八、评估假设

评估报告结论成立的前提和假设:(部分略)

1. 国家相关政治、法律、经济等宏观政策不变。以现行林分状况和现行林业生产条件、经济指标、税费标准,不改变林地用途和经营类型为前提。

2.委托方提供的资料真实、合法、完整,评估对象不存在任何法律上的争议或潜在争议。

3.产权持有者对被评估对象拥有完全产权,产权持有者尚未支付某些费用所形成的相关债务与资产受让方无关。

九、评估结论

根据上述评估工作,得出如下评估结论:

经评估,截至评估基准日 2020 年 4 月 29 日,委托评估林木资源资产的市场价值为人民币贰拾陆万壹仟壹佰元整(RMB:26.11 万元)。

十、特别事项说明(部分略)

1.本次委托评估的森林资源资产范围、权属等由委托方负责,我们的责任是对委估森林资源资产价值进行估算并发表专业意见。

2.我们已会同委托方指派人员对评估报告中的评估对象进行现场勘查,根据委托方提供的林权相关资料进行确定,请报告使用者关注。

3.我们已对评估对象有关法律权属资料进行查验,对法律权属状况给予必要的关注,但无法对评估对象的法律权属真实性做任何保证。

十一、评估报告使用限制说明(略)

十二、评估报告日

本资产评估报告出具日期为 2020 年 6 月 30 日。报告编号:光明〔2020〕(咨)字第 SMY138 号。

福建光明资产评估房地产估价有限责任公司(公章)

法人代表(盖章)

资产评估师(签章)

森林资源资产咨询人(签章)

附 录

说明一

林木资源资产评估结果明细表

县/市：将乐

乡镇	村	小地名	林权证号	宗地号	林权小班 林班 大班 小班	二类小班 林班 大班 小班	林权面积/亩	评估面积/亩	起源	郁闭度	树种组成	经营类型	年龄/年	龄组	林分蓄积/m³	出材量(分树种、材种)/(m³/亩) 杉木 小计 规格 非规格	马尾松 小计 规格 非规格	阔叶树 小计 规格 非规格	评估值/万元
光明	光明	龟石坑	将政林证字(2005)第07255号	418	29 8 2,3	029 08 040 029 08 030	134	55	人工	0.8	7阔3杉+马	一杉中	30	成熟林	1169	305 116 190	25 6 19	663 248 415	26.11
合计							134	55							1169	305 116 190	25 6 19	663 248 415	26.11

179

说明二

有关经济指标及评估技术说明

一、福建省将乐县 2020 年木材销售参考价表

杉木价格

径 阶	3～5	6	8	10	12	14	16	18	20 以上
参考价/（元/立方米）	750	950	1000	1020	1050	1090	1120	1160	1200
	非规格材均价 1000					规格材均价 1150			

松木价格

径 阶	8～12	14～16	18 以上	吨材	木片
参考价	610 元/立方米	650 元/立方米	700 元/立方米	310 元/立方米	新鲜木片扣除水分 55%～58% 去皮（绝干重）1360 元/吨 含皮（绝干重）1260 元/吨
	非规格材均价 610 元/立方米	规格材均价 700 元/立方米			

杂木价格（含桉树）

径 阶	8～12	14～18	20 以上	吨材
参考价	550 元/立方米	600 元/立方米	700 元/立方米	320 元/吨
	非规格材均价 550 元/立方米	规格材均价 650 元/立方米		

说明：上述杉、松、杂木材长均为 4.0 m，为楞场价。
1. 育林费：2016 年起免征。
2. 个人所得税：按起征价 1.0% 征收。
3. 增值税（含附加税）：按起征价 3% 征收。

二、各种服务收费标准
伐区调查设计费：按蓄积量每立方米 10 元计算。
木材检验费：按出材量每立方米 20 元计算。

三、木材生产费用

采伐工资:按出材量每立方米330元计算(山场不得开设集材道)。

楞场看护费:按出材量每立方米18元计算。

销售管理费(含雨天病假及不可预见费用):按销售价的3.5%计算。

利润:按销售价的5%计算。

四、出材率使用《福建省立木出材率表》

五、评估测算

林木销售净收益(商品林)

树材种	销售价	设计费	做工(直接成本)	检尺费	楞场看护费	税费(4%)	销售管理费用(3.5%)	利润(5%)	净利润	备注
杉木规格材/(元/立方米)	1150	12.8	330.0	20.0	18.0	46.0	40.3	57.5	625.5	
杉木非规格材/(元/立方米)	1000	12.8	330.0	20.0	18.0	40.0	35.0	50.0	494.2	
马尾松规格材/(元/立方米)	700	11.8	330.0	20.0	18.0	28.0	24.5	35.0	232.7	
马尾松非规格材/(元/立方米)	610	11.8	330.0	20.0	18.0	24.4	21.4	30.5	154.0	
阔叶树规格材/(元/立方米)	650	11.1	330.0	20.0	18.0	26.0	22.8	32.5	189.7	
阔叶树非规格材/(元/立方米)	550	11.1	330.0	20.0	18.0	22.0	19.3	27.5	102.2	

说明三

林木资产核查报告

接受将乐县金山林场有限公司的委托,我公司委派两名技术人员带领二组设计调查人员于2020年4月29日对将乐县光明乡光明村龟石坑拟收储的肖某某林木资源资产进行了实物量调查核实,并编制资产核查报告。

一、核查方法

按照《森林资源资产评估技术规范》的规定和被评估资产的实际情况,本次核查采用全林每木调查法。

二、森林资源资产范围的确定

根据委托书和林权证以及1比1万地形图、林业基本图,对委托评估资产进行界定确认。

三、调查结果

评估山场在将乐县重点生态区位,林木采伐山场不得开设集材道,采伐成本很高;立地条件以Ⅱ、Ⅲ类地为主,林木生长较好。委托评估山场林权证面积134亩,经过实地调查共计评估面积55亩;为人工阔叶树杉木混交林,为一般用材林,成熟林。林木蓄积量1169立方米,其中杉木蓄积量386立方米、马尾松蓄积量31立方米、阔叶树蓄积量752立方米。

四、说明

1. 此次调查精度为95%以上,在2016年二类基础上进行了调查测算,未进行重新区划,调查结果与资源站提供的二类小班因子一览表有较大不同,原因:一是二类调查方法的不同,二是前期调查差错。

2. 本次核查成果可以作为评估的依据。

核查人员:某某某　某某某

2020年6月29日

附录 7　宁化县森林资源调查报告

赖某某水茜镇、中沙乡森林资源调查报告

为实现森林资源总量增长、质量提升,以改善生态环境质量、推动绿色发展为目标,按照《福建省重点生态区位商品林赎买等改革试点方案》等要求,2019年10月宁化县县属林场对赖某某坐落在水茜镇拟转让的山场森林资源的现状抽派专业技术人员进行了调查。调查人员严格按照《宁化县县属国有林场森林资源赎买工作守则》,本着公开、公平、公正的原则,确保森林资源调查成果真实、准确、可靠,现将结果报告如下:

基本情况:

赖某某山场坐落在宁化县水茜镇水茜村、沿溪村和中沙乡武昌村境内,交通方便。山场的各个宗地分布于水茜村、沿溪村和中沙乡武昌村村部附近,大部分有现成的集运材道路,林地的立地质量等级为Ⅱ、Ⅲ级,培育目标为中径材,优势树种主要是马尾松、杉木林,现有林分长势中等。涉及林权宗地12个,林权小班25个,林权证面积为2538亩;经实地核查,资源建档小班20个,2016年林政资源建档核对面积2222亩,其中起源天然林90亩,人工林2089亩,未成林地43亩。林权证终止日期2039年12月31日,剩余经营年限为20年的2033亩,林权证终止日期2044年12月31日,剩余经营年限为25年的189亩。具体资源情况如下。

一、资源调查情况

1. 起源为人工的一般用材林按龄组分:

(1)幼龄林面积66亩,优势树种均为杉木,年龄9年,面积146亩。

(2)中龄林面积263亩,其中优势树种为马尾松,年龄15年,面积26亩;年龄17年,面积65亩;年龄18年,面积61亩。优势树种为杉木111亩,年龄18年。

(3)近熟林面积1290亩,其中优势树种为马尾松881亩,优势树种为杉木409亩。

(4)成熟林面积 470 亩,其中优势树种均为杉木 281 亩,优势树种均为阔叶树 189 亩。

2. 起源为天然林的一般用材 90 亩。

3. 未成林造林地 43 亩。

共计外业调查 2222 亩。

二、计算数据

1. 人工林森林资源价值:本次调查了 21 个人工林小班,面积为 2089 亩。

人工林林木价值计算依据:幼龄林按造林成本为 1160 元,投资收益为 8% 的标准;近熟林按预测该林分成熟时采伐所得到的纯收入(已扣除木材生产成本、税费及合理的经营利润),再扣除从现在到主伐之间的管护费用,其剩余值的折现值作为林木资产的计算值。

2. 天然林森林资源调查价值:本次调查天然林面积 90 亩。

天然林林木价值计算依据:按生态林补助标准 22 元/亩计算林木价值。

3. 其他森林资源调查价值:本次调查未成林造林地 43 亩。

未成林造林地价值计算依据:马尾松Ⅲ类地林地使用价值 6 元乘以剩余经营年限 20 年计算林地价值。

三、说明

1. 本次调查是在 2016 年资源续档的基础上进行的,林班、大班、小班的界线以 2016 年版林业基本图的界线为准,没有发生变化的小班其界线参照最新林业基本图的区划界线;若有发生变化的小班即现场区划调绘,重新量算小班面积;调查范围根据业主所指定的四至界线以林权证宗地附图范围为准,调查面积以林权证登记面积和资源建档面积相核对。

2. 本次调查参照《森林资源调查主要技术规定》和《福建省伐区调查规划设计技术》的要求进行小班调查。小班位置根据业主提供的林权证宗地附图,结合 1∶1 万地形图和林业基本图确定;小班面积根据宗地附图四至界线结合林业基本图进行核对,以林权登记面积为准。对人工起源林分小班全部进行调查。外业调查组把调查材料及时交给内业计算组,内业计算组在电脑上用内网计算数据并打印出调查成果。中龄林采用标准带法调查,电脑计算出平均胸径、平均树高,亩立木蓄积,树种组成;幼龄林林木株数采用小样园法调查,电脑计算出亩株数,平均树高。

计算方法:

(1)用材林幼龄林采用重置成本法。(略)

(2)用材林成、过熟林采用市场价倒算法。(略)

(3)中龄林、近熟林采用收获现值法。(略)

(4)主伐纯收入的确定:主伐纯收入即该林分成熟时采伐所得的纯收入。

(5)天然林按规定的补贴标准乘以林权证剩余经营年限。

(6)本次调查资源建档起源为人工的,外业现场调查优势树种为阔叶树的按天然林标准计算价值。

3. 本次调查的小班内有小片状或零星分布的毛竹林、油茶、果树等,因这类林木过于零星分散,图上无法区划,不方便统计,因此在调查中未体现。

4. 本次调查的小班因子有些与建档小班因子不符,原因是小班前期调查误差或自然灾害。

四、有关经济指标及计算技术说明

1. 宁化县木材市场平均销售价格。

宁化县木材市场平均销售价格

项目	树种			备注
	杉木	马尾松	阔叶树	
平均销售价格/(元/立方米)	1000	660	630	
综合成本/(元/立方米)	330	330	330	
销售利润/(元/立方米)	670	330	300	
综合出材率/%	65	70	50	

2. 宁化县营林生产成本。

宁化县营林生产成本

树种	时间			
	第一年	第二年	第三年	第四年
杉木/(元/亩)	1060	200	200	10
马尾松/(元/亩)	910	200	200	10

续表

树种	时间			
	第一年	第二年	第三年	第四年
备注	含劈草、炼山、整地、挖穴、苗木款（良种壮苗）、植苗、抚育二次及施复合肥等	补植、施肥、劈草抚育二次	劈草抚育二次	每年管护费用

3. 人工幼龄林林木价值表。

Ⅰ类（造林成本为1460元，投资收益为10%）

树种	年龄/年									
	1	2	3	4	5	6	7	8	9	10
杉木/(元/立方米)	1060	1260	1460	2071	2289	2529	2793	3083	3403	3754
马尾松/(元/立方米)	910	1110	1310	1851	2048	2263	2500	2762	3049	3365

Ⅱ类（造林成本为1160元，投资收益为8%）

树种	年龄/年									
	1	2	3	4	5	6	7	8	9	10
杉木/(元/立方米)	760	960	1160	1530	1663	1807	1962	2130	2311	2507
马尾松/(元/立方米)	610	810	1010	1326	1443	1569	1705	1852	2011	2183

4. 各种服务收费标准、木材生产费用（出材量330元/立方米）。

(1)伐区调查设计费：按出材15元/立方米计算。

(2)木材检验费：按出材量20元/立方米计算。

(3)油锯采伐（包括倒木、造材）按出材量40元/立方米计算。

(4)采伐工资：按出材量100元/立方米计算（包括集运材道路日常维护、修枝、打节、集材、装车）。

(5)集材道路修建按出材量30元/立方米计算。

(6)短途运输成本：按出材量25元/立方米计算。

(7)堆头看守和第二道装车：按出材量35元/立方米计算。

(8)过田、过路赔偿，搭建工棚等按出材量20元/立方米计算。

(9)木材生产作业管理费、利润按出材量25元/立方米计算。

(10)其他费用：按出材量20元/立方米计算。

出材率使用《福建省立木出材量表》；利率 P 为 6%，投资收益为 10%。

5. 林地价值：

杉木 Ⅰ 级按 20 元/(亩·年)。

杉木 Ⅱ 级按 16 元/(亩·年)。

马尾松 Ⅰ 级按 8 元/(亩·年)。

马尾松 Ⅱ 级按 6 元/(亩·年)。

五、计算公式：评估方法

1. 用材林幼龄林采用重置成本法。

计算公式为

$$E_n = K \times \sum_{i=1}^{n} C_i (1+P)^{n-i+1}$$

式中　E_n——亩林木资产评估值；

　　　K——调整系数，按林分平均树高与标准林分高的比值确定；

　　　C_i——第 i 年以现时工价和生产水平为标准的投资额，主要包括每年投入的工资、地租、管护成本等；

　　　P——投资收益率；

　　　n——林分年龄。

2. 用材林成、过熟林采用市场价倒算法。

计算公式为

$$E_n = W - C - F$$

式中　E_n——林木资产评估值；

　　　W——销售总收入；

　　　C——木材经营成本；

　　　F——木材经营合理利润。

3. 中龄林、近熟林采用收获现值法。

计算公式为

$$E_n = S_n \times \left\{ \frac{R_1}{(1+P)^{u-m}} - \frac{V[(1+P)^{u-m}-1]}{P(1+P)^{u-m}} \right\}$$

式中　E_n——林木资产评估值；

　　　S_n——小班面积；

　　　R_1——现实林分主伐时的纯收益；

　　　V——林分到主伐时每年的平均管护成本；

u——经营期；

m——现实林分年龄；

n——林分年龄；

P——利率。

4. 主伐纯收入的确定。

计算公式为

$$R = \sum_{i=1}^{2} \frac{m_m \times M_u}{M_m} \times q_i \times [f_{i1}(W_{i1} - C_{i1} - F_{i1}) + f_{i2}(W_{i2} - C_{i2}) - F_{i2}]$$

式中　R——林分主伐时的纯收益；

　　　m_m——小班单位蓄积；

　　　M_u——森林经营类型标准林分成熟对应曲线的单位面积蓄积量；

　　　M_m——现实林龄时标准林分蓄积量生长曲线对应的单位面积蓄积量；

　　　q_i——现实林分第 i 树种的树种组成；

　　　f_{i1},f_{i2}——第 i 树种原木和综合用材材种出材率；

　　　W_{i1},W_{i2}——第 i 树种原木和综合用材材种单位产品销价；

　　　C_{i1},C_{i2}——第 i 树种原木和综合用材材种经营成本（包括木材生产销售利润）；

　　　F_{i1},F_{i2}——第 i 树种原木和综合用材材种税金费。

宁化县标准林分收获量表

树种	年龄/年										备注
	11	12	13	14	15	16	17	18	19	20	
杉木/ (年/立方米)	4.0	4.8	5.5	6.3	7.1	7.6	8.2	8.9	9.5	10.1	
马尾松/ (年/立方米)	2.8	3.7	4.7	5.7	6.8	7.7	8.5	9.4	10.2	11.1	
阔叶树/ (年/立方米)	5.0	5.8	6.5	7.1	7.7	8.2	8.8	9.3	9.8	10.2	

树种	年龄/年										
	21	22	23	24	25	26	27	28	29	30	31
杉木/ (年/立方米)	10.8	11.4	12.0	12.6	13.2	13.7	14.2	14.6	15.0	15.3	
马尾松/ (年/立方米)	11.9	12.8	13.4	14.1	14.9	15.5	16	16.4	16.9	17.3	17.7
阔叶树/ (年/立方米)	10.7	11.2	11.7	12.2	12.8	13.3	13.8	14.3	14.8	15.3	15.6

附录8　建宁县森林资源资产项目资产评估报告

建宁县闽江源国有林场有限公司拟赎买位于金溪乡大源村的森林资源资产项目资产评估报告

闽中经资评（2019）第 0068 号

摘　要

一、委托人、产权持有人和资产评估委托合同约定的其他资产评估报告使用人

委托人：建宁县闽江源国有林场有限公司

产权持有人：某某某、某某某、某某某

其他资产评估报告使用人：本评估报告除提供给委托人使用外，其他的资产评估报告使用人为与本评估报告载明的评估目的之实现相对应的经济行为相关的单位和国家法律法规规定的评估报告使用人。

二、评估目的

本次评估目的是反映建宁县闽江源国有林场有限公司申报的产权面积为4396亩的森林资源资产于评估基准日的市场价值，为建宁县闽江源国有林场有限公司拟赎买行为提供价值参考依据。

三、评估对象和评估范围

评估对象为建宁县闽江源国有林场有限公司申报的产权面积为 4396 亩的森林资源资产；评估范围为建宁县闽江源国有林场有限公司申报的产权面积为 4396 亩的森林资源资产，具体详见《委估资产评估申请表》。

四、价值类型

本次资产评估所选取的价值类型为市场价值。

五、评估基准日

本次评估基准日为 2019 年 11 月 1 日。

六、评估方法

本次评估采用重置成本法、收获现值法、市场价倒算法。

七、评估结论

本资产评估机构本着独立、公正、科学、客观的原则,运用资产评估法定的程序和公允的方法,采用了重置成本法、收获现值法、市场价倒算法对委托资产评估的资产进行了评估。建宁县闽江源国有林场有限公司委托评估的森林资源资产,在满足本评估报告中的全部评估假设和前提条件下,经评定、估算确定评估对象在评估基准日的评估值为人民币壹仟贰佰肆拾万陆仟元整(¥12406000.00)。

八、评估结论使用有效期

本资产评估报告使用有效期为一年,即自 2019 年 11 月 1 日至 2020 年 10 月 31 日止有效。

建宁县闽江源国有林场有限公司拟赎买位于金溪乡大源村的森林资源资产项目资产评估报告

闽中经资评(2019)第 0068 号

建宁县闽江源国有林场有限公司:

福建中经资产评估房地产土地估价有限公司为建宁县闽江源国有林场有限公司赎买产权持有人所有的森林资源资产市场价值进行资产评估。现将评估情况及结果报告如下。

一、委托人、产权持有人和资产评估委托合同约定的其他资产评估报告使用人概况

（一）委托人

机构名称：建宁县闽江源国有林场有限公司

统一社会信用代码：91350430MA31F39G18

机构性质：有限责任公司（国有独资）

机构地址：福建省建宁县河南东路15号

负责人：杜某某

（二）产权持有人

名称一：某某某（身份证号：   ）

名称二：某某某（身份证号：   ）

名称三：某某某（身份证号：   ）

（三）资产评估委托合同约定的其他资产评估报告使用人（略）

二、评估目的

本次评估目的是反映建宁县闽江源国有林场有限公司申报的产权面积为4396亩的森林资源资产于评估基准日的市场价值，为委托方拟赎买之经济行为提供价值参考依据。

三、评估对象和评估范围

（一）评估对象与评估范围内容

评估对象为建宁县闽江源国有林场有限公司申报的产权面积为4396亩的森林资源资产；评估范围为建宁县闽江源国有林场有限公司申报的产权面积为4396亩的森林资源资产，具体范围详见《委估资产评估申请表》。本次委托评估对象和评估范围与经济行为涉及的评估对象和评估范围一致。

（二）评估对象的基本情况

1. 评估对象的法律权属状况。

根据委托方建宁县闽江源国有林场有限公司申报并提供的林权证"建政林证字（2012）第00290号""建政林证字（2012）第00295号""建政林证字（2012）

第00292号",林权证面积共5391亩。本次委估的森林资源面积为4396亩,均在林权范围内。

2. 评估对象概况。

评估对象分布于福建省建宁县金溪乡大源村,委估森林资源资产评估面积4396亩,纳入评估范围的面积为4396亩,调查有林面积为4396亩。树种为杉木、马尾松、阔叶树。林地的立地条件以Ⅱ类为主,山场运输条件较为便利,管理水平中等,森林资源生长水平中等,森林资源整体生长正常。

四、价值类型(部分略)

1. 本次资产评估所选取的价值类型:市场价值类型,不考虑资产租赁、抵押以及相应的债权、债务等因素的影响。

2. 价值表述:本次资产评估的森林资源资产市场价值为评估对象森林资源资产在评估基准日的市场价值,同时未考虑资产租赁、抵押以及相应的债权、债务等。

五、评估基准日

本次资产评估基准日为2019年11月1日。

六、评估依据(略)

(一)经济行为依据

(二)法律法规依据

(三)评估准则依据

(四)资产权属依据

(五)评估取价依据

(六)其他参考依据

七、评估方法

按照《森林资源资产评估技术规范》及福建省地方标准 DB35《森林资源资产评估技术规范》的有关规定,结合本次评估对象为幼、中以及成熟林的特点,本次采用重置成本法、收获现值法以及市场价倒算法进行评估。

(一)重置成本法

$$E_n = K \times \sum_{i=1}^{n} C_i (1+P)^{(n-i+1)}$$

式中　E_n——林木资源资产评估值；

　　　K——林分调整系数；

　　　C_i——第 i 年以现实工价及生产水平为标准计算的生产成本，主要包括各年投入的工资、物资、消耗、地租等；

　　　n——现实林分年龄；

　　　P——林业行业投资收益率。

(二)收获现值法

$$E_n = K \times \frac{A_u + D_a(1+P)^{u-a} + D_b(1+P)^{u-b} + \cdots}{(1+P)^{u-n}} - \sum_{i=1}^{n} \frac{C_i}{(1+P)^{i-n+1}}$$

式中　E_n——林木资源资产评估值；

　　　K——林分调整系数；

　　　A_u——参照林分 u 年主伐时的纯收益(指扣除各项生产、销售成本及管理、财务、税收、费用和木材生产经营合理利润后的余额)；

　　　n——现实林分年龄；

　　　D_a、D_b——参照林分 a、b 年的间伐单位纯收入(本次评估未考虑间伐收益)；

　　　V——年管护费；

　　　P——折现率或林业投资收益率；

　　　C_i——评估后到主伐期间的营林成本。

(三)市场价倒算法

$$E_n = S \times m \times f \times (W - C - F - B)$$

式中　E_n——林木资源资产评估值；

　　　S——林分面积；

　　　m——单位面积蓄积量；

　　　f——出材率；

　　　W——单位木材销售总收入；

　　　C——单位木材生产经营成本；

　　　F——单位木材生产经营段合理利润；

　　　B——单位木材与林业生产过程征收的税、金、费。

(四)评估方法具体运用及计算过程

根据本机构资料库与现时调研、询价,得到以下与本次资产评估相关的经济技术指标:

1. 木材销售价格。

木材销售价格是按木材平均口径与评估项目所在地近期木材市场价格,并结合委估森林资源资产的总体质量来综合确定的。阔叶树销售价为

(1)杉木统货为 1050 元/立方米。

(2)松木统货为 700 元/立方米。

(3)阔叶树统货为 650 元/立方米。

2. 木材生产成本。

木材生产成本结合委估林木生长分布状况及当地社会平均工资水平确定,按出材量计算。木材生产成本主要指采伐成本、短途运费及道路维修养护费等。

(1)伐区设计费:伐区设计费按蓄积取 20 元/立方米。

(2)检尺费:根据当地林业政策,不分树种、材种检尺费取 12 元/立方米;

(3)生产工资:包含伐区准备作业、采伐便道开设、伐木等作业,不分树种取 200 元/立方米。

(4)不可预见费及销售管理费:该部分费用为生产作业阶段过程可能因不可预见因素产生相关费用,结合实际情况,按木材销售价格的 3% 计取。

(5)木材生产经营利润:按生产成本的 20% 计算。

(6)税费:取木材价格的 4.3%。

(7)育林金:根据现阶段政策,暂缓缴纳育林金。

3. 营林生产成本。

营林生产成本根据各地林业生产成本的社会平均发生额经综合分析后按整体取值:第一年 12880 元/亩,第二年 240 元/亩,第三年 240 元/亩,从第四年起年均管护成本每亩 10 元。

4. 幼龄林调整系数 K。

$K=$ 亩株数/167。根据幼林造林标准,当 $K \geqslant 85\%$ 时,$K=1$;当 $K<85\%$ 时,$K=$ 亩株数/167。

5. 投资收益率:用材林 6%。

6. 出材率:杉木 72%,马尾松 80%,阔叶树 68%。

7. 主伐年龄:杉木 26 年,马尾松、阔叶树 31 年。

8. 依据委估山场周边市场平均价,毛竹林取 2425 元/亩。

9. 林分蓄积生长预测模型:选择理查德方程建立林分蓄积生长预测模型。

杉木：$V = 20.31432 \times (1 - e^{-0.126354t})^{5.293045}$
马尾松：$V = 20.29737 \times (1 - e^{-0.1008322t})^{4.361291}$
阔叶树：$V = 13.51293 \times (1 - e^{-0.1006183t})^{4.692105}$

其中 V 为林分每亩蓄积量，t 为林分年龄。

10. 立木蓄积量纯收益计算见表1。

表1 立木蓄积量纯收益

项目	杉木统货	马尾松统货	阔叶树统货	备注
平均销价 W/(元/立方米)	1050	700	650	经济指标
木材平均生产成本 C_1/(元/立方米)	200	200	200	经济指标
伐区设计费 C_2/(元/立方米)	27.8	25.0	29.4	经济指标
检尺费 C_3/(元/立方米)	12.0	12.0	21.0	经济指标
不可预见费、销售及管理费用 C_4/(元/立方米)	31.5	21	19.5	木材价格的3
税费 B/(元/立方米)	45.15	30.1	27.95	木材价格的4.3
利润 F/(元/立方米)	40	40	40	生产成本的20
出材纯收益 Z_s/(元/立方米)	693.6	371.9	312.2	$Z_s = W - C - B - F$
出材率 f/%	72	80	68	经济指标
立木蓄积量纯收益 Z_u/(元/立方米)	499.4	297.5	212.3	$Z_u = Z_s \times f$

上述方法的具体案例：

(1)重置成本法：

序号27，042林班02大班030小班，树种组成10杉+马，亩株数209株(209/167>85%，则 $K=1$)，林分年龄10年，调查面积159亩。依据重置成本法公式，得出该小班的评估值为

$$E_n = K \times \sum_{i=1}^{n} C_i (1+P)^{(n-i+1)}$$
$$= 1 \times [1280 + 240 \times (1+6\%)^1 + 240 \times (1+6\%)^2 + 10 \times (1+6\%)^3 + \cdots + 10 \times (1+6\%)^9] \times 159$$
$$= 475400(元)$$

根据建宁县重点区位商品林赎买最高限价计算，该小班的森林资产价值为 $2990 \times 159 = 475410$(元)。

（2）收获现值法：

序号10，041 林班02 大班020 小班，树种组成10 杉，亩株数177 株，林分年龄11 年，调查面积160 亩，小班蓄积688.0 m³，主伐年龄26 年。依据收获现值法公式，得出该小班的评估值为

$$K = \frac{(1-0.126354 \times 26)^{5.293045}}{(1-0.126354 \times 11)^{5.293045}} = 3.723$$

$$E_n = K \times \frac{A_u + D_a(1+P)^{u-a} + D_b(1+P)^{u-b} + \cdots\cdots}{(1+p)^{u-n}} - \sum_{i=n}^{u} \frac{C_i}{(1+P)^{i-n+1}}$$

$$= 3.723 \times (688 \times 499.372)/(1+6\%)^{(26-11)} - 160 \times 10/6\% \times [1 - 1/(1+6\%)^{(26-11)}]$$

$$= 518200（元）$$

根据建宁县重点区位商品林赎买最高限价计算，该小班的森林资产价值为 $500 \times 688.0 = 34400$（元）。

（3）市场价倒算法：

序号32，042 林班03 大班040 小班，树种组成5 杉4 马1 阔，亩株数187 株，林分年龄36 年，调查面积113 亩，小班蓄积1187.7 m³，主伐年龄26 年，当中存在散生毛竹6 亩。依据市场价倒算法公式，得出该小班的评估值为

$$E_n = S \times m \times f \times (W - C - F - B)$$

$$= 593.9 \times 499.372 + 475.1 \times 297.52 + 118.7 \times 218.374 + 6 \times 2425$$

$$= 478400（元）$$

根据建宁县重点区位商品林赎买最高限价计算，该小班的森林资产价值为 $593.9 \times 500 + 475.1 \times 400 + 118.7 \times 350 + 6 \times 2425 = 543100$（元）。

八、评估程序实施过程和情况（略）

九、评估假设（略）

十、评估结论

本资产评估机构本着独立、公正、科学、客观的原则，运用资产评估法定的程序和公允的方法，采用了重置成本法、收获现值法以及市场价倒算法对委托资产评估的资产进行了评估。建宁县闽江源国有林场有限公司委托评估

的森林资源资产,在满足本评估报告中的全部评估假设和前提条件下,经评定、估算确定评估对象在评估基准日的评估值为人民币壹仟贰佰肆拾万陆仟元整(￥12406000.00)。

十一、特别事项说明(部分略)

1. 本次资产评估是以评估对象原地持续使用为评估假设前提,并且在资产评估报告有效期内,评估基准日的国家宏观经济政策、所在地区的社会经济环境、行业政策等各影响价值因素无重大变动。

2. 本资产评估报告仅对委托资产评估对象发表价值意见、拟了解产权持有人所有的森林资源资产市场价值提供参考,而不承担相关当事人决策的责任。同时未考虑由于产权持有人可能因购买评估对象而形成相关优先受偿款或抵押担保(如按揭购买)所形成的相关债务对本次资产评估值的影响。

3. 本次资产评估是以产权持有人对被评估对象具有完全产权为前提,未考虑截止评估基准日可能存在的债项、税费对评估值的影响。

4. 本次评估引用了福建省林业勘察设计院出具的《金溪乡大源村某某某等3人所属的森林资源资产调查报告》(项目编号:082.19347),并根据委托方提供的《委估资产评估申请表》上所列的林木的树种、规格及数量进行估算,本机构履行了必要的核查工作。

5. 我们在本次评估项目执业过程中,聘请黄××和池××两位林业专业技术人员,参与森林资源资产的权属资料查阅、现场访谈询证、林班核实抽查、实地勘查调查及评估测算等工作,确认其提供的成果数据和工作底稿符合资产评估准则及规范的要求,满足出具评估报告的要求。

6. 本次评估考虑到委估对象和范围所处的山场位置不一样,因此所用的技术经济指标是根据委估资产特点所选取的平均值,并不代表某一特定的小班技术经济指标,测算得到的评估结果是综合评估值,不能以森林资源资产评估明细表中各小班的评估值为依据,将整体森林资源资产按小班拆散进行处置。

7. 本次资产评估的委托人为建宁县闽江源国有林场有限公司。委托人拟了解产权持有人所有的森林资源资产市场价值一次性使用,本资产评估机构不承担因该资产评估报告超出本次资产评估目的使用范围而可能产生的相关影响和责任。

8. 限于客观条件以及本次资产评估目的,资产评估专业人员未对被评估资产的账簿记录进行核对,亦不会对原始入账依据、账面价值组成的合法合规合理性负责。

9. 本次委估山场中存在散生毛竹，由于毛竹价值占总体价值较少，因此按市场平均价进行估算。

10. 本次评估中，阔叶树幼龄林经济指标参照杉木幼龄林的标准。

11. 本次评估结论结合了森林资源资产市场价格与《建宁县人民政府办公室关于印发建宁县重点区位商品林赎买实施方案（2018—2020）的通知》（建政办〔2018〕158 号）综合确定。

十二、资产评估报告使用限制说明（略）

十三、资产评估报告日

本公司于 2019 年 12 月 10 日形成评估专业意见并向委托人提交资产评估报告书。

十四、签名盖章

福建中经资产评估房地产土地估价有限公司　　评估机构法定代表人：

资产评估师：

林业专业技术人员：

中国·福州
2019 年 12 月 10 日

附录9 永安市森林资源资产评估报告

某某某先生的森林资源资产评估报告正文

永佳盛林木资产评报字（2018）第　　号

某某某先生：

　　永安市佳盛伐区调查设计有限责任公司接受您的委托，根据有关法律、法规和资产评估准则、资产评估原则，采用市场价值法，按照必要的评估程序，对属委托方某某某先生所拥有的森林资源资产在2018年6月30日的市场价值进行了评估。现将资产评估情况报告如下。

一、委托方、产权持有者及业务约定书约定的其他评估报告使用者（略）

二、评估目的（略）

三、评估范围和对象

（一）评估对象

　　根据评估目的，评估对象是产权持有者某某某先生申报的位于永安市　　镇　　村境内的704亩森林资源资产。

（二）评估范围

　　评估范围是产权持有者某某某先生申报和提供的"中华人民共和国林权证"[永政林证字（2004）第　　号中　　号宗地和永政林证字（2014）第　　号中　　号宗地]权属证明材料，本次委估的森林资源资产共2宗地，宗地面积727亩，其中纳入本次评估范围的林地面积为704亩。林地使用权人、森林或林木所有权人和使用权人均为委托方某某某先生，林地所有权人为村集体。（详见附表1）

　　经现场调查，本次拟评估的森林资源分布于永安市　　镇　　村境内，林分面积704亩，林地的立地条件以Ⅱ类为主，林分蓄积量6468立方米，主要树种为杉木、马尾松和阔叶树,山场运输条件较为不便,森林资源经营管理水平正常,林分生长水平一般。

四、价值类型及其定义(略)

五、评估基准日(略)

六、评估依据(略)

七、评估方法

本次评估对象为人工杉木幼龄林、中龄林和天然阔叶树成熟林。

(一)成过熟林林木资产评估

木材市场价倒算法计算公式:

$$E_n = m_n \times [f_1 \times (W_1 - C_1 - F_1 - D_1) + f_2 \times (W_2 - C_2 - F_2 - D_2) + f_3 \times (W_3 - C_3 - F_3 - D_3)]$$

式中 m_n——林龄为 n 年时单位面积林分实际蓄积量;

f_1、f_2、f_3——原木、小径材、薪材出材率;

W_1、W_2、W_3——原木、小径材、薪材平均木材销售价格;

C_1、C_2、C_3——原木、小径材、薪材木材生产经营成本;

F_1、F_2、F_3——原木、小径材、薪材木材生产经营段利润;

D_1、D_2、D_3——原木、小径材、薪材林地使用费(集体林地需减此项,国有林地不减此项)。

(二)中、近熟林林木资产评估

收益现值法计算公式:

$$E_n = \frac{m_n \times m_u}{\hat{m}_n} \times \frac{f_1 \times (W_1 - C_1 - F_1 - D_1) + f_2 \times (W_2 - C_2 - F_2 - D_2) + f_3 \times (W_3 - C_3 - F_3 - D_3)}{(1+p)^{(u-n)}} - \frac{V \times [(1+P)^{(u-n)} - 1]}{P \times (1+P)^{(u-n)}}$$

式中　m_n——林龄为 n 年时单位面积林分实际蓄积量；

　　　$\hat{m}_n$——林龄为 n 年时单位面积林分理论蓄积量，按林木蓄积生长预测模型计算得到，各树种生长预测模型是利用福建省林业厅现行《森林经营类型表》中中径材经营类型生长指标拟合而成；

　　　m_u——按林木生长预测模型计算的 u 年主伐时单位面积林分理论蓄积量；

　　　f_1、f_2、f_3——原木、小径材、薪材出材率；

　　　C_1、C_2、C_3——原木、小径材、薪材木材生产经营成本；

　　　F_1、F_2、F_3——原木、小径材、薪材木材生产经营段利润；

　　　D_1、D_2、D_3——原木、小径材、薪材林地使用费；

　　　V——年平均管护费用；

　　　u——主伐年龄；

　　　n——现实林分年龄；

　　　P——投资收益率；

　　　E_n——林木资产评估值。

（三）幼龄林林木资产评估

重置成本法计算公式：

$$E_n = K \times \sum_{i=1}^{n} C_i (1+P)^{n-i+1}$$

式中　E_n——林龄为 n 年时单位面积林木资产评估值；

　　　K——调整系数；

　　　C_i——第 i 年以现时工价和生产水平为标准的投资额，各年度投资标准、管护费用详见技术经济指标；

　　　P——投资收益率；

　　　n——林分年龄。

（四）评估技术经济指标说明

1. 营林生产成本。

营林生产成本

年度/年	1	2	3	4
杉木/(元/亩)	660	230	130	70

林木管护费：第五年起，每年 5 元/亩。

2. 木材价格。

重点生态区位商品林赎买机制与模式研究

杉木人工林中龄林的销价按预期成熟时的预计价格

树材种	单价/（元/立方米）	树材种	单价/（元/立方米）	树材种	单价/（元/立方米）
杉原木	1090	松原木	750	杂原木	680
杉小径	1010	松小径	740	杂小径	560
		松薪材	335	杂薪材	335

天然林的销售价格按现有林分实际出材数量对应的材种价格

树材种	单价/（元/立方米）	树材种	单价/（元/立方米）	树材种	单价/（元/立方米）
杉原木	1100	松原木	850	杂原木	750
杉小径	1050	松小径	740	杂小径	560
		松薪材	335	杂薪材	335

3. 木材经营成本。

(1)伐区设计费:按蓄积量10元立方米。
(2)直接采伐成本:林分按出材量217元/立方米。
(3)短途运输成本(含道路维修费):70元/立方米。
(4)检尺费:按出材量20元/立方米。
(5)管理费:按总销售额的3%。
(6)销售费用:按总销售额的1%。
(7)不可预见费:按总销售额的1.5%。
(8)木材经营利润:按直接采伐成本的15%。

4. 税费征收标准。

永安市木材税费征收标准表

单位:元

树材种	出材数量	合计	林业金费 起征价	小计	育林金	税金 计税金额	小计	增值税
杉规格材	1	16.50	1020			550.00	16.50	16.50
松规格材	1	15.60	920			520.00	15.60	15.60
杂规格材	1	13.80	760			460.00	13.80	13.80
桉规格材	1	13.80	700			460.00	13.80	13.80

续表

树材种	出材数量	合计	林业金费 起征价	林业金费 小计	林业金费 育林金	税金 计税金额	税金 小计	税金 增值税
杉非规格材	1	12.90	910			430.00	12.90	12.90
松非规格材	1	12.00	840			400.00	12.00	12.00
杂非规格材	1	9.90	630			330.00	9.90	9.90
桉非规格材	1	9.90	600			330.00	9.90	9.90
松薪材	1	9.00	370			300.00	9.00	9.00
杂薪材	1	6.30	370			210.00	6.30	6.30
桉薪材	1	6.30	370			210.00	6.30	6.30

根据财政部财税〔2016〕11号文《关于取消、停征和整合部分政府性基金项目等有关问题的通知》的第二条精神：将育林基金征收标准降为零。时间从2016年2月1日起执行。

5. 出材率：

(1) 人工杉木中龄林的出材率按到成熟时的预期出材率：

①杉木出材率66%（其中原木20%、小径材46%）。

②马尾松出材率70%（其中原木25%、小径材45%、薪材10%）。

③阔叶树出材率60%（其中原木10%、小径材50%、薪材22%）。

(2) 天然阔叶树的出材率按现有实际林分材种对应的出材率：

①杉木出材率74%（其中原木50%、小径材24%）。

②马尾松出材率71%（其中原木51%、小径材20%、薪材11%）。

③阔叶树出材率60%（其中原木30%、小径材29%、薪材35%）。

6. 主伐年龄：天阔中的主伐年龄为31年，一杉中的主伐年龄为26年。

八、评估过程（略）

九、评估假设和限定条件（略）

十、评估结论（略，评估结论详见附表）

十一、特别事项说明(部分略)

根据永安市 2017 年森林资源续档显示: 林班 大班 小班树种组成为 10 杉,面积为 338 亩,林龄 15 年,经营类型一杉中。经实地调查该小班人工林面积为 273 亩,树种组成为 8 杉 2 阔,有 65 亩为天然阔叶树林,树种组成为 6 阔 3 马 1 杉,林龄约为 60 年,经营类型调整为天阔中;林班 大班 小班树种组成为 10 杉,面积 49 亩,林龄为 13 年,经营类型一杉中;经实地调查有 40 亩为人工杉木林,树种组成为 9 杉 1 阔,有 9 亩为天然阔叶林,树种组成为 6 阔 3 马 1 杉,相应经营类型调整为天阔中。

根据永安市生态文明建设志愿者协会关于天然商品林赎买价值评估有关事项的精神,对于坐落在省重点生态区位天然商品林的赎买价值,按林分实际评估价值的 50% 进行评估计算作为评估假设条件。

十二、评估报告使用限制说明(略)

十三、评估报告日

本评估报告提出日期为 2018 年 9 月 6 日。

永安市佳盛伐区调查设计有限责任公司

法定代表人: **森林资产评估咨询人员:**

2018 年 9 月 6 日

附表 1　林权登记情况

林权证号	宗地号	林地所有权权利人	林地使用权权利人	森林或林木所有权权利人	森林或林木使用权权利人	坐落	小地名	林班	小班	面积/亩	主要树种	林种	林地使用期/年	终止日期	备注
永政林证字(2004)号		永安市安砂镇罗峰村委会	某某某	某某某		福建省永安市安砂镇罗峰村	三十六行,布坑			678	马尾松	用材林	27	2030/12/31	其中纳入评估范围的林地面积为704亩（具体详见资产位置图）
永政林证字(2014)号		永安市安砂镇罗峰村委会	某某某	某某某		福建省永安市安砂镇罗丰村	三十六行			49	杉木	用材林	16	2030/12/31	

附表 2 森林资源资产评估结果汇总

优势树种	起源	龄组	面积/亩	蓄积量/m³	评估价值 评估值/元	评估价值 单价/(元/亩)
杉木阔叶树	人工杉	幼龄林	21	128	40601	1933
	人工杉	中龄林	491	4127	1376996	2804
	天然阔	成熟林	192	2213	248066	1292
合计			704	6468	1665663	2366

附表 3 森林资源资产评估结果明细

乡镇	村别	林权证号	宗地号	林权小班 林班	林权小班 大班	林权小班 小班	经营小班 林班	经营小班 大班	经营小班 小班	地类或林种	小班面积/亩	树种组成	优势树种	起源	郁闭度	经营类型	龄组	年龄/年	平均胸径/cm	平均树高/m	亩蓄积/m³	小班蓄积/m³	评估值/元
		(2004)号								一般用	273	8杉2阔	杉	人工	0.8	一杉中	中龄林	15	10	8.2	8.2	2236	700233
		(2004)号								一般用	178	9杉1阔	杉	人工	0.8	一杉中	中龄林	13	9	7.8	8.6	1539	550852
		(2004)号								一般用	21	9杉1阔	杉	人工	0.7	一杉中	幼龄林	9	8	7	6.1	128	40601
		(2004)号								一般用	183	6阔3杉1马	阔	天然	0.8	天阔中	成熟林	60	14	10.6	11.5	2107	236183
		(2014)号								一般用	40	9杉1阔	杉	人工	0.8	一杉中	中龄林	13	9	7.8	8.6	352	125911
		(2014)号								一般用	9	6阔3杉1马	阔	天然	0.8	天阔中	成熟林	60	14	10.6	11.4	106	11883

207

附录 10　四方合作协议

甲方：永安市农村信用合作联社
法定代表人或负责人：
联系方式：
地址：

乙方：永安市林业局
法定代表人或负责人：
联系方式：
地址：

丙方：永安市　　　　镇人民政府
法定代表人或负责人：
联系方式：
地址：

丁方：永安市　　　　镇　　　村村民委员会
法定代表人或负责人：
联系方式：
地址：

为进一步深化我市集体林权制度改革,推进林业金融稳健发展,盘活林业资产,有效解决农村贷款难、担保难问题,提升金融助力林业发展实效,解决农村发展生产资金不足,促进农村产业发展,永安市农村信用合作联社信用社(以下简称"甲方")、永安市林业局(以下简称"乙方")、永安市洪田镇人民政府(以下简称"丙方")、永安市马洪镇马洪村村民委员会(以下简称"丁方")秉着平等互利、共同发展的原则,经友好协商,就生态公益林及天然商品林补偿收益资金管理及村规民约的合作达成共识。四方愿意结成战略合作伙伴关系,一致同意就生态公益林及天然商品林补偿收益领域开展长期合作。

一、合作纲领

（一）合作宗旨

四方的合作宗旨是通过四方的紧密合作，打造多赢、可持续发展的战略合作伙伴关系。

（二）合作目标

通过本次合作，多方共同探索在生态公益林及天然商品林补偿收益领域的应用提升，推动林业资产收入与金融的融合，提升林业资产使用效率，从而实现林业资产金融化、证券化。

二、合作内容

（一）相关约定

1. 丁方须在甲方开立村级股份经济合作社账户，每年用于还本付息的生态公益林补偿收益存入该账户，约定在甲方放款后，该资金不得随意支取。

2. 乙方应准确向甲方提供丁方拥有生态公益林及天然商品林林地面积、补偿标准和补偿金额。上级及市财政补偿款拨付到位后，根据年度本息还款额，乙方负责并及时将补偿款拨付到丁方村级股份经济合作社账户，以确保按时、足额支付利息及归还部分本金。

3. 丙方对丁方村级股份经济合作社账户严格监管，禁止挪用、套取乙方拨付到丁方村级股份经济合作社账户的用于还本付息的补偿资金。

4. 甲方根据乙方提供的丁方拥有生态公益林及天然商品林林地面积、补偿标准和补偿金额确定贷款额度，收集丁方所提交的材料进行独立授信审批，并在规定期限内完成审批工作。对甲方在审批过程中提出的疑问及问题，其余三方应在相关环节协助甲方共同对丁方进行深入调查解决。

5. 丁方承诺，每年生态公益林及天然商品林补偿款到位后，如出现对甲方造成违约情况时，甲方有权处置用于还本付息的生态公益林及天然商品林补偿款，同时乙方及丙方应积极配合相关处置工作。

6. 由甲方发放的生态公益林及天然商品林补偿款质押贷款凡符合以下条件之一的，即视为对甲方造成违约情况，乙丙双方确认协调处置。

（1）借款人未按合同约定履行付息义务，贷款出现欠息60天（含）以上的；

（2）借款人未按合同约定履行还本义务，贷款本金出现逾期60天（含）以上的。

7. 丙、丁两方确认,甲方处置的债权不低于发生违约的贷款本金及利息之和,不足部分从丁方其他财务收入中扣回。

8. 放款后,丙方应协助甲方对丁方账户进行共同监管。

(二)风险管理

1. 甲方贷款发放后,丁方应确保账户内有足额的资金用于支付利息及归还部分本金,不得随意支取。

2. 甲、丁双方应深入贷后跟踪检查,监督借款人的经营情况,及时了解生态公益林及天然商品林变化情况,发现问题,应及时采取措施,最大限度规避贷款风险。

3. 甲、丁双方须共同了解和督促借款人按时履行还本付息义务,共同对到期债务及时加紧催收。

4. 乙方应将生态公益林及天然商品林补偿标准与相关政策变化情况及时告知甲方,补偿款到位后应及时启动拨付流程,确保补偿资金及时到位。

5. 借款人到期没有按时履行还款(含还本付息)义务的,启动不良资产处置程序,逾期超过 60 日仍无法还款的,甲方有权从丁方生态公益林及天然商品林补偿收益账户中扣除对应本息和实现债权的一切相关费用。

三、合作范围

四方将在永安市洪田镇马洪村开展生态公益林及天然商品林补偿质押贷款回购天然商品林业务合作。

四、免责条款

如果出现严重阻挠任何一方履行协议义务的不可抗力事件,或者此等不可抗力事件使得履行合同目的无法实现,则该方应当无任何迟延地通知另外三方关于其履行合同义务或者履行部分合同义务受影响的程度,并出具有权机关的证明。受到影响的义务履行部分应当推迟到不可抗力事件程序期间完成。

五、其他

本协议仅作为四方合作的基本原则,甲、乙、丙、丁四方有关债权处置的具体操作方式、操作程序、有关税费的承担以及四方间的权利义务等,待四方根据具体的债权处置情况,按我国相关法律法规的规定另行签订具体协议。

六、生效要件

  本合作协议自四方授权代表签章并加盖公章之日起生效。此协议一式四份,四方各执一份,具有同等法律效力。

  本协议未尽事宜及纠纷,双方本着友好协商原则解决。对本协议条款的任何修改、变更或增减,须经四方一致同意并以书面形式给出。

  本协议自相关各方授权代表签字及加盖公章之日起开始生效,有效期5年,期满之后四方若无疑义本合作协议将自动延长。

七、争议解决

  因执行本协议所发生的或与本协议有关的一切争议,四方应通过友好协商解决。协商不成的,由其中一方向有管辖权的人民法院提起诉讼。

  甲方:永安市农村信用合作联社
  法定代表人或负责人:
  乙方:永安市林业局
  法定代表人或负责人:
  丙方:永安市_____镇人民政府
  法定代表人或负责人:
  丙方:永安市_____镇_____村村民委员会
  法定代表人或负责人:

签约日期: 年   月   日

附录 11　重点生态区位商品林赎买典型林农调研资料

1. 将乐县　受访者姓名:肖某某,电话号码:****,日期:2020 年 7 月 13 日**

该林农早些年做运输生意(大巴),通动车后,就不做了,目前主要的收入就是林业收入。妻子是家庭妇女,孩子一个在上大学,另一个已出嫁,有自己的工作。若林地全部参与赎买,自己年龄大,没有办法再去从事其他工作,对林地的依赖性较大。林农本身对赎买信息非常关注,对顺昌等地的赎买政策比较了解。

该林农拥有林地 1400 多亩,逐步收购获得,联户经营,目前参与赎买的有 400 多亩。剩下的林地不但有生态公益林还有重点生态区位商品林,地势平缓,大多位于城区沿河两岸,砍伐成本每亩 200 元不到。对目前的政策持观望态度,若价格合适,愿意参与赎买,迫于政策,也会参与赎买。无林下经济,一是管理、人员跟不上,二是不知道什么时候就被收回,林下经济无相关补偿。

参与赎买年份 2018 年,主要树种为杉木,有 10%左右的马尾松,林龄 20 年左右。部分林子的购入年限在近 10 年,近 10 年间,木材价格几乎没变,当时购入时平均每亩 650 多元,政府赎买价格每亩 590 元,小径的材杉木只有每亩 460 元,松木每亩 150 元,阔叶树每亩 100 元。从投入成本来看,认为赎买价格偏低,觉得至少要达到每亩 700 元。参与赎买的原因:一是政策,重点生态区位商品林禁伐,参与赎买可以变现,及时止损。二是在购买林地时贷款 200 多万(联户中的部分,有的是现金,有的是贷款),要还本付息,迫于压力,需变现以实现资金周转。三是即使知道国家的政策允许采伐,但是地方在执行时会有诸多限制,砍伐成本增加,甚至是不能砍伐。比如,在砍伐过程中,有指标限制,政府按计划分配林农可以砍伐多少,存在权力寻租。四是管理上,有雇用行为,但不如公司有正规的经营,人员管理以管护和砍伐时为主。在林子的管理上,不作为,鉴于林地的特殊,比如边界,管理较困难。目前对林地的经营积极性降低。虽然是自愿赎买,但也是迫于无奈,对赎买不满意,最主要的是价格,觉得政府没有按市场行情来定价,价格并不公平。

2. 将乐县　受访者姓名:杨某某,电话号码:****,日期:2020 年 7 月 14 日**

该户一家 4 口(妻子+两孩子),户主 38 岁,教育程度高中毕业,户主为村干部,两小孩中一个上小学,一个上幼儿园。家庭收入情况如下:过去一年总收入约 15 万元,其中经营性养殖收入约 10 万元,务工收入约 5 万元(村干部固定工资收入约 3.6 万元,红糖生意收入约 1.4 万元),从政府得到的林补(公益林、天然林)(69+74)×4=572 元。

赎买发生时间为 2018 年,赎买重点区位商品林面积为 60 亩,林地来源为林地转入(转入时连地上林木一起转入),主要树种为杉木,林龄 29 年,林地经营形式为联户经营,有林权证,林地坡度较平缓,林地与户主家距离 2500 米,距公路 100 米以内(未问砍伐条件是否便利),持有年限为一代林。林地经营支出主要是雇工支出,前 5 年有雇工支出,共约 3 万元。无林下经济作物。林农近 5 年营林积极性有提高,愿意采用联合经营的方式经营林地(不愿意公司参与),希望经营混交林,愿意经营一般用材林,愿意租用他人林地,也愿意出租自己的林地。

政府的赎买面积为 60 亩,赎买价格为 2583 元/亩,赎买方式为直接赎买,赎买支付方式为一次性支付,赎买信息来源为林业站、村干部村委会。林农了解赎买政策,也自愿参与赎买。参与的原因:一是有碍于村干部身份;二是政策迫使(即参与赎买的主要原因是政府推动),认为赎买是重要的,认为评估和赎买过程是公平、合理的,对赎买总体实施情况较满意。但是对赎买价格不满意:一是不满对于林间套种的毛竹林等未纳入赎买价格计算中;二是认为 620 元/立方米的赎买价格偏低,调研对象的意愿赎买价格是 800 元/立方米,产生这一价格的理由主要是参考市场林木价格(市场价大概有 1100 元/立方米,扣除各项花费后有 800~900 元/立方米),同时也有认为我们的调研可能影响今后的赎买价格而报高意愿赎买价格。同时认为赎买手续复杂,也认为赎买没有扶贫效果。

如果政府租赁重点生态区位商品林,愿意租几年、每年租金多少、一次性租赁租金多少的问题,调研对象的回答是愿意和政府签 10 年的出租合约,每年租金 200 元/亩,一次性付租金则愿意接受 3000 元/亩,期限是一代林。

3. 将乐县　受访者姓名:杨某某,电话号码:****,日期:2020 年 7 月 14 日**

该户一家 2 口人(户主+妻子),户主 61 岁,教育程度高中毕业,主要工作为打工,其妻子 60 岁,教育程度初中毕业,主要工作为务农,家庭收入情况约 15 万元。

赎买发生时间为 2018 年,赎买重点生态区位商品林面积为 155 亩,赎买价格为 1858 元/亩,林地来源为 2007 年通过公开招投标从村委会获得林地,主要树种为杉木,林龄 13 年(获得林地后种的树),林地经营形式为联户经营,有林权证,林地坡度较平缓,林地与户主家距离 2000 米,距公路 800 米,持有年限为一代林。林地经营支出主要是种植杉木的支出,包括苗木支出,约 $158 \times 240 \times 0.3 = 11376$ 元,雇工支出每亩约 220 元(只发生在种苗阶段),农药化肥支出共约 2000 元,地租支出每年 $158 \times 10 = 1580$ 元,总支出约为 69000 元。无林下经济作物。林农近 5 年营林积极性有提高,愿意采用联合经营的方式经营林地(不愿公司参与),希望经营混交林,愿意经营一般用材林,愿意租用他人林地,也愿意出租自己的林地。

赎买方式为直接赎买,赎买支付方式为一次性支付,赎买信息来源为林业站、村干部村委会。林农了解赎买政策,也自愿参与赎买,参与赎买的主要原因是政府推动,也有为获得赎买收入和基于赎买政策,认为赎买是重要的,认为评估和赎买过程是公平、合理的,对赎买总体实施情况较满意,但是对较低的赎买价格不满意。

4. 将乐县　受访者姓名:黄某某,电话号码:****,日期:2020 年 7 月 14 日**

该户一家 5 口人,居住地到镇市场距离 1000 米,户主 46 岁,文化程度为初中,妻子 49 岁,具有大专学历,户主的职业是经商,主要从事餐饮业,并投资养猪业,妻子有固定工作,有 3 个孩子,一个 22 岁大学毕业生(女)、一个 13 岁小学生(男)、一个还不满一周岁(男),家里有林地 430 亩,坡度平缓,有 42 年杉木的重点生态区位商品林,林地距离祖居 1000 米,距最近公路 300 米。除了赎买,年家庭总收入在 20 万元以上,基本饭店经营收入,妻子年收入 3 万元,总支出 10 万元。2019 年 430 亩的重点生态区位商品林被金山赎买,杉木的林龄 42 年,26 年就到了砍伐期,原木赎买价格(14 cm 以上)$620 - 30 = 590$ 元/立方米,小径赎买价格 460 元/立方米,阔叶树赎买价格 100 元/立方米(仅用来造纸就几百元),之所以参与赎买是因为要资金周转(抽回流动资金,不让砍)。赎买信息获得的渠道是林业局回访,目前对赎买工作不满的地方主要是赎买价格偏低,户主的心理期望价:原木市场价格是 1200 元/立方米,扣除采伐等成本 260 元/立方米,政府应该给的赎买价格是 $1200 - 260 = 940$ 元/立方米,与得到的赎买价格 590 元/立方米相差 350 元/立方米;相应地小径相差 $1000 - 260 - 460 = 280$ 元/立方米,该户主认为比市场价低一点可以接受,50~60 元/立方米甚至上百元可以接受,但低 350 元/立方米和 280 元/立方米就很难接受,保护生态应该由政府来做,不能由林农个人来承担。但综合考虑重点生态区位商品林赎买非常有必要,阔叶林具有水土保护作用。参与赎买的目的是获取经济补偿,回笼资金。该林农有森林经营经验,近5年营林积极性提高,愿意单户再经营纯林,一般用材林林种首选,也愿意租用他人林地。林地经营的单位成本如下:管护费1200元/月,总计一共投入10多万元;交给村集体土地租金10元/亩。前期偷伐较严重,现在好些。该林农了解并自愿参与赎买政策,对总体实施情况满意,但总体上认为赎买对自己不利,也会主动制止破坏森林行为,了解违反禁伐会有法律制裁,自身的环保意识提高,信息化公开程度提高。从不参与村内公开事务,林业部门不处理林业纠纷,手续和评估公平,仅价格不公平不满意,家庭收入有增加,但政策无扶贫效果。

5. 将乐县　受访者姓名:陈某某,电话号码:****,日期:2020年7月14日**

积善村基本情况:总户数423户,总人口数2031人,劳动力总数1107人,务工人数473人,贫困户19户,贫困人口58人,人均年收入1.3万元,耕地面积1324亩,林地面积23146亩,其中公益林面积10288亩,经济林面积340亩,用材林面积11169亩,重点生态区位商品林面积1349亩,涉及户数404户,已被赎买8户,赎买标准600元/亩,赎买年限一代林,赎买方式一次性支付,谁经营谁管护。蓄积量236663立方米。

村集体拥有重点生态区位商品林283亩,主要树种杉木、松木和杂木,有林权证,持有年限为一代林,坡度平缓,距公路距离500米。林地经营支出:雇工两个人,每个月工资每人1700元。2018年商品林被赎买,赎买价格是620元/立方米,林木价格一次性付清,林地价格10元/亩。因第三方评估,所以对评估价格满意,对总体实施满意,赎买过程公平。参与赎买的原因:①保护生态;②不乱砍滥伐;③地租长期收入。个别不愿意参与就是不想卖,认为赎买价格有点低。赎买收入并不直接发给林农,而是作为村集体做公益的资金,比如修桥修路、修路灯、改善饮用水等,还有给60岁以上老人支付医疗保险等,但扶贫效果不大。总体来说,赎买有利于村集体提高环保意识,提高信息化程度。村集体近5年营林积极性提高,愿意经营林地,希望经营纯林,一般用材林。

6. 将乐县　受访者姓名:王某某,电话号码:****,日期:2020年7月15日**

该林农自己在镇上上班,妻子经营一家小店,家庭年收入在15万元左右,一子一女,分别上高中、小学,家庭总支出在7万元左右。对林子的依赖不大,林子一直没有变现,还要持续投入,对林农来讲,将来的收益有一定的风险。因此,赎买动机还是大的。赎买后,希望参与林子后续经营,觉得可以做管护。

林地以杉木为主,地理位置较好,地势平缓,林地离家2公里,离公路较近,大概500米,砍伐条件也比较便利。无林下经济,有意愿参与,但无相关技术。赎买信息获得途径:村干部或村委会。

赎买年份2018年,面积60亩,主要树种为杉木,林龄15~20年不等。该林农的林子是2012年购入的,当时的购买总费用为7万元左右,后续5~6年的支出包括林木补种的苗木、管护费用等,总支出在6万元左右。从成本来看,林农认为林木的补偿价格至少要13万元。政府的赎买价格为每亩620元(依据是第三方根据林木市场价值评估)。林农认为自己的利益没有得到保障。参与赎买的原因是迫于政策,重点生态区位商品林禁伐,自己的林子即将成熟,不让伐,杉木有一定的年限,怕到最后自己的投入更收不回。从投资角度看,市场行情的变化对林木获利或者亏损的影响,林农认为也是合理的,而且即使自己经营,采伐手续,各种证件的办理,技术、人的缺乏等困难会越来越多。从长远看,政府的赎买对家乡的发展会带来更多的利益,有一定的生态意义。不愿意参与赎买的原因是林农觉得自己经营,会赚更多的钱。林农对赎买过程并不满意:一是价格较低,自己利益受损;二是赎买手续复杂,赎买资金到账不及时。总体上认为赎买过程与禁伐相比对自己还是有利的。

7. 宁化县　　受访者姓名:李某某,电话号码:＊＊＊＊＊＊,日期:2020年7月16日

该户一家3口,户主46岁,妻子43岁,夫妻文化程度高中,夫妻二人的职业是经营装修材料的个体户。家里有自留山10亩,坡度平缓,有20多年杉木的商品林,距公路500米。除了赎买,年家庭总收入在10万元以上,都是非农就业收入。2019年重点生态区位商品林209亩被国有林场赎买,赎买年限2044－2019＝25年,杉木的林龄已20多年,林木剩余经营期是6年,赎买价格为每亩540元,总计获得赎买收入209×540＝112860元。之所以参与赎买是因为孩子在县城上学,夫妻又在县城里搞个体经营,村子里的林地因面积小,来回跑不划算而认为无法再经营,同时由于家已经搬到县城,杉木经常被偷伐,不卖也不行了,有一点收入算一点,要不然也会被偷没,根本找不到谁偷的,还担心火灾。赎买信息获得的渠道是宁化在线网站上的政府公开栏,目前对赎买工作不满的地方主要有两点:一是赎买价格偏低,户主的心理期望价是800元/亩;二是赎买手续复杂,在林权已经过户给对方后,都快一年了,赎买款还未拿到,对方给的理由是在逐级地进行审核,至于审核什么林农并不清楚。但综合考虑重点生态区位商品林赎买非常有必要。因为该林农近5年营林积极性降低,不愿意再经营林地,由于在县城干个体,再加上林地面积小,不会找人再进行管护。林地经营的成本总计在 20000～30000 元,该成本包括交给村集体的租金 3 元/亩。该林农了解并自愿参与赎买政策,对总体实施情况满意,总体上认为对自己有利,可以使自己专门从事非农事业,对外联系加强,自身的环保意识提高,信息化公开程度提高。

8. 宁化县 受访者姓名:邓某某,电话号码:******,日期:2020 年 7 月 16 日

该户一家 8 口,已在县城居住,户主 55 岁,妻子 47 岁,夫妻文化程度高中,户主的职业是在工程行业经商,妻子忙于家务,有 3 个孩子,一个工作,一个上大学,一个上高中,家里还有 3 个七八十岁的老人。家里有林地 48700 亩,坡度平缓,有 5～29 年杉木与马尾松的商品林,其中 10～25 年占 70%,可持有年限在 20 年以上。除了赎买,年家庭总收入在 50 万元以上,都是非农就业收入,总支出 30 万元。2019 年重点生态区位商品林 2063 亩被国有林场赎买,赎买年限 26 年,杉木的林龄 15～26 年,赎买价格为每亩 1600 元,总计获得赎买收入 2063×1600＝330800 元。之所以参与赎买是因为要抽回流动资金,需要给工人发工资,以缓解经营困难。赎买信息获得的渠道是宁化在线网站上的政府公开栏公示。目前对赎买工作不满的地方主要是赎买价格偏低,户主的心理期望价是要比现在多 100～150 元/立方米;次要是赎买款回款慢,也就是对价格和回款慢不满意。但综合考虑重点生态区位商品林赎买非常有必要,能保护水源和生物多样性等。因此,参与赎买的目的既有获取经济补偿又有保护重点生态区位。该林农近 5 年营林积极性提高,愿意单户再经营混交林,由于混交林可以预防病虫害,生物是相生相克的,林业灾害类型主要就是病虫鼠害,会请第三方外包进行防治。林地经营的单位成本如下:管护费 5～8 元/亩;交给村集体土地租金 5～15 元/亩(一次性支付)。该林农了解并自愿参与赎买政策,对总体实施情况满意,但总体上认为赎买对自己不利,也会主动制止破坏森林行为,了解违反禁伐会有法律制裁,自身的环保意识提高,信息化公开程度提高。从不参与村内公开事务,林业部门处理林业纠纷不积极,林业纠纷的次数 3 次以上。转入林地价格 10～15 元/亩,至少转入规模几百亩成片的林子,且转入的期限为 30 年。该林农自己花钱评估林子的价格,找第三方调查,按成交价值比例收取,为千分之二。

宁化县刘场长给的意见是:为节约林农的评估费用,农场和林农可以先去山场进行考察,若发现实际的山场与合同的不符,林场可以不赎买,那么林农就没必要自己再花钱评估了。若林场发现证地相符,也没有林业纠纷,林场可以先评估,然后林农根据林场评估的结果再决定是否评估。

9. 宁化县　受访者姓名：宁化县联锦林场有限公司赖某某，电话****，日期：2020 年 7 月 16 日**

2018 年参与赎买 3800 多亩，平均价格每亩 1600 多元，2019 年参与赎买 2000 多亩，平均价格每亩 1500 多元。赎买年限还有 36 年，林权证年限是 50 年。赎买的商品林林龄不等，除了人工林还有部分天然林（10%）。（林权改革最初天然林界定不够清晰，所谓的天然林后来也有人造行为，后来被强制划分到天然林里面。）赎买的商品林树种多是杉木，也有松木。两者价值差不多，松木价格便宜，但出材量大。参与赎买后，还有大概 2 万亩在重点生态区位里面，拥有的林地大多是 2013 年从青山纸业下面的一个上市子公司收购回来的，当时的价格大概是每亩 700 元，也愿意再收购合适的林地，只要有林权证，都会收购，目前以公司运营的形式参与林地管理，有正规的运营模式，管理上存在的问题是，随着砍伐，剩下的林子的管理由于人员缺乏，管理起来比较困难。

参与赎买的原因是资金周转困难，银行贷款还款付息，需要变现，且政策对重要生态区位商品林的砍伐有诸多限制，需要申请，政府再去实地考察，手续繁多，砍伐成本加重。赎买过程中，自己可以让第三方参与评估，但评估出来的价值，政府不承认，最终还是以政府的定价为准。赎买信息通过公示所得，认为只要价格合理，愿意参与赎买，希望按照林木实际价格赎买。把赎买看作市场运行的一个正常行为，认为政府的介入最大的缺点就是没按市场定价，但是政府的行为从长远来看又是必需的。该林农有长远的打算与目光，认为林业未来的发展生态与经济要并存，但目前经济的限制，在生态上投入较少，或者几乎没有，对于林下经济，没有发展的最大原因也是资金的限制。

拥有林地资源较好，土壤好，非常适合商品林的种植。对林业有感情，希望持续经营。只要价格合理，也愿意以租赁的方式参与赎买。因此，赎买的形式可以多样化。政府没有财力全部赎买，最终也要依靠公司，以市场的方式进行资源调配。在此过程中，如何发挥市场力量，既保护环境又有经济利益，是要解决的一个问题。

10. 沙县　受访者姓名：曹某某，电话号码：****，日期：2020 年 7 月 20 日**

曹某某为户主，54 岁，其妻 54 岁，夫妻二人文化程度为初中，身体良好，经营林业为主，都不是村干部，长子 34 岁，女儿 31 岁，子女文化程度都是中专，都在公司上班，工资每人基本在 3000～4000 元，年收入 10 万元。重点生态区位商品林面积 400 亩，2019 年已改造提升 200 亩，树种为桉树，属于速生用材林。该林农已经花 4 万～5 万元买了 300 多亩山林，而过户需要村民代表会议通过，而个别代表不同意,因此转让来的山场并未拿到林权证,林权证还在原林农手中。自从买了山场,一直要补交山本费(交给集体租金)40元/亩,该林农现在经营并不踏实,交了转让费和山本费,但并未拿到林权证。砍伐桉树前营林过程中发生的支出:前2~3年,需要管护费20~30元/(亩·年),前3年,需要除草,除草费150~300元/亩,还有每年的山本费。该林农还种植黄花菜20亩,但不太适应当地条件。

砍下的桉树收益支出分析:块状每次间伐50多亩,一共改造提升200亩,桉树成为低效林,一旦霜冻一下,冻坏就容易折了,只能按次材来卖(可以做胶合板),次材的价格每吨是280元,但砍伐成本有:雇工费+运费+检尺费+设计费+防火费=260元,所以每吨的纯收入也就20元。由于交给村集体的租金又见长,为50~60元/亩,所以可能收支平衡,甚至亏损。若桉树不冻坏,作为原木市场价200~300元/立方米,但该林农一根原木都没卖。

改造提升分析:间伐后种下楠木、红豆、杉木、禾木、火力楠,种苗政府有补贴400~500元/亩,造林抚育一共补贴1000元/亩。第二年检验合格后补给800元/亩,第三年再补200元/亩。户主的实际营林成本1600~1700元/亩,在不包括山本费的情况下自己每亩要贴补600左右。林农自己择伐,留小伐大;国有农场择伐,留大伐小,所以国有农场择伐可能并不挣钱,改造提升的林农也像国有林场那样留大伐小。

对赎买的整体看法:近5年营林积极性提高,因为自己有营林经验,并且认为重点生态区位商品林赎买对自己整体上有利,原因是桉树这种低效林,由于霜冻收益太低,连山本费都交不起。改造提升这种方式给自己提供了一个换树种的契机和未来更高收益的期盼,并且可以获取各种补贴,可以降低自己的经营成本。但目前自己遇到的最大的困难在于两证的难以获得:砍伐证和确权证(林权证)难以获得,尤其是外村人。该林农有林业经营证。由于自己的林子早就划入生态林,因此只能看不能砍,感觉自己是在做好事。生态林不能皆伐,只能择伐或间伐,一般是10%~20%,即使这么少,但砍伐证也仍难获得,感觉无法办理,手续太多,需要层层审批,且有些手续经常是要证明你是你父母的儿子等的内容,让人倍感无奈,希望简化采伐证的手续。当初自己之所以能买入别人的山场,就是因为别人认为砍伐手续太复杂,会浪费掉太多的时间和精力才卖掉的。自己也花了大量的时间来办理砍伐证等方面的工作。现在林地转入的价格可以达到70~80元/亩,2019年,荒山可以达到120元/亩,租入的林农会种杉木,长线投资。

11. 沙县　受访者姓名：丁某某主任，电话号码：****，日期：2020 年 7 月 20 日**

该村有 1300 多亩生态公益林，其中国家级生态公益林 700 多亩，省级生态公益林 500 多亩。该村有 11 个村民小组，每个村民小组有 300 多亩重点生态区位商品林，那么 11 个村民小组有 3000 多亩商品林。由于是生态公益林，1300 多亩不能皆伐，否则会导致水土流失，因此只能择伐间伐，一次能伐 40 亩，且择伐时，村民小组需要到林权交易中心获得审批。由于该生态林是杉木，其林龄已近 32 年了，早就超过了 26 年的成熟期。由于年限太长且太密，一些都烂掉了，但砍伐证还是很难批下来，甚至批下来的指标都赶不上杉木腐烂的数量。村民抱怨说：生态林里的杉木有的只是商品价值，并无多少生态价值，长得非常漂亮的林子，出材量也大（1 亩 6～7 根，3 个立方米），为什么不能提高择伐指标呢？不要让成材的林子白白烂掉，我们不要求皆伐，但一定要有更多的采伐证。这是一个普遍存在的问题。还有一个非常令人不满意的地方是：其他的林子每亩 1000～2000 元可以接受，但生态林可以有漂亮 4 段，每段 4 米，可以达到 5000～6000 元/亩，但政府的最高限价是 2100 元/亩，村领导和村民都感到无法接受，价差太大了！村子里的人现在正翘首以待，国有收储公司会不会砍伐杉木，如果砍伐这么漂亮的木头会卖多少钱！

该村的主任和村民也对改造提升这种方式很满意，对生态林改造提升，50％杉木保证经济效益，50％阔叶树保护生态，这样能兼顾水土保持（生态保护）和经济效益（林农收入）。林农对两沿一环和一重山等重点生态区位的认识很清晰，自己也想保护生态，但不能让林农损失这么大，在低价赎买这方面是被动同意的。希望我们这些调研者能如实向上面反映，能否让老百姓砍伐生态林，要不然杉木就会白白烂掉；能不能采伐证更容易取得且采伐量增多，否则目前的择伐量都赶不上杉木腐烂的数量；能不能对两沿一环的直接赎买的价格考虑林子本身的市场价值，而不是直接规定最高限价，林农的损失这么大，怎么能对需要改造提升的林子进行更多的投资，怎么能更好地保护生态。

12. 沙县　受访者姓名：余某某，电话号码：****，日期：2020 年 7 月 20 日**

赎买年份是 2019 年，赎买面积 216 亩，赎买价格 2100 元/立方米上限（政府制定），按照第三方评估价格赎买，若价格高于 2100 元/立方米，按照 2100 元/立方米算，若价格低于 2100 元/立方米，按照实际评估价格赎买。林户觉得不公平，希望按照市场价交易。参与赎买的林地是 2006 年村集体林权公开招标购入,购入时林权证还有7～8年,年限到了可以续期,3年续一次。大概成本15万元,当时是天然林,以松木为主,少量(5%)的阔叶树,赎买时商品林的林龄35年左右,后划入天然林,一直没有采伐,赎买后几乎没什么投入,每年需支付20元/亩的租金。赎买后还剩余商品林300多亩,天然林700多亩。参与赎买的原因,政策不让采伐,已经转去做其他生意(汽车维修、酒家),需要资金套现,觉得投资林业不赚钱,若价格合适,剩下的林地同意赎买。不愿意参与改造提升,认为林业投资年限太长,至少26年,各种成本增加,通货膨胀等因素,对个人来说投资并不划算。本人曾开过10年的木材加工厂,认为村集体参与改造提升更合适。该户林业经营积极性不高,关键原因是他有更好的选择,赎买意愿大。

13. 沙县 受访者姓名:杨某某,电话号码:******,日期:2020年7月20日

赎买年份是2020年,赎买面积350多亩,赎买价格2100元/立方米上限(政府制定),按照第三方评估价格赎买,若价格高于2100元/立方米,按照2100元/立方米算,若价格低于2100元/立方米,按照实际评估价格赎买。林户觉得不公平,希望按照市场价交易。参与赎买的林地是2009年村集体林权公开招标购入,购入时林权证还有7～8年,年限到了可以续期,3年续一次。大概成本60万元,当时是天然林,以松木为主,少量(5%)的阔叶树,赎买时商品林的林龄45年以上,后划入天然林,一直没有采伐,赎买后几乎没什么投入,每年需支付20元/亩的租金。

赎买后还剩余天然林500多亩。参与赎买的原因,政策不让采伐,当时买入的时候是贷款,需还本付息,形势所迫,不得不参与赎买。不愿意参与改造提升,是因为提升改造变现时间更长。该户以林业为生,对林子的依赖性较大,参与赎买的最主要原因不是政策不让自己经营,而是迫于还款压力,不得不贱卖。对赎买不满意,觉得自己的利益没有得到保障,要上访。无林下经济,无资金投入。需要进一步了解,赎买后,要求被赎买之要与村集体签15年合同,继续交林地使用费。赎买最大的矛盾还是赎买价格的确定。

14. 建宁县 受访者姓名:叶某某,电话号码:******,日期:2020年7月24日

户主叶某某55岁,文化程度为初中,户主的妻子54岁,高中学历,两人健康状况好,妻子退休在家,儿子和儿媳都29岁,都是大专以上学历,儿子在村镇银行上班,媳妇在信用社上班,家庭收入25万元左右(不算户主)。该林农有

2片林子,一块4396亩,一块7000亩,都属于个私性质,主要树种为杉木,还有马尾松、阔叶林,有12年林龄,都是股份合作,都有林权证,林权证2037年12月到期,坡度35度以下,林地距最近公路的距离100~200米。和村里的村民有过纠纷,划入自己林子的边界和个人的自留山在界限上有交叉,没办法自己让出2000亩林子给村里村民。

户主曾经是林业局化工厂的下岗买断职工,作为个体户曾开加油站,但由于中石化打压私人加油站,亏本厉害,在2005年转行林业,当时是属于青山纸业股份有限公司下大原联营农场,与村集体合作,和别人合作经拍卖获得。但由于2008年冰灾,亏了500万~600万元,2008年重新补植,花费200多万元,户主自己算了一笔账,如果2008年有800万元的资金,利滚利,按年利率7.2%(6厘)计算,7年翻一番,到了2015年就会变成1600万元,到了2022年变成3200万元。对于自己拿到的赎买总价值=4396×2540=11165840元,比较起来自己的林业投资还是失败的。虽然建宁的立地条件差些,但荒山的拍卖可以达到2900~3500元/亩,因此闽江源林场给的赎买价格每亩2540元并不高。该林农参与赎买原因:如果不参与赎买,择伐每次50亩,以前可以大面积采伐300~400亩,生态保护是大方向政策,若违反择伐政策多伐则要坐牢,若伐50亩,过桥过路费用还是那么多,成本摊入过多,没办法只能被迫卖掉。

赎买林木价格确定:4年以内幼龄林,按成本算:2009年的工资、苗木、抚育、看管、利息等的成本加总,按5厘利息计算,年复一年,林业部门套出来的单价;10年及以上则需要评估蓄积量,政府规定价格杉木500元/立方米、松木400元/立方米、阔叶林350元/立方米。按照这种方式政府定价有点低,个人的经济利益保证不了,不能为了生态保护只注重社会效益。该户主合伙人有建瓯的,了解到一个信息:南平筹集了200多亿元,给出700元/立方米的价格,都收不到林子,因为林农不肯卖。

该林农还有7000亩,其中2000亩位于重点生态区位,5000亩是商品林。近5年营林积极性降低,不愿意经营林地,目前和朋友在海南合伙在工地搞建筑,信任朋友,所以想转行,退出林业。在林业经营的年限也很多了,又不赚钱,因为每亩投入的成本也基本在2500~2600元,打算2000亩再卖给国有林场,剩余5000亩再卖给其他个私大户。应该很好卖,因为都是整片的。同时也不会做林下经济,因为无朋友在做,其他人不可信。付款时最好做到一次性付清,该户主认为是否一次性付款需要看对方是否值得信任,若不值得信任,还是一次性支付比较好。

15. 建宁县　受访者姓名:黄某某,电话号码:****,日期:2020 年 7 月 24 日**

　　户主 50 岁,中专学历,自己开诊所,不是村干部,健康状况好,家住在县城。妻子 49 岁,初中学历,在诊所帮忙,有 3 个孩子,大专以上学历,职业教师(长女),工资 7000 元,次女护士,工资收入为每月 10000 元,长子今年 20 岁,还在念书,家庭年收入 30 万元。该林农有林地 480 亩,性质是个私所有,单户经营,全处在重点生态区位之内,有林权证,林权证到期年份是 2036 年,被赎买商品林的林龄 10 年,林木剩余经营期 17 年,但 4～6 年后可以先间伐。树种主要是杉木及少量阔叶树,评估价格是 2960 元/亩,赎买的价格在评估价格的基础上下浮 10%,为 2664 元/亩,总计获得的赎买收入 1278720 元,当时买林子及所有投入一共是 90 万元(当时林子不好,抚育也花了不少钱),交给村子的租金每年是 5 元/亩,这么多年一共纯收 30 多万元,感觉与把这笔钱放入银行获得的利息差不多。

　　赎买信息的来源是投资公司,也就是赎买主体,已签订了合同,但还未过户,分 3 次付款,合同签订时 30% 的款项,投资公司还未支付。近 5 年营林积极性提高,愿意经营林地,单户经营,有森林经营经验,个人管的话,投入更彻底、到位,抚育也更用心。至于经营何种林地就看核算了,要看好不好销售。同时认为有必要进行赎买,对于该户主来说,自己林地处于沿河边上,也愿意为生态做贡献,因为是生态林不让砍伐,很纠结,自己意愿的价格是 3000 元/亩左右,和自己实际拿到的价格相差 336 元/亩,整体上损失 16 万元多。整体感觉赎买工程还算公平,较为满意,认为赎买中存在的主要问题是:与公家合作,态度很好,但时间会拖很久,手续多,且钱不能很快到位,流程复杂,尤其是整个过程要公示 6 次,时间延长太多。

16. 建宁县　受访者姓名:朱某某,电话号码:****,日期:2020 年 7 月 24 日**

　　赎买年份 2020 年,正在进行中,目前正在等第三方评估报告,赎买面积 1100 多亩,在这 1100 多亩里面有 300 亩左右的公益林,而且不连片,赎买的时候没有被赎买,剩下的这 300 多亩分散小片难管理,希望被统一赎买。该片林地是 2005 年从村集体购得的,人工林,以杉木、松木为主,有少量的阔叶树。价格 500～600 元/亩,当时的林龄大概十几年,属于中幼林,赎买时林龄 26 年左右,大部分已到主伐期,赎买价格根据第三方评估,根据蓄积量和林木质量,价格不等,希望按照市场价格赎买。

　　参与赎买原因:盘活资金,变现。还款压力,虽然觉得木材市场前景很好,但后续经营积极性不高,子女学业结束后都去其他城市发展,自己60多岁,后继无人。加上国家政策的诸多限制,剩下的林子也希望被赎买。该户主经营木材加工厂。家庭收入无透露,但觉得建宁消费水平较高。从总体上认为国家的赎买政策是好的,认为目前对政府来说,赎买价格是最便宜的。该林农生态意识较高,赎买可以保护家乡环境,对村集体而言,可以得到固定的租金收入;对林农个人而言,得到林子的变现收入,也可以得到租金收入。

赎买后,还剩下近3000亩,不清楚是否属于重点生态区位商品林或公益林,当时转入时,政策模糊,对林分的划分并不明确。等到需要采伐时,上报审批才知道能否砍伐。林权证30年,赎买时还有15年的经营期限。无林下经济,林下经济虽然有政策扶持,但觉得扶持力度太小。传统的林下经济,比如林下种植等,一是地理条件限制,二是需要大量别的资金投入,个人经营很难做到。

17. 建宁县　受访者姓名:刘某某,电话号码:****,日期:2020年7月24日**

赎买年份2020年,正在进行中,目前正在等第三方评估报告,赎买面积700多亩,联户经营(2户),闽江源头。该片林地是2005年从村集体购得的,当时村里要修路和道路硬化需要资金。人工林,有部分天然林,以杉木、松木为主,有少量的阔叶树。总共花费90多万元,贷款80万元,利息8里多,已还清,当时的林龄大概三十几年,已到主伐期,2006年有砍伐50亩,2007年砍伐70亩,2008年冰灾,损失较大,后有补种,成本包括造林350元/(亩·人),苗木100元/亩,3年抚育费200元/亩,请人看护1700元/(月·人)。各种成本加上银行利息再加上2008年冰灾损失,觉得这片林子几乎没赚钱。从2008年开始没有再砍伐过。关于赎买价格要根据第三方评估,根据蓄积量和林木质量,价格不等,希望按照市场价格赎买。理想价格最低3000元/亩。赎买后,还剩下700多亩,在本村由个人买进来,有270亩的天然杉木。还有10亩的自留山,种了毛竹、杉木、猕猴桃,愿意流转。林权证30年,赎买时还有15年的经营期限。

参与赎买原因是迫于还款压力,有盘活资金和变现的需要。虽然觉得木材市场前景很好,自己经营下去会赚更多钱,但后续经营积极性不高,子女学业结束后都去其他城市发展,自己60多岁,经营不可持续。加上国家政策的诸多限制,剩下的林子也希望被赎买。个人经营觉得投入成本更大,若是连片经营,可减少很多的经营成本。从总体上认为国家的赎买政策是好的,但是赎买后希望政府的管理能上去。该林农认为在林地没有被个人承包,属于村集体时,产权不明晰,无人管理,破坏大,到个人手上后,破坏较小,森林资源得以保护。该林农有其他副业,家里有鱼塘、种莲子,还有经济林猕猴桃,每年可收入至少6万元,对林子的依赖性不高,赎买意愿较大。

18. 永安市　受访者姓名:李某某,电话号码:****,日期:2020年8月6日**

该村基本情况:总户数182户,总人数698人,劳动力总数455人,长期外出务工人数170人,到了挖笋时,每户雇用平均3~4人,贫困户数5户,贫困人口7人,人均年收入1.3万元,耕地面积1100亩,林地面积33000亩,其中公益林382亩,经济林(毛竹林)10000亩,其余为用材林。

该村集体所有重点生态区位商品林140亩,2016年被协会赎买,林权证上2030年到期,赎买获得的总收入近418000元,每亩2900多元。该笔收入成为村财收入,比期望的赎买价格高。树种主要是马尾松和阔叶树。参与赎买原因是当时想修村里的水泥路,又没有建设资金,从当地新闻以及镇政府、林业站了解赎买的信息,主动自愿参与,有书面合同并过户,对赎买非常满意。赎买林分是天然林,赎买时能补偿成本即可,同时通过保护重点生态区位,可以保护水源。

该村林农主要依靠毛竹林取得收入,人均10亩,每亩施肥等成本1000元,条件好的话每亩毛收入3000元,不用担心销路,有公司上门收购。生态保护得好,水源就好,毛竹林产竹笋量就增加,若过于干旱,则竹笋无产量。所以,该村也能认识到赎买的好处。同时,该村也观察到林子因为有专业的人管护,长得更好。目前的林业灾害主要是虫灾,且主要是蝗虫,进行防治并购买保险。近5年营林积极性提高,愿意经营林地,单户经营毛竹林,愿意租入林地,价格是每亩100元,林业纠纷很小又少,环保意识和信息化程度高,主动制止破坏森林行为。目前有喷灌、水池等补贴,原来1000元一个,现在补贴每个5000元,竹林便道补贴10000元。

19. 永安市　受访者姓名:陈某某,电话号码:****,日期:2020年8月6日**

户主53岁,初中文化,健康状况好,做生意,自己和别人合作开了林场,给永安林业供应原材料(2万~3万吨木片),还有100多亩芙蓉李,每斤2~3元,芙蓉李收入10多万元,家里总收入30万~50万元,总支出20万~30万元。妻子51岁,高中文化,身体好,家庭妇女,儿子30岁,大专学历,在永安轴承(国企)上班,每月收入3000~4000元,女儿14岁,上初中。除了赎买的林地,目前还有1000亩商品林,一共有4块,分别是400多亩、200多亩、200多亩和100多亩。林地距最近公路1公里,树种是杉木和马尾松,各种树龄都有,一般是让本地人(亲戚)管护,过年时给点工资。近5年营林积极性提高,愿意经营林地,单户经营也可与人合作,愿意经营用材林,愿意租他人林地。一般是租30年,期满可以续租。买地造林,空地一般30~50元/亩,造林补贴200元/亩,但造林补贴有的有,有的没有。

所有的林子都是2004年以后买入的,有的林子的价格为500~600元/亩,往后也有2000~3000元/亩的。随着时间的推移,林子的价格越来越贵。2016年,被赎买商品林总计700~800亩,林权证到2030年,分几次赎买,其中一次赎买的是人工成熟林,杉木是优势树种(7成),面积是171亩,每亩均价4688元;另一次赎买的面积是239亩,每亩均价4169元。这些价格与林农期望的赎买价格只是差一点,感觉没关系,可以接受,原因是自己砍自己卖的话,价格虽然高一点,但所费时间长,回款慢,且费心费力。关注的是永安市的林木市场价,包括其他成本的话,比市场价低200~300元/立方米(包括运输等费用)。获得赎买信息的来源是林业站、林业局,了解赎买政策,对补偿满意,过程公平,林业纠纷较少且处理积极。

20. 永安市　受访者姓名:永安森发技贸有限公司负责人,电话号码:＊＊＊＊＊＊,日期:2020年8月6日

赎买基本情况:赎买年份有2015年、2016年和2017年,赎买面积总计为1万亩,赎买林地位于安砂水库,价格平均1500元/亩,期望的价格在3000元/亩,对林木价格关注度高,认为南平赎买价格更好。对于林木价格,关注的是全国甚至是国际的市场价格走向。对评估价格认可,但认为在评估过程中,对经营成本的估算过高,经过打折后,赎买价格偏低。被赎买林地多是2002年、2003年和2004年从村或林农以租赁或者购买方式转入的,当时的价格平均500~600元/亩,以马尾松为主(60%),10%以上的是杉木,剩下的为阔叶林,树种杂。买入后有造林2000~3000亩,以杉木为主,造林成本1000元/亩。中间有多次砍伐。赎买后,还剩下林地3万亩,其中有1500亩左右的生态公益林,生态公益林里面又夹杂200多亩的重点区位林,1万亩的天然林(不能参与赎买,不能过户)。对于不能持续经营的林地,希望政府给予政策解决。

林权证到期(转入时一次性支付30年的土地使用费)可以续,有可能存在不能续约或者提高土地使用费的矛盾。无林下经济,认为林下经济就是一个概念,没有条件发展起来,需要地理、人员、技术等条件都具备。参与赎买原因是国家政策的限制,认为赎买对生态保护是好的。林业的经济效益(前景)在未来降低,更多的要关注生态效益。

21. 永安市　受访者姓名：罗某某，电话号码：******，日期：2020 年 8 月 6 日

该户一家 4 口，户主 52 岁，教育程度初中毕业，主要从事林业工作，有笋山租赁收入，还从事其他生意，非村干部，妻子 51 岁，初中毕业，家庭主妇，育有两子，大儿子 30 岁，大专以上毕业，现已成家，目前在福州交通设计院工作，小女儿 14 岁，目前在上初中。家庭收入情况如下：过去一年总收入几十万元，据其称一半收入来自林业经营，另一半来自做生意，其中笋山租赁 1 年有 3 万～4 万元的收入。

赎买时间发生在 2015—2016 年，总林地面积约为 600 亩，林地来源为林地转入，通过投标购入，购入时间为 2002 年至今，有多次购入和卖出行为，转入时连同地上林木一起转入，但无法提供转入价格信息，说根据林木质量不同价格不同，不愿意提供总价，主要树种为杉木、马尾松、竹林（笋山），少量桉树，购入时的树龄约为 15～16 年，林地经营形式为联户经营，有林权证，林地坡度较平缓，林地与户主家距离从 1～10 公里不等，距公路距离 100～500 米，持有年限为 30～50 年。林地经营支出主要是雇工支出和农药化肥支出，无法给出总支出大概数额，毛竹林雇工和农药化肥价格分别为 40 元/（亩·年），杉木雇工和农药化肥价格分别为 60 元/（亩·年）。无林下经济作物，原因是无法形成规模，林地资质不够好。愿意参加林下经济，根据其林下经营经验愿意种植林下药材，希望政府能给予资金补贴、免费提供种苗种畜、免费技术培训的帮助。林农近 5 年营林积极性提高，愿意采用联合经营的方式经营林地，希望经营纯林，因为经济效益更高。愿意经营一般用材林，愿意租用他人林地，也愿意出租自己的林地。

参与赎买的面积约为 500 亩，赎买年限至 2030 年，赎买价格为 3000～6000 元/亩不等，调研对象对赎买价格满意，因此期望赎买价也是 3000～6000 元/亩不等。赎买方式为直接赎买，赎买的商品林树种主要为杉木和马尾松，赎买信息来源为林业站、村委会。林农了解赎买政策，也主动自愿参与赎买。参与赎买一是为了获得赎买收入，二是政策原因。林农认为赎买是重要的，认为评估和赎买过程是公平、合理的，对赎买总体实施情况满意，对赎买价格也满意，觉得政府对林业纠纷的处理是积极的。调研对象认为赎买对自身是有利的（考虑到被划入重点生态区位，保护年限久），觉得赎买的信息化公开程度高，会主动制止破坏森林的行为，经常参与村内公开实务，但认为赎买没有扶贫效果。如果政府租赁重点生态区位商品林，愿意租几年、每年租金多少、一次性租赁租金多少的问题，调研对象的回答是愿意和政府签 5 年的出租合约，如果没有采伐林子的话只要有租金就行。

22. 建阳区　受访者姓名:邝某某,电话号码:******,日期:2020 年 8 月 13 日

家庭人口情况:三口之家,户主邝某某 46 岁,初中文化,工作类型以本地打工为主;妻子 44 岁,初中文化,家庭主妇;其子 22 岁,高中文化,在广东做餐饮行业。林地资源情况:共拥有林地面积 270～280 亩,包括自留山和转入林地(包括林木),转入林地为 2003 年以每亩 100 元转入,其中有 40 多亩毛竹林,主要树种为杉木和毛竹。树种树龄情况:2003 年转入时为 3～4 年树龄,2016 年有砍伐过 20 多亩杉木,毛竹林则有些每年都砍,有些 3 年一砍。林地经营形式为单户经营,林种类型为商品林,有产权证,持有年限为一个主伐年轮,林地坡度平缓,林地距家 10 多公里,林地距最近公路 3 公里。

杉木林地经营支出总共为 1100～1200 元/亩。家庭全年收入及支出情况:总收入夫妻两人加一起大概 6 万～7 万元,主要以务工为主,其中林业相关收入 1 万元多。林下经济基本情况:没有参与林下经济,想将竹林改造为笋山,但因投入成本过高(种笋需要像种菜一样,先对林地进行改善),愿意参与林下经济,希望种笋,希望政府给予资金补贴或贷款政策支持。

林农林业经营的意愿:近 5 年营林积极性提高,愿意继续经营林地,表示只要赚钱任何经营形式都可以,希望经营纯林(毛竹和经济林),不愿意租用他人的林地(自己的都种不过来),愿意出租自己的林地。

参与赎买的面积约为 200 亩。由于政策,坡度大,不允许采伐,不发采伐证,使生态公益林得以保护,林农为了变现,参与赎买。重点生态区位商品林禁伐限伐,使自己即将成熟的林子无法取得收入,成熟期后,担心自己投入收不回。林权改革整体上是好事,免除砍伐税费(300 元/立方米),想让林农收益,但林农手里没有林子,享受不到,谁经营谁收益,林业企业拿去了。林农情况有所改善,对林农最大的好处是:林农自己认识到林子的重要性,不会随便签转让合同,认识到山场产权意识的重要性。

总体上认为赎买过程对自己还是有利的。政策是好政策,但赎买价格与市场价相比偏低,低几十元甚至 80～100 元也可以接受,但不能低太多。户主有两片林子,一块是重点生态区位,一块是普通商品林,要赎买的话两块一起赎买。认为林地保护责任人是承包林农,没有加入林业合作社,没有发生过林业纠纷,没有发生过林业灾害,没有进行过防治,没有购买森林保险。

23. 建阳区　受访者姓名:王某某,电话号码:******,日期:2020 年 8 月 13 日

户主 70 岁,子女都外出打工。赎买基本情况:年份 2019 年,赎买面积

800亩,赎买价格杉木650元/亩,松木杂木280元/亩。被赎买林木于2003年从公司拍卖获得(当时林业局通过向世行贷款,让村里造林,以林还贷,造的林归林业局,林业局成立投资公司),当时一共支付了20万元,购买时为幼林(10多年),中间有间伐,每年大概1万元的管护费。

  参与赎买的原因:不好管理,不好经营。林权证极其难办,部分林权证里面的树种跟实际情况不符,不能办理砍伐证。林子没到砍伐年限,林权证已到期,可以续,但过程及手续极其复杂、难办。部分人偷伐,抓到要坐牢。赎买后还有将近600亩,以杉木为主。赎买意愿高,觉得在林业经营过程中,有太多的行政干预,限得太死,很多人资金被套,经营积极性降低。无林下经济,林下经济需要更多的投入与管理,无人经营。

附录 12　重点区位商品林赎买林农访问调查

问卷编号：□□□□

2020 年重点区位商品林赎买林农访问调查

省：
市：
县：
乡（镇）：
村：
问卷评价：优　　良　　中　　差
受访者姓名：
电话号码：
调查员姓名：
调查日期：

1　基本情况

1.1　家庭人口情况

与户主关系	年龄	性别	教育程度	健康状况	工作类型	是否村干部	是否为劳动力	居住地到镇市场距离
1 户主 2 配偶 3 父母 4 子女 5 孙子辈 6 其他	岁	1. 男 2. 女	1 未上学 2 小学 3 初中 4 高中及中专 5 大专以上	1 好 2 一般 3 差	1 务农为主 2 打工为主 3 经商 4 固定工资 5 兼业 6 上学 7 其他	1 现在是 2 曾经是 0 不是	0 不是 1 是 2 半劳动力	米

续表

与户主关系	年龄	性别	教育程度	健康状况	工作类型	是否村干部	是否为劳动力	居住地到镇市场距离

1.2 林地资源情况

地块序号	面积	林地性质	主要树种	树种林龄	林地经营形式	林种类型	是否有林权证	可持有年限	林地坡度	林地离家距离	林地离最近公路距离
	亩	1 分林到户 2 集体林 3 自留山 4 林地转入 5 林地转出			1 单户 2 联户 3 股份合作 4 村小组经营 5 其他	1 商品林 2 生态公益林 3 重点生态区位的商品林	1 是 0 否	年	1 平缓 2 较陡 3 很陡	米	米
1											
2											
3											
4											
5											

1.3 林地经营支出

森林分类	林地经营支出/元					
	苗木	雇工	农药化肥	租用机械	地租	合计
毛竹林						
杉木						
其他						

1.4 家庭全年收入及支出情况

(1)过去一年中,你们家总收入_____元。

(2)过去一年中,你们家务工(打工、做生意、上班、农家乐)收入_____元,务工人数_____。

(3)过去一年中,你们家从政府中得到的补贴总数_____元。

(4)过去一年中,你们家取得的租金或其他金融性收入_____元。

(5)过去一年中,你们家经营性(比如种植、养殖)收入_____元。

(6)过去一年中,你们家林业相关收入_____元。

(7)过去一年中,你们家除上述以外的其他收入_____元。

(8)过去一年中,你们家的总支出_____元,其中_____元用于生活。

1.5 林下经济基本情况

是否参与林下经济	若是,参与类型	利用林地面积	个人初期投入	年均成本	年均毛收入	年均政府补贴	若无林下经济,原因是	是否愿意参与林下经济	若愿意,希望参与类型	希望政府给予哪些帮助
1是 2否	Q1	亩	元	元	元	元	Q2	1是 2否	Q1	Q3

Q1:1 林下药材种植 2 育苗 3 果树经济林 4 林草间作 5 林菜、瓜、花间作 6 林下禽类养殖 7 林下畜类养殖 8 林下养蜂 9 林产品采集加工 10 森林景观利用

Q2:1 没有林地 2 林地面积小 3 缺技术 4 缺资金 5 缺劳动力 6 缺水 7 缺信息 8 林地离家远 9 基础设施不配套 10 其他

Q3:1 资金补贴 2 免费提供种苗种畜 3 免费技术培训 4 减免税费 5 贷款 6 修路 7 完善水电设施 8 提供销售信息 9 其他

1.6 林农林业经营的意愿

近5年营林积极性有无变化	是否愿意经营林地	如不愿意，原因：	若愿意,希望何种经营方式	希望经营何种林	您更愿意经营以下哪种林地	是否愿意租用他人林地	是否愿意出租自己林地
1 积极性提高 2 没变化 3 积极性降低	1 是 0 否	1 缺少劳动力 2 缺少资金 3 采伐指标难申请 4 林地规模小 5 林业收入太低 6 林地太远 7 其他	1 单户经营 2 联户经营 3 公司合作 4 集体经营	1 纯林 2 混交林	1 经济林 2 一般用材林 3 速生丰产林 4 竹林 5 其他	1 是 0 否	1 是 0 否

2 重点区位商品林赎买的林农主观问题

2.1 林农对重点生态区位赎买的评价

是否参与赎买工程	是否了解赎买政策	是否自愿参与	该赎买工程是否重要	补偿是否满意	总体实施是否满意	是否经营管理	赎买过程是否公平	林业纠纷处理是否积极
1 是 0 否	1 是 0 否	1 是 0 否	1 是 0 否	1 是 0 否	1 是 0 否	1 是 0 否	1 公平 0 不公平	1 处理积极 2 处理不积极 3 不处理

2.2 重点生态区位赎买对林农的影响

重点生态区位赎买对您是否有利	重点生态区位赎买,是否带来以下情况	提供就业机会	加强外界联系	家庭收入增加	环保意识	信息化公开程度	是否会主动制止破坏森林行为	是否经常参与村内公开事务	扶贫效果
1 有利 2 一般 3 不利 4 不清楚		1 是 0 否	1 是 0 否	1 是 0 否	1 低 2 较低 3 一般 4 较高 5 高	1 低 2 较低 3 一般 4 较高 5 高	1 是 0 否	1 从不参加 2 偶尔参加 3 经常参加	1 无效果 2 效果不大 3 效果显著

3 林农对赎买的认知和意愿

(1)您认为重点生态区位商品林有必要进行赎买吗？没有必要＝1,可有可无＝2,有必要＝3

(2)您愿意参与赎买的原因是＿＿＿＿＿＿＿＿＿＿＿＿＿＿＿＿＿＿＿

您不愿意参与赎买的原因是＿＿＿＿＿＿＿＿＿＿＿＿＿＿＿＿＿＿

(3)您认为林地保护责任人是:谁使用谁保护＝1,承包林农＝2,农村集体经济组织＝3,地方政府＝4,中央政府＝5

(4)您对现行赎买价格的满意度:不满意＝1,一般＝2,满意＝3

(5)您参与赎买的目的:有足够的经济补偿而选择赎买＝1,保护重点生态区位＝2

(6)您是否有森林经营经验:有＝1,无＝0

(7)您若违反禁伐是否有制裁措施:无制裁＝1,法律制裁＝2,村规民约＝3

(8)是否加入林业合作社:1 是 0 否

(9)是否有林业纠纷:0＝无,1＝有( )次

(10)若有林地转入,转入林地价格＿＿＿＿＿＿＿元/亩;若有林地转出,转出林地价格＿＿＿＿＿＿＿元/亩

(11)林业灾害类型:1 火灾 2 病虫鼠害 3 旱灾 4 泥石流 5 冰雹 6 其他＿＿＿＿＿＿＿ 7 没有灾害

(12)是否防治:1 是 0 否

(13)是否购买森林保险：1 是　　0 否，若有购买，是否发生过赔偿：1 是　0 否

(14)您对赎买价格愿意接受的金额：＿＿＿＿＿元/亩(按蓄积量)(＿＿＿＿＿元/立方米)，您的依据是＿＿＿＿　1 自己根据林地林木数量质量定价　2 本地市价　3 外地市价　4 政府统一规定　5 村集体确定　6 第三方评估机构确定　7 其他

(15)如果政府租赁你家的重点区位商品林，你愿意和政府签＿＿＿＿＿年的出租合约，每年租金＿＿＿＿＿＿元，如果政府一次性将租金付给你，你愿意接受＿＿＿＿＿元(询问是每亩还是总价)

4　针对赎买林农的访谈

(1)赎买年份＿＿＿＿年，赎买面积＿＿＿＿＿亩，赎买年限＿＿＿＿＿年，赎买价格＿＿＿＿＿元/亩

(2)赎买的商品林的林龄＿＿＿＿，林木剩余经营期＿＿＿＿＿年

(3)赎买的商品林起源＿＿＿＿　1 天然林　2 人工林

(4)赎买的商品林树种＿＿＿＿　1 竹林　2 杉木　3 马尾松　4 阔叶树　5 经济林　6 其他＿＿＿＿

(5)赎买的林地类型＿＿＿＿　1 有林地　2 灌木林　3 疏林地　4 未成林造林地　5 采伐迹地　6 苗圃地　7 其他＿＿＿＿

(6)赎买的林权性质＿＿＿＿　1 个人　2 集体所属的林木　3 合作经营

(7)赎买模式＿＿＿＿　1 直接赎买　2 租赁　3 改造提升　4 股份合作　5 托管　6 生态补偿　7 定向收储　8 其他＿＿＿＿(非直接赎买，赎买后林地所有权、使用权归属)

(8)参与赎买原因＿＿＿＿　1 劳动力不足　2 获得赎买收入　3 不想经营林地　4 其他＿＿＿＿

(9)您家赎买属于哪种行为＿＿＿＿　1 主动自愿　2 被动从众　3 被动接受上级安排

(10)赎买信息来源＿＿＿＿　1 林业站　2 国有林场　3 村干部或村委会　4 亲戚朋友　5 其他＿＿＿＿

(11)此次赎买有无书面合同＿＿＿＿　0 没有　1 有

(12)是否进行了林权证的过户＿＿＿＿　1 是　2 否

(13)赎买的支付方式＿＿＿＿　1 一次性支付　2 轮伐期逐年支付＿＿＿＿元/年＋主伐时总收益按股分红＿＿＿＿成(林农所占成数)

(14)您认为赎买价格体现的是_____ 1 林地租金　2 林地立木价值　3 两者均有　4 其他_____

(15)若均有,您认为林地租金所占的比例为_____%

(16)您对此次赎买满意吗?_____ 1 非常不满意　2 较不满意　3 一般　4 较满意　5 非常满意

(17)您家进行此次赎买后担心的是什么_____

(18)您认为当前赎买过程中存在的主要问题_____(限3项)　1 赎买政策宣传不到位　2 赎买价格偏低　3 赎买手续复杂　4 缺乏评估服务机构　5 其他_____

地点:_____市_____县_____乡/镇_____村　调查时间:_____月_____日

调查员:_____村干部姓名及职务_____

一、基本情况(2020年)	
总户数/户	
总人口数/人	
劳动力总数/人	
贫困户数/户	
贫困人口/人	
人均年收入/元	
耕地面积	
林地面积	
其中:公益林面积	
经济林面积	
用材林面积	
重点生态区位商品林面积	
二、重点生态区位商品林赎买情况	
重点生态区位商品林面积(亩)	
涉及户数/户	
已被政府赎买的面积/亩	

续表

一、基本情况（2020年）	
已被赎买的林农户数/户	
赎买标准/(元/亩/年)	
赎买年限/年	
赎买支付方式（1 一次性支付 2 轮伐期逐年支付）	
赎买前重点生态区位商品林由谁管护	
赎买后重点生态区位商品林由谁管护	
三、林业经营情况	
造林补贴/(元/亩)	
林地使用费/租金/(元/亩)	
当地劳动力价格男/(元/天)	
当地劳动力价格女/(元/天)	
当地杉木种植密度/(株/亩)	
当地杉木平均产量/(立方米/亩)	
当地马尾松种植密度/(株/亩)	
当地马尾松平均产量/(立方米/亩)	
当地毛竹种植密度/(株/亩)	
当地毛竹平均产量/(根/亩)	

重点生态区位商品林赎买机制与模式研究

问卷编号：□□□□

2021年重点生态区位商品林赎买林农访问调查

省：
市：
县：
乡（镇）：
村：
问卷评价：优　良　中　差
受访者姓名：
电话号码：
调查员姓名：
调查日期：

我们想知道您为什么拥有林地。我会建议一个可能的拥有林地理由，然后我想让您说，每一个原因对您拥有林地是多么重要。

原因	非常重要	重要	无关紧要	不重要	根本不重要
木材生产					
土地投资					
森林作为农场的一部分					
作为遗产传给孩子					
森林是住宅的一部分					
享受绿色空间					
娱乐					

项目描述：假设您有一块商品林，因为生态区位重要，为了保护环境而严格限制采伐。由于限伐造成木材收入的损失，如果能获得一定的经济补偿，您是否愿意为了保护环境而延迟收获的数量和时间。_____　1是　2否

如果您选择"是"，关于经济补偿有以下3种方式，您的选择是_____
1 政府一次性付款收购您的林子
2 您可以继续自己经营，但必须按照林业部门要求进行采伐，收益归您所

有,采伐后按照 50％的树种比例种植阔叶树,验收达标后给予 1000 元/亩的补助

3 与国有林场合作经营,逐年支付一定的保底收益给您,待主伐时总收益按股份分红

如果您选择"是",您需要的补偿是_____,您的依据是_____

如果您选择"否",您为什么不愿意参加此项目_____

一、户主/家庭特征

1. 居住地和经营的林地是否在同一行政区_____　1 是　2 否
2. 户主的性别_____　1 男　2 女
3. 户主的年龄_____
4. 户主的文化程度_____　1 未上学　2 小学　3 初中　4 高中及中专　5 大专　6 大学　7 研究生
5. 户主的年个人收入_____
6. 户主是否为村干部_____　1 现在是　2 曾经是　0 不是
7. 户主是否参与合作社或组织_____　1 是　2 否
若参加,该合作社或组织的名称是_____
8. 户主对环境保护的态度_____　1 否定　2 中立　3 肯定
9. 户主类型_____　1 务农为主　2 打工为主　3 经商　4 固定工资　5 兼业
10. 户主农业背景_____　1 户主生来就有农田和林地　2 户主生来有农田而没有林地　3 户主生来有林地而没有农田　4 自己不是林农,但关系亲密的家人或朋友有农业背景　5 自己不是林农,但有其他的农业背景　6 没有农业背景
11. 家庭中孩子数量_____,老人数量_____
12. 户主与林业局或国有林场接触次数_____1 从来没有　2 偶尔　3 经常
13. 户主是否有农业或植树造林的教育或培训_____　1 是　2 否
14. 户主是否有森林经营经验_____　1 是　2 否

二、地块/资源条件

序号	面积	主要树种	成熟林百分比	林地经营形式	林种类型	有无林权证	林地性质	林地坡度
	亩	1 杉木 2 马尾松 3 毛竹 4 其他		1 单户 2 联户 3 股份合作 4 村小组经营	1 商品林 2 生态公益林 3 重点生态区位商品林	1 有 0 无	1 分林到户 2 自留山 3 从亲戚朋友买入 4 在公开市场买入 5 继承	1 平缓 2 较陡 3 很陡
1								
2								
3								
4								
5								

三、市场驱动因素

1. 过去一年中,您家总收入_____元
2. 过去一年中,您家务工(打工、做生意、上班、农家乐)收入_____元
3. 过去一年中,您家木材销售收入_____元
4. 过去一年中,您家与林业相关收入_____元
5. 过去一年中,您家从政府得到的林业补贴总数_____元
6. 各种来源收入的重要程度分析

收入来源	非常重要	重要	无关紧要	不重要	根本不重要	没有
竹笋、中药、花卉等种植及采集收入						
养殖收入						
木材收入						

续表

收入来源	非常重要	重要	无关紧要	不重要	根本不重要	没有
旅游收入						
务工收入						
租金或利息收入						
林业补贴收入						
其他收入						

四、政策观念

1. 您对环境重要性的认识_____ 1 非常不重要　2 不重要　3 一般　4 重要　5 非常重要

2. 您对当地生态的满意度_____ 1 不满意　2 有点不满意　3 一般　4 比较满意　5 非常满意

3. 您对公益林生态补偿的满意度_____ 1 不满意　2 有点不满意　3 一般　4 比较满意　5 非常满意

4. 限伐对收入的减损程度_____ 1 没有影响　2 影响较小　3 一般　4 影响较大　5 影响很大

5. 您对风险的态度是_____ 1 非常喜欢冒险　2 喜欢冒险　3 一般　4 不喜欢冒险　5 非常不喜欢冒险

6. 您对政府政策的信任度_____ 1 强烈怀疑　2 比较怀疑　3 并不关心　4 比较有信心　5 非常有信心

7. 森林保险是否影响您参与保护项目_____ 1 是　2 否

有的话,保费是_____

8. 为了环境保护,可以设想一下您愿意拿出生产性林地的份额,分以下两种情况:

没有补偿的情况下_____　A 没有　B 1%~5%　C 6%~10%　D 11%~20%　E 超过20%　F 不知道

有适当补偿的情况下_____　A 没有　B 1%~5%　C 6%~10%　D 11%~20%　E 超过20%　F 不知道

9. 参与环境保护项目的态度分析：

项目	非常不同意	不同意	无所谓	同意	非常同意
如果要维持一个健康的森林生态系统，我愿意遵守严格的限伐政策					
如果我遵守限伐，能够提高我对非木材收入的期望					
如果我的全部或部分森林得到严格保护或将来得到严格保护，可能利用这种保护地位获得新的商机					
我参与森林保护项目，是因为我期望能从保护项目中获得可持续非木材收入					

注：若林农发生了实际的赎买行为，把签订的赎买合同拍照